Concrete Metaphysics
具体形上学

Ethics and Existence:
A Study on Moral Philosophy

伦理与存在
道德哲学研究

杨国荣 / 著

图书在版编目(CIP)数据

伦理与存在:道德哲学研究/杨国荣著. —北京:北京大学出版社,2020.7
(具体形上学)
ISBN 978-7-301-31340-4

Ⅰ.①伦⋯　Ⅱ.①杨⋯　Ⅲ.①伦理学—研究　Ⅳ.①B82

中国版本图书馆CIP数据核字(2020)第104470号

书　　　名	伦理与存在——道德哲学研究 LUNLI YU CUNZAI——DAODE ZHEXUE YANJIU
著作责任者	杨国荣　著
责 任 编 辑	魏冬峰
标 准 书 号	ISBN 978-7-301-31340-4
出 版 发 行	北京大学出版社
地　　　址	北京市海淀区成府路205号　100871
网　　　址	http://www.pup.cn　新浪微博:@北京大学出版社
电 子 信 箱	weidf02@sina.com
电　　　话	邮购部 010-62752015　发行部 010-62750672 编辑部 010-62750673
印 刷 者	北京中科印刷有限公司
经 销 者	新华书店 965毫米×1300毫米　16开本　23.25印张　280千字 2020年7月第1版　2020年7月第1次印刷
定　　　价	116.00元

未经许可,不得以任何方式复制或抄袭本书之部分或全部内容。
版权所有,侵权必究
举报电话:010-62752024　电子信箱:fd@pup.pku.edu.cn
图书如有印装质量问题,请与出版部联系,电话:010-62756370

具体形上学·引言

近代以来,尤其是步入20世纪以后,随着对形而上学的质疑、责难、拒斥,哲学似乎越来越趋向于专业化、职业化,哲学家相应地愈益成为"专家",哲学的各个领域之间,也渐渐界限分明甚或横亘壁垒,哲学本身在相当程度上由"道"流而为"技"、由智慧之思走向技术性的知识,由此导致的是哲学的知识化与智慧的遗忘。重新关注形上学,意味着向智慧的回归。

作为存在的理论,形而上学以世界之"在"与人的存在为思与辨的对象。当然,理解存在并不意味着离开人之"在"去构造超验的世界图景,对存在的把握无法离开人自身之"在"。人自身的这种存在,应当理解为广义的知、行过程,后者以成物(认识世界与改变世界)和成己(认识人自身与成就人自身)为历史内容,内在于这一过程的人自身之"在",也相应地既呈现个体之维,又展开为社会历史领域中的"共在",这种"共在"并不是如海德格尔所说的沉沦,而是人的现实存在形态。

从哲学史上看,康德每每致力于划界:现象与自在之物、感性、知性与理性、理论理性与实践理性,以及真、善、美之间,都存在不同形态的界限。尽管他似乎也试图对不同领域作某种沟通,但在其哲学中,划界无疑表现为更主导的方面。广而言之,在近代以来诸种科学分支所提供的不同科学图景以及认识论、伦理学、美学、逻辑学、方法论、价值论等相异领域的分化中,一方面,存在本身被分解为不同的形态,另一方面,把握存在的视域、方式也呈现出不同的学科边界和哲学分野,从而存在本身与把握存在的方式都趋向于分化与分离。尽管科学的分门别类同时推进了对不同对象更深入的认识,哲学的多重领域也深化了对相关问题的理解,然而,由此形成的界限,无疑亦蕴含了"道术将为天下裂"之虞。

如何扬弃"道术之裂"、再现存在本身的统一并沟通哲学的不同领域或分支?这似乎是当代哲学的发展无法回避的问题。就内在的逻辑关系而言,存在的问题在哲学领域中具有本源性:从真、善、美的追求,到认识论、伦理学、美学、逻辑学、方法论、价值论等不同哲学分支,都在不同的意义上涉及并需要考察存在的问题,这也是以存在为指向的形而上学所以必要的缘由之一。当然,作为对存在的一般看法,形而上学本身又可以区分为抽象的形态与具体的形态。抽象形态的形而上学往往或者注重对存在始基(原子、气等质料)的还原、以观念为存在的本原、预设终极的大全,或者致力于在语言或逻辑的层面作"本体论的承诺";以上进路的共同趋向是疏离于现实存在。走出形而上学的抽象形态,意味着从思辨的构造或形式的推绎转向现实的世界。在其现实性上,世界本身是具体的:真实的存在同时也是具体的存在。作为存在的理论，形而上学的本来使命，便在于敞开和澄明存在的这种具体性。这是一个不断达到和回归具体的过程，它在避免分离存在的同时，也要求消除抽象思辨对存在的掩蔽。这种具体性的指向，在某种意义上构成了哲学的本质。在近代哲学中，相对于康德之侧重于划界，黑格尔似乎更多地注意到了具体之维。然而，黑格尔在总体上表现出"以心（精神）观之"的取向，对现实的存在以及现实的知、行过程，往往未能真切地加以把握，这种终始于观念的基本哲学格局，使黑格尔对具体性的理解无法摆脱思辨性，其哲学也相应地难以达到现实层面的具体性。以现实世界的承诺和知、行过程的历史展开为前提，面向具体包含多重向度：它既以形上与形下的沟通为内容，又肯定世界之"在"与人自身存在过程的联系；既以多样性的整合拒斥抽象的同一，又要求将存在的整体性理解为事与理、本与末、体与用的融合；既注重这个世界的统一性，又确认存在的时间性与过程性。相对于超验存在的思辨构造，具体的形而上学更多地指向意义的世界。在这里，达到形而上学的具体形态（具体形态的存在理论）与回归具体的存在（具体形态的存在本身），本质上表现为一个统一的过程。

可以看到，一方面，在成物（认识世界与变革世界）与成己（认识人自身与成就人自身）的过程中，存在本身展示了其多重向度和意蕴，而认识、审美、道德的本体论之维的敞开，则在赋予真、善、美的统一以形而上根据的同时，又使存在本身的具体性、真实性不断得到确证；另一方面，以真实的存在为指向，哲学各个领域之间的界限也不断被跨越：作为把握世界的相关进路与视域，本体论、价值论、认识论、伦理学、方法论等更多地呈现互融、互渗的一面。这里既可以看到存在本身的统一性，也不难注意到把握存在的方式之间的统一性。与不同领域的知识首先涉及特定对象不同，哲学以求其"通"为其内在指向。哲学层面中的求其"通",既指超越知识对存在的分离,回归存在的统一性、整体性、具体性,也指把握存在的视域、方式之间的统一。通过再现存在的统一性和具体性、联结把握存在的不同视域和方式,形而上学的具体形态或"具体形上学"同时也体现了哲学作为智慧之思的深沉内涵。

在上述理解中,"具体形上学"一方面扬弃了形而上学的抽象形态,另一方面又与各种形式的"后形而上学"保持了距离。在抽象的形态下,形而上学往往或者给人提供思辨的满足(从柏拉图的理念到胡塞尔的纯粹意识,都在不同意义上表现了这一点),或者与终极的关切相联系而使人获得某种超验的慰藉。相对于此,"后形而上学"的各种趋向在消解不同形式的超验存在或拒斥思辨构造的同时,又常常自限于对象世界或观念世界的某一方面:在实证主义那里,现象－经验被视为存在的本然内容;对分析哲学而言,语言－逻辑构成了主要对象;按"基础本体论"(海德格尔)的看法,"此在"即真实的存在;在解释学中,文本被赋予了某种优先性;从批判理论出发,文化、技术等则成为首要的关注之点,如此等等。中国哲学曾区分"道"与"器":"形而上者谓之道,形而下者谓之器。"(《易传·系辞上》)"道"既是存在的原理,又体现了存在的整体性、全面性;"器"相对于道而言,则主要是指一个一个特定的对象。作为特定之物,"器"总是彼此各有界限,从而,在"器"的层面,世界更多地呈现为相互限定的形态。从"道"与"器"的关系看,在肯定"道"不离"器"的同时,又应当由"器"走向"道",后者意味着越出事物之间的界限,达到对世界的具体理解。如果说,形而上学的抽象形态趋向于离器言道、"后形而上学"的内在特点在于离道言器,那么,"具体形上学"则表现为对以上思维进路的双重超越。

在"道"逐渐隐退的时代,"技"往往成为主要的关注之点。就哲学的领域而言,与特定进路相联系的技术化也每每成为一种趋向,无论是语言分析,抑或现象学还原,都表明了这一点,而在各种形式的应用哲学中,以上特点得到了更进一步的体现。"技"意味着以特定的方式解决某一领域或某一方面的问题,其中蕴含着专门化与分化,哲学之域的上述趋向同时折射了更广意义上世界的分离和视域的分化。在科学领域、生活世界、理想之境等分别中,不仅对象之间判然有际,而且不同的世界图景(进入理解之域的世界)也界限分明。存在的相分总是伴随着视域的分野,后者在事实与价值、自在与自为、当然与实然等对峙中得到了具体的展现。科学领域中事实的优先性,往往掩蔽了价值的关切,生活世界的本然性,常常导致"自在"(安于本然)与"自为"(走向当然)的张力,对理想之境的终极追求,则每每引向超越的对象并由此疏离现实的存在,等等。如何在事实的观照中渗入价值的关切、在"自在"的生活中承诺"自为"的存在、在当然的追求中确认实然的前提?质言之,如何由"技"进于"道"、从单向度或分离的视域转换为"以道观之"?这里无疑涉及具有普遍内涵的规范性观念,而从实质的层面看,"具体形上学"便包含着如上规范意义:以"道"的隐退、"技"的突显为背景,确认存在的具体性意味着走向视界的融合、回归统一的世界。

概略而言,以历史考察与哲学沉思的交融为前提,"具体形上学"既基于中国哲学的历史发展,又以世界哲学背景下的多重哲学智慧为其理论之源,其内在的旨趣在于从本体论、道德哲学、意义理论、实践智慧等层面阐释人与人的世界。与抽象形态的形而上学或"后形而上学"的进路不同,"具体形上学"以存在问题的本源性、道德的形上向度、成己与成物的历史过程、人类行动与实践智慧为指向,通过考察存在之维在真、善、美以及认识、价值、道德、自由等诸种哲学问题中的多样体现,以敞开与澄明人的存在与世界之在。

人既是存在的追问者,又是特定的存在者。从价值的层面看,人的存在与道德难以分离:人既以道德为自身的存在方式,又是道德实践的主体。在这一领域中,存在的具体性首先也与人相联系。作为现实的存在,人在自然(天性)、社会等维度上都包含着多方面的发展潜能,仅仅确认、关注存在的某一或某些方面,往往容易导向人的片面性和抽象性。道德意义上的人格完美、行为正当,最终落实于人自身存在的完善,而这种完善首先便在于扬弃存在的片面性、抽象性,实现其多方面的发展潜能。道德当然并不是人的存在的全部内容,但它所追求的善,却始终以达到存在的具体性、全面性为内容;而道德本身则从一个方面为走向这种理想之境提供了担保。在这里,道德意义上的善与人自身存在的完善呈现出内在的统一性,二者的实质内容,则是作为潜能多方面发展的真实、具体的存在。上述关系表明,善的追求与达到存在的具体性无法截然分离。

进而言之,道德理想的实现过程,关涉"应该做什么"、"应该成就什么"及"应该如何生活"。行为之善,往往以合乎一般的道德规范为条件。规范既体现了一定的道德理想,又可以看作是道德义务的形式化:义务以伦理关系为源,后者具有某种本体论的意义。正是这种表现为伦理关系的社会本体,构成了伦理义务的根据。伦理关系所规定的义务,以具体的道德自我为承担者;道德自我同时也可以看作是道德实践的主体,在道德领域中,"我"的存在是道德行为所以可能的必要条件;德性的完善和人生过程的展开也以"我"为出发点;对道德现象的理解,显然不能略去道德自我。自我作为具体的存在,固然包含多方面的规定,但从道德的视域看,其内在的特征更多地体现于德性。德性不同于超验的理念,也有别于单纯的个性,它在某种意义上联结了道德理念与个体品格、普遍法则与特定自我,并使二者的统一成为可能。德性在某种意义上可以看作是道德实践的精神本体,它同时也为行为的正当提供了内在的根据。德性作为道德自我的规定,具有自觉的品格;出于德性的行为,也不同于自发的冲动。德性与德行的这种自觉向度,离不开道德认识。善的知识如何可能? 在这里,首先应当把道德认识的主体理解为整个的人,而非片面的理智化身。从过程的角度看,道德认识既涉及事实的认知,又包含着价值的评价;既奠基于感性经验,又导源于自我体验;既借助于直觉的形式,又离不开逻辑思维。道德认识的以上过程同时涉及语言的运用。广而言之,从规范的确认到行为的权衡、选择,从自我的道德反省到公共的道德评价,等等,道德与语言都相涉而又相融。言说的内容在实践过程中不断向人格和德性凝化,后者从"说"与"在"的统一上,展示了道德言说与自我完善的一致性。

作为历史过程中的社会现象,道德既有形式的规定,也包含实质的内容。如果说,普遍规范、言说方式较多地关涉形式之维,那么,价值、伦理关系、德性的道德意义则更多地体现于实质的方面。形式与实质的统一,本身又从一个更为普遍的层面,为达到善的境界提供了前提。以追求存在的完善为指向,道德内在地包含形上之维,后者并不是一种超验的、抽象的规定,而是内在于伦理和义务、德性和规范、知善和行善、言说和存在、形式和实质的相互关联。这种统一既从伦理之域体现了存在(人的存在)的现实性,又展示了道德形上学本身的具体性。

如前所述,从更广的层面看,人的存在同时展开为一个成己与成物的过程。作为具有本体论意义的"在"世方式,成己与成物可以视为人的基本存在形态;当人作为存在的改变者而内在于这个世界时,成己和成物便开始进入其存在境域。正是这种存在的处境,使人区别于其他的对象。从赞天地之化育,到成就自我,现实世界的生成和人自身的完成,都伴随着人对存在的改变。可以说,离开了成己与成物的过程,人本身便失去了现实的品格,从而难以真实地"在"世。

　　作为人的基本存在处境,成己与成物包含不同的向度。就其现实性而言,成就人自身与成就世界并非彼此分离。对世界的认识与改变,离不开人自身存在境域的提升;人自身的成就,也无法限定于狭隘的生存过程或精神之域:唯有在认识与变革世界的过程中,成己才可能获得具体而丰富的内容。《中庸》以"合外内之道"解说成己与成物,似乎已有见于此。在成己与成物的如上统一中,一方面,成物过程的外在性得到了克服,另一方面,成己也避免了走向片面的生存过程和内向的自我体验。

　　以认识世界与认识人自身、变革世界与变革人自身为具体的历史内容,成己与成物的过程同时表现为意义和意义世界的生成过程:无论是世界的敞开和人的自我认识,抑或世界的变革和人自身的成就,都内在地指向意义的呈现和意义世界的生成。人既追问世界的意义,也追寻自身之"在"的意义;既以观念的方式把握世界和自我的意义,又通过实践过程赋予世界以多方面的意义,就此而言,似乎可以将人视为以意义为指向的存在。人对存在的追问,从根本上说也就是对存在意义的追问,这种追问不仅体现于语义或语言哲学的层面,而且更深沉地展开于认识论、本体论、价值论等领域。历史地看,哲学的演进过程中曾出现某些关注重心的变化,这些变化常常被概括为哲学的"转向",而在各种所谓哲学的"转向"之后,总是蕴含着不同的意义关切。从这方面看,"存在意义"确乎构成了哲学的深层问题。

　　存在的意义问题,本身又植根于成己与成物这一人的基本存在处境。本然的存在不涉及意义的问题,意义的发生与人的存在过程无法分离:在人的知、行领域之外,对象仅仅是本体论上的"有"或"在",这种"有"或"在",尚未呈现具体的"意义"。唯有在成己与成物的历史展开中,本然之物才逐渐进入人的知、行之域,成为人认识与变革的对象,并由此呈现事实、价值等不同方面的意义。通过广义的知与行,人不断化本然之物为人化实在,后者在改变对象世界的同时,又推动着世界走向意义之域。与之相联系的是成就人自身:以内在潜能的发展和价值理想的实现为形式,人既追问和领悟存在的意义,也赋予自身之"在"以多方面的意义。正如成物的过程将世界引入意义之域一样,成己的过程也使人自身成为有意义的存在。概而言之,成己与成物既敞开了世界,又在世界之上打上人的各种印记;意义的生成以成己与成物为现实之源,成己与成物的历史过程则指向不同形式的意义之域或意义世界。

不难注意到,无论从观念的层面看,抑或就实在的形态而言,意义世界都既涉及人之外的对象,又关联着人自身之"在"。与对象世界和人自身之"在"的以上联系,使意义世界同时包含形上之维,而从成己与成物的层面考察意义与意义世界的生成,则意味着扬弃意义世界的抽象形态而赋予它以具体的历史内涵。在这里,形上视域的具体性表现在将意义的发生与人的现实存在处境(首先是广义的知行活动)联系起来,以认识世界与改变世界、认识人自身与改变人自身的历史过程为意义世界生成的现实前提。

成己与成物以人自身的完成与世界的变革为内容,后者具体展开为知与行的互动,从成己与成物的角度理解意义世界的生成,相应地离不开实践之维,而成己与成物的考察,则逻辑地引向实践哲学的研究。成己与成物以意义世界的生成为实质的内容,关于意义世界的研究,在更广的层面又与形上之思相涉,与之相联系,由考察意义世界进而关注实践哲学,同时涉及形上之思与实践哲学的关系。

形上之思在宽泛意义上涉及存在的理论,然而,如前所言,对存在的理解和把握如果离开了人自身的知与行,便难以避免思辨的走向,历史上各种抽象形态的形而上学,便往往呈现为某种思辨哲学。从知行过程出发理解人自身的存在与世界之"在",其进路不同于抽象形态的形上学,而实践哲学则在更为内在的层面表现为对形而上学思辨性的扬弃。同样,对实践过程的理解如果仅仅停留于现象的层面,也无法真切地把握其具体意义。在这里,形上学与实践哲学的内在关联既表现为以实践哲学扬弃对存在把握的思辨性,也展开为以形上之思超越对实践理解的外在性。

人既通过行动、实践而使本然的存在成为现实的世界,也通过行动、实践而成就人自身,二者从不同的层面改变了存在。由此,行动和实践本身也成为人的存在方式。以行动、实践与存在的以上关系为指向,实践哲学展现了其本体论的向度,它既通过人与对象的互动彰显了人自身之"在"的现实品格,又体现了基于人的存在以把握世界之"在"的形上进路。以行动和实践为中介,人的存在与世界之"在"的关联获得了更真切的展现。可以看到,实践的本原性不仅使实践哲学在理解人与世界的过程中具有本原的意义,而且使人的存在与世界之"在"的现实性和具体性获得了内在根据。

与"人类行动"相关的是"实践智慧"。从哲学的层面看,实践本身蕴含深沉的社会历史内涵,智慧则渗入于对世界与人自身的把握,并有其实践的维度。把握世界与认识人自身首先侧重于对世界和人自身的理解和说明,实践则以改变世界和改变人自身为指向,二者的如上关联既可以视为实践对智慧的确证,也可以看作是智慧在实践中的落实。相应于实践与智慧的互融,说明世界和说明人自身与改变世界和改变人自身不再彼此相分:事实上,实践智慧的内在特点,即具体地体现于对说明世界与改变世界、说明人自身与改变人自身的沟通和联结。基于德性与能力的统一,实践智慧以实践主体的存在为本体论前提,内在于实践主体并与主体同"在"。在行动与实践的历史展开中,实践智慧源于实践又制约实践,它在敞开实践的本体论内涵的同时,也突显了人之"在"的实践向度。实践与人之"在"的如上关联,既从一个方面彰显了实践的形而上之维,也进一步展现了存在的具体性。

"具体形上学"的以上视域,在《道论》《伦理与存在——道德哲学研究》《成己与成物——意义世界的生成》《人类行动与实践智慧》四种著作中得到了不同的体现。《道论》着重从本体论方面阐释具体形上学,《伦理与存在——道德哲学研究》以道德形上学为侧重之点,《成己与成物——意义世界的生成》主要关注于意义领域的形上之维,《人类行动与实践智慧》则在敞开行动及实践形上内涵的同时进一步展示了人的存在与世界之"在"的具体性。以上方面既相互关联,又各有侧重,其共同的旨趣,则是走向真实的存在。当然,从研究的进路看,以上诸种著作主要是从实质的层面展开对相关问题的思考,而并不试图提供一种形式的体系。无论在追问的对象方面,抑或在考察的方式上,具体形上学都具有开放性。

自　序

　　数年前,在《科学的形上之维》一书序言中,我曾提及,继"科学"的沉思之后,我的注重之点拟转向道德哲学。这当然不是一种偶然的兴趣转换,事实上,早在《善的历程》中,我已从史的角度,考察了价值论与道德哲学的某些方面;尔后关于人的存在所作的若干思考,也内在地涉及道德哲学:对存在与"在"的思与辨,总是引向如何"在"的问题,而如何"在"则是道德哲学的题中应有之义。同时,就我所关注的史与思、形上与形下的互动而言,道德哲学似乎也能够提供某种比较切实的结合点。就上述意义而言,从科学形上意义的省察到道德哲学的转向,不仅意味着科学之"真"与道德之"善"的交融,而且也可以视为我此前工作的逻辑延续。

道德哲学或伦理学往往有不同的侧重。它可以将经验世界作为主要关注之点,探讨其中具体的道德问题,各种形式的应用伦理学,如生态伦理学、生命伦理学、企业伦理学,等等,便表现了这一特点。道德哲学也可以追问道德的根据和基础,从较为形而上的层面,探讨何以有善、善如何可能等具有普遍意义的问题,康德的实践理性批判,便可大致归入这一类型的道德哲学。相对而言,本书所做的工作,更接近后一种考察方式。事实上,本书之名(《伦理与存在》)也表明了这一点。当然,经验世界的考察与形上的追问之间并非彼此悬隔,有所侧重也并不意味着片面地囿于某一视域。在进行形上沉思的同时,我也努力避免疏离和遗忘现实的存在;二者的沟通,构成了本书的内在旨趣。

历史地看,从古希腊、先秦,到当代,伦理的沉思曾一再地指向道德的基本问题;具有不同哲学立场的哲学家在对道德问题作思与辨的过程中,也展示了多样的探索之路,并留下了难以抹去的思想印痕。历史上的思维成果既为尔后的研究提供了理论资源,又引发着人们作进一步的思考,在这一意义上,伦理学的理论与伦理学的历史无法截然分离,后者同时也要求在研究过程中体现史与思统一的原则。以此为前提,本书在展开理论分析的同时,也时时回溯和关注哲学的历史(包括中国与西方的道德哲学传统)。当然,历史的回溯并不是简单地接受或利用以往的思想资源,它总是包含着辨析、扬弃、回应,从而在实质上展开为一个不断对话的过程。

就对话而言,其形式当然并不限于研究者与文献之间,按其本来意义,对话往往带有"在场"的特点。事实上,我也在某种意义上经历了具有"在场"性质的对话。1994年至1995年在牛津大学作学术访问时,我曾有机会与当时在牛津任教的伦理学家威廉姆斯(Bernard Williams)教授接触,他对德性伦理及亚里士多德、休谟伦理思想的论述,在一定程度上引发了我对相关理论和思想的注意。1999年至2000年在哈佛大学作研究期间,我也曾与哲学家诺齐克教授(Robert Nozick)、普特南(Hilary Putnam)教授等作过内容宽泛的交谈,诺齐克对哲学的整体性或不同领域及分支之间的相关性、理性(包括实践理性)的本质、哲学论辩的结构等的关注,普特南在瞩目科学哲学的同时又涉足规范、道德等问题,以及他对实用主义的道德哲学、哈贝马斯的交谈伦理学、马丁·布伯(Martin Buber)与列维纳斯(Emmanuel Levinas)哲学所作的评论,等等,给我展示了分析哲学的另一种视域。而对我探讨善何以必要和可能的思路及有关看法,诺齐克教授等也表现出某种兴趣。尽管这种交流也许还不能视为深层面的讨论,但它多少使我较为真切地了解了当代哲学家的某些思考,后者同时也在宽泛意义上构成了研究背景之一。

对本书所涉及问题较为集中的研究,开始于1998年,全书的准备、撰写前后历时近三年。其中相当部分的章节是在哈佛大学研究期间完成的,哈佛大学丰富的藏书,为我提供了研究的便利。书中的有关内容,曾在华东师范大学哲学系的博士研究生讨论班上作过讲授。讨论班同时也为另一空间中的对话提供了机会,它对进一步的思考,无疑也有促发意义。

应当指出的是,无论是所涉及的内容,抑或形式的结构,本书都谈不上系统。事实上,在对道德或伦理作思与辨的过程中,我并无意提供一个内容完备、结构严整的伦理学"体系",而是更倾向于就某些本源性的问题作若干具体的研究。同时,书中提出的有关论点,本身也具有历史的性质:作为阶段性的思考结果,它们也许应该更确切地被看作是历史中或过程中的存在。

杨国荣
2001年4月

目 录

1	导 论	
24	第一章	善何以必要
26	一	道德与人的存在
36	二	道德意识与社会整合
44	三	规范、德性与秩序
53	四	制度与道德
59	五	境界与个体
70	第二章	道德与价值
70	一	问题的提出
72	二	"善"(morally good)与"好"(good)
77	三	"对"(right)与"善"(morally good)
82	四	规范、德性与价值
89	第三章	义务之源
90	一	应当与义务
93	二	作为义务根据的伦理关系
104	三	伦理、义务与道德律
110	第四章	道德自我
111	一	自我的内涵

124	二	自我之间
131	三	自主权能与自由品格
138	四	自我与自律

第五章 道德系统中的德性

149		
150	一	何为德性
158	二	德性与规范
166	三	德性与德行
174	四	成就德性

第六章 道德与认识

186		
187	一	道德规范的认识论内涵
193	二	道德知识如何可能
207	三	知善与行善

第七章 道德与语言

217		
217	一	道德语句的意义
226	二	交往与对话
234	三	独语的伦理意蕴
239	四	"说"与"在"

第八章 形式与实质

244		
245	一	道德的形式之维
250	二	实质的规定
259	三	历史中的张力
268	四	一种可能的合题

第九章 幸福

278		
278	一	幸福感与幸福境遇
285	二	存在过程中的幸福
291	三	幸福与道德

299	附录一　伦理生活与道德实践
317	附录二　你的权利，我的义务
	——权利与义务问题上的视域转换与视域交融
338	附录三　论道德行为
351	后　记

导　论

　　道德与伦理尽管常常被视为同义词或近义词①，但在一些哲学家中，它们每每被赋予不同的涵义。这里首先可以一提的是康德。在其后期伦理学著作《道德形而上学》②中，康德将道德形而上学区分为两部分，其一为权利的学说(the doctrine of right)，其二为德

---

　　① 英语中表示伦理的 ethics 来自希腊文 ethos、表示道德的 morality 则来自拉丁文 mores，二者在原始语义上都与品格(character)、习惯(habit)等相关，贝克主编的《伦理学百科全书》在界说 ethics 与 morality 时即指出："这两个词常常被相互替换地使用。"(Encyclopedia of Ethics, Vol. I, Editor：Lawrence C. Becker, Garland Publishing Inc. , 1992, p. 329)

　　② 《道德形而上学》(The Metaphysics of Morals)一书是康德的后期著作，在 Grounding for the Metaphysics of Morals 的序言中，康德已提及，该书意在为后来的 The Metaphysics of Morals 提供一个基础，但 The Metaphysics of Morals 直到1797年才出版，而 Grounding for the Metaphysics of Morals 与 Critique of Practical Reason 的出版时间分别是1785年与1788年，前后相距几乎10年至10年以上。不过，在基本的思维趋向上，The Metaphysics of Morals 与前此两书大体一致。

性的学说(the doctrine of virtue),前者涉及法权关系,大致可以归入法哲学或法的形而上学之域;后者则主要被视为伦理学的讨论对象。在这里,道德似乎具有更大的涵盖性:它将法哲学与伦理学均统摄于自身。

与康德有所不同,黑格尔首先将道德与自我的观念、意图联系起来,认为:"道德的主要环节是我的识见,我的意图;在这里,主观的方面,我对于善的意见,是压倒一切的。"①"在道德中,自我规定应设想为单纯的不安宁和单纯的活动,这种不安宁和活动从来未能达到任何现实的事物。"②按此理解,则道德似乎仅停留于主观的领域而尚未达到现实界,当黑格尔将道德的观点理解为"应然的观点"时③,他所强调的也是这一点:应然与实然之间总是存在着某种距离。对黑格尔来说,较之道德,伦理更多地展开于现实生活,其存在形态包括家庭、市民社会、国家等。作为具体的存在形态,"伦理性的东西不像善那样是抽象的,而是强烈地现实的"④。不难看到,在黑格尔那里,伦理已超越了主观之域而获得了客观、现实的意义。

当代的哲学家如 B. 威廉姆斯从另一角度探讨了道德与伦理的关系。在威廉姆斯看来,"道德应当被理解为伦理的特定发展,这种发展在近代西方文化中获得了独特的意义。它特别强调这种而不是那种伦理概念,尤其是发展了某种特殊的义务概念,并具有某种特殊

---

① 〔德〕黑格尔:《哲学史讲演录》第 2 卷,贺麟、王太庆译,商务印书馆,1981 年,第 42 页。
② 〔德〕黑格尔:《法哲学原理》,范扬、张企泰译,商务印书馆,1982 年,第 112 页,译文据英译本作了改动,参见 Hegel's Philosophy of Right, Translated by T. M. Knox, Oxford University Press, 1969, p. 248。
③ 参见同上。
④ 〔德〕黑格尔:《法哲学原理》,范扬、张企泰译,商务印书馆,1982 年,第 173 页。

的预设"①。因此,他以"伦理"表示广义的系统,以"道德"表示狭义的系统。上述意义上的"道德"侧重的是责任、义务,以及如何按一般的原则去做,而"伦理"则更关注品格、德性、幸福,以及如何生活。在这一比较与分别中,道德多少被理解为伦理的片面化。威廉姆斯所理解的这种伦理,显然更合乎亚里士多德的伦理学传统。

对道德与伦理的以上解释,无疑体现了哲学家们不同的道德或伦理的观念。康德以"道德形而上学"涵盖权利的学说与德性的学说(伦理学),体现了对规范系统的注重,而规范系统首先指向应然。②也许正是在此意义上,黑格尔在将道德限定于"应然"的同时,又认为"康德哲学是道德哲学"③。相对于抽象的应然,黑格尔更关注现实的社会生活。如前所述,黑格尔对伦理与道德的区分,即以二者与现实的不同关系为前提;而当他强调道德"必须以伦理的东西为其承担者和基础"时,则相应地意味着超越抽象的应当而确认道德或伦理的现实性之维。④ 作为当代哲学家,威廉姆斯对近代以来的道德与广义上的伦理加以辨析,同样展示了其伦理立场:较之近代哲学一再将责任、义务、原则、行为等置于优先地位,威廉姆斯赋予"如何生活"这一问题以更重要的意义。

然而,如果悬置蕴含于其后的不同道德或伦理倾向而就道德与伦理本身而论,则也许可以对二者的内蕴获得另一种理解。宽泛地

---

① Bernard Williams, *Ethics and the Limits of Philosophy*, Fontana Press, 1985, p. 6.
② 在康德那里,作为德性学说的伦理学与作为权利学说的法哲学都以普遍的规范或法则为核心。
③ 〔德〕黑格尔:《哲学史讲演录》第 2 卷,贺麟、王太庆译,商务印书馆,1981 年,第 43 页。
④ 参见〔德〕黑格尔:《法哲学原理》,范扬、张企泰译,商务印书馆,1982 年,第 162—163 页。

看,道德与伦理都以善为追求的目标①。就其表现形式而言,善既可以取得理想的形态,又具体地展开于现实的社会生活。善的理想往往具体化为普遍的道德规范或道德规范系统,②后者以不同的方式规定了"应该如何":应该如何行动(应该做什么)?应该成就什么(应该具有何种德性)?应该如何生活?如此等等。善的理想通过人的实践进一步转化为善的现实,现实生活中合乎一定道德规范的道德行为、体现于具体人物之上的完美德性等,都可以看作是善的现实。如果说,康德在"道德哲学"的形式下较多地突出了善的"应然"这一维度,那么,黑格尔则通过伦理与现实的沟通而首先赋予善以"实然"的内涵;二者分别侧重于善的一个方面。从理论上看,这里具有实质意义的并不是"道德"与"伦理"之辨,而是在确认善的追求的同时,扬弃其理想之维与现实之维的对峙。

在这方面,中国哲学的思考似乎包含着某些值得注意之点。与 ethical 或 ethics③ 对应的"伦理"一词固然是在西学东渐以后才出现的,④但对人伦的关注则始终是中国哲学的重要特点。早在先秦,孟子已提出了"人伦"的概念,并将理想的人伦具体规定为:"父子有亲,君臣有义,夫妇有别,长幼有序,朋友有信。"⑤人伦在此可以理解为

---

① 合乎道德规范意义上的"对"或"正当"(right),其意义和根据最终亦可以追溯到善,参见本书第二章。
② 杜尔凯姆认为:"所有的道德对我们而言都呈现为一种行为的规则系统。"(E. Durkheim, *Sociology and Philosophy*, Cohen & West, 1965, p. 35, p. 41),这一看法亦注意到了道德的规范之维。
③ ethics 既有"伦理学"之义,又泛指一般的伦理或道德,此处主要与后者相涉。
④ 《礼记·乐记》有"乐者,通伦理者也"之说,郑玄注曰:"伦,类也;理,分也。"这里的伦理似乎主要指类别条理,而与对应于 ethic 或 ethics 者相异。比较而言,贾谊所谓"以礼义伦理教训人民"(《新书·辅佐》)中的"伦理",也许更接近 ethic,但其具体涵义则指人伦之理,与 ethics 亦非完全重合。
⑤ 《孟子·滕文公上》。

人与人之间的关系,有亲、有义、有别、有序则是人伦的"应然"形态;对孟子来说,道德既以人与人之间的现实关系为出发点,又要求达到有亲、有义、有别、有序的理想之境;而通过"由仁义行"的道德实践,作为当然的人伦理想又进一步获得了现实的品格。在这里,善的理想形态与现实形态即呈现为相互统一的关系。

与"伦理"相近,作为 moral 或 morality 对应者的"道德"一词诚然也带有近代的印记,但对道德的沉思则可以追溯到中国哲学的滥觞时期。在中国哲学中,"道"与"德"本是两个概念,"道"既指普遍的法则及存在的根据,又被赋予社会理想、道德理想等意义;"德"有品格、德性等义,又与"得"相通,后者在本体论的层面意谓由一般的存在根据获得具体的规定,在伦理学上则指普遍的规范在道德实践中的具体体现及规范向品格的内化。随着哲学思维的发展,"道"与"德"往往连用:"道德仁义,非礼不成。"①"故学至乎礼而至止矣,夫是之谓道德之极。"②这里的"道德"固然与 moral 或 morality 并非完全同义,但作为与仁义及礼相联系者,它已包含着某种伦理学的意义。当然,在以上的表述中,正如"仁义"是"仁"与"义"的相合一样,"道德"也表现为"道"与"德"的统一。从伦理学的角度看,作为普遍法则的道同时内含着一般的道德理想,孔子所谓"志于道"③,便是要求以道为理想的目标;"德"则表现为普遍法则与道德理想的体现,这样,"道"与"德"的统一,也意味着理想的善与现实的善之间的统一。"道德"的这种原始涵义,无疑包含着传统的伦理智慧。

作为道德或伦理的具体内容,善的理想与善的现实总是指向人自身的存在。斯宾诺沙在其《伦理学》中曾指出:"德性的基础即在

---

① 《礼记·曲礼上》。
② 《荀子·劝学》。
③ 《论语·述而》。

于努力保持人的自我存在(to preserve one's own being),而一个人的幸福即在于他能够保持他自己的存在。"①所谓自我存在,首先是指人的真实的存在:"一个人企求幸福,企求行为正当,企求合理生活,总是同时希望活着,希望行动,希望生活——换言之,希望真正地存在(to actually exist)。""努力自我保存,是德性首要的、唯一的基础。"②这里的值得注意之点,在于将道德与达到真实的存在联系起来。当然,以善为追求的目标,道德或伦理并非仅仅在消极的意义上"保持存在",毋宁说,道德的更本质的特点,在于存在(人的存在)本身的提升或转换,换言之,它总是以达到真正意义上的存在为指向。当人还只是生物学上具有新陈代谢等功能的个体时,他显然无法被视为本来意义上的人;唯有融入包含多方面内容的社会实践过程,不断确证其内在的本质,个体才能走向真正的人。作为社会实践的基本形式之一,"道德地"或"伦理地"生活,从一方面构成了实现上述转换的前提。在这一意义上,也可以说,道德或伦理同时改变、影响着存在本身,并通过制约内在人格、行为方式、道德秩序等,而具体地参与真正的人的世界的建构。

斯宾诺沙从个体的层面提出了达到真正的存在的要求,但他并没有对人的真实存在作具体的阐释,如果我们由此进一步地考察,则似乎可以从内在潜能的多方面发展来理解人的存在的真实性。作为具体的存在,人在自然(天性)、社会等维度上都包含着多方面的发展潜能,仅仅确认、关注存在的某一或某些方面,往往容易导向人的片面性和抽象性。道德意义上的人格完美、行为正当,最终落实于存在本身的完善;而存在的完善首先即在于扬弃存在的片面性、抽象性,

---

① Spinoza, *On the Improvement of the Understanding The Ethics Correspondence*, Dover Publications, Inc., 1955, p. 201.

② Ibid., pp. 203-204.

实现其多方面的发展潜能。道德当然并不是人的存在的全部内容，但它所追求的善，却始终以实现存在的具体性、全面性为内容；而道德本身也从一个方面为达到这种理想之境提供了担保。在这里，道德所追求的善与人自身存在的完善呈现出内在的统一性，二者的具体内容，则是作为潜能多方面发展的真实、具体的存在。也正是这一点，决定了对善的沉思无法与本体论截然分离。

对存在完善的追求，当然并不仅仅是一个成己的过程。作为德性基础的真实存在或具体存在，既是一个一个的个体，又具有社会的规定（与人共在），存在的完善也相应地涉及成己与成人的关系问题。儒家很早已对此加以探讨："诚者，非自成己而已也，所以成物也。成己，仁也，成物，知也。性之德也，合外内之道也。"①"诚"既指人格的真诚，也有存在的真实性之义，对儒家而言，人格的真诚性与存在的真实性具有共同的内涵，二者都以成己与成人的统一为题中之义。道德总是具有为他的一面，道德的崇高性常常也与自我奉献等具有为他性质的行为相联系，从而，存在的完善不能等同于以自我为中心。然而，道德同样也不能片面地理解为对自我的否定，事实上，即使是在自我奉献甚至牺牲自身利益的场合，自我也并非仅仅是被否定的对象：在道德实践的过程中，自我的奉献往往同时又是自我精神升华的形式，后者构成了自我实现其潜能的一个重要内容，并从一个方面表征着自我的完善：作为真实、具体的存在，自我的完善包括精神、品格的提升。可以看到，以成己与成人的统一为视域，善的追求在不同的意义上指向存在价值的肯定、实现和存在潜能的发展、完成。

与道德或伦理相对应的，是道德哲学或伦理学（moral philosophy or ethics）。如前所述，以善为指向，道德和伦理具体展开为善的理想

---

① 《中庸·二十五章》。

与善的现实。当理想的善与现实的善成为进一步反思的对象时,道德哲学或伦理学便随之萌生。以善的理想而言,道德或伦理通过将善的理想具体化为规范系统而规定了"应该如何",道德哲学或伦理学则往往进一步追问"为什么应该如此"。当然,作为关于善的理论沉思,道德哲学或伦理学又有自身的基本问题。从哲学史上看,对道德哲学或伦理学的基本问题往往存在不同的理解。康德曾提出了如下问题:"我应该做什么(what ought I to do)?"① 按康德的看法,这一问题纯粹是实践的,属于道德的领域。② 做什么以行动为指归,尽管上述提问方式仍以"应然"为视域,但其中无疑亦涉及了道德的实践趋向。对康德来说,行为的道德性质,以遵循普遍的法则为前提:普遍的道德法则构成了行为选择的一般依据。这样,由行动的关注便自然导向对普遍法则的注重。尽管康德一再肯定意志的自律,但在内在的层面,普遍的道德法则始终是其关注的重心。③

---

① 参见 Kant, *Critique of Pure Reason*, Translated by N. K. Smith, St. Martin's Press, 1965, p.635, 以及 Kant, *Logic*, Dover Publications, Inc., 1974, p.29。

② Kant, *Critique of Pure Reason*, Translated by N. K. Smith, St. Martin's Press, 1965, p.636.

③ 哈贝马斯将"我应当做什么(What should I do)"这一问题与实践理性的应用联系起来,后者具体展开为三个方面:实用的、伦理的以及道德的。在实用的(pragmatic employment of practical reason)层面,实践理性主要为行为提供技术性、策略性的指导,此时个体的选择以偶然的态度、偏好为基础;在伦理的层面(ethical employment of practical reason),实践理性涉及对人生完善的追求、自我的实现,等等,与之相联系的是主体对真诚人生的承诺,对自我的理解、认同等;在道德的层面(moral employment of practical reason)实践理性涉及自由意志,此时个体按自我的立法行动,其行为由道德洞见(moral insight)决定。实践理性的以上三重应用,分别可以上溯到经验论——功利主义、亚里士多德的伦理学、康德的道德哲学等传统。在这里,哈贝马斯多少将"成就什么"(what ought I to be)的问题也纳入"做什么"的问题,而二者同时又与规范性的讨论联系在一起,就此而言,哈贝马斯似乎也表现出某种康德主义的倾向:尽管哈贝马斯对康德曾作了种种批评,但以"做什么"(what should I do)来涵盖道德哲学及伦理学的主要问题,表明他在实质的层面,仍受到康德思路的某种影响。(参见 J. Habermas, *Justification And Application: Remarks on Discourse Ethics*, Ciaran Cronin, tr., The MIT press, 1993, pp.1-17)

与康德不同,另一些哲学家更多地关注行为的主体,其问题则可以概括为"我应该成就什么(what ought I to be)"。"应该做什么"以行为的完善为指归,"应该成就什么"则以行为主体自身的完善为注重之点。如前所述,儒家曾提出为己、成己之说,其中便蕴含着"成就什么"的问题:对儒家而言,成己意味着通过德性的培养,达到理想的人格境界。同样,亚里士多德的德性伦理系统,也以"成就什么"为题中应有之义。在亚里士多德看来,"德性使我们指向正确的目标",并"担保了正确的选择"①;道德行为并不在于一般地合乎正义,而在于"像正义与节制的人那样去做正义与节制之事"②。所谓像正义的人那样去做,意味着要求自我首先成为具有正义品格的主体;在这里,自我的品格、德性显然具有某种优先性。较之"做什么(to do)","成就什么(to be)"无疑对人自身的存在给予了更多关注。

从动态的过程考察人的存在,便涉及生活本身;与之相联系的则是如何生活的问题。B.威廉姆斯曾把苏格拉底所理解的伦理问题概括为"人应该如何生活(how should one live)"③。按 B.威廉姆斯的看法,苏格拉底的问题(Socrates' question)可以作为道德哲学最好的出发点,它优于"我们的义务是什么?""我们怎样才能幸福?"等问题。④与特定的行为和内在的品格、德性有所不同,生活展开于人的整个存在过程,并包含多方面的内容;在"应该如何生活"的提问中,人在过程中的存在或具体的人生成为关注的对象。

---

① Aristotle, Nicomachean Ethics, 1144a, *The Basic Works of Aristotle*, Random House, 1941, p. 1034.
② Ibid., 1105b, p. 956.
③ 柏拉图在《理想国》中,曾记叙了苏格拉底关于什么是更好的生活的提问与讨论,参见 Plato, Republic, *The Collected Dialogues of Plato*, Princeton University Press, 1961, pp. 602-603。
④ B. Williams, *Ethics and the Limits of Philosophy*, p. 1, p. 4.

对道德哲学或伦理学基本问题的如上理解，无疑涉及了道德哲学或伦理学的不同方面。然而，如果将善的追求视为道德或伦理的实质内容，则以上的不同提问似乎难以涵摄道德的整个领域。与道德领域中善的追求相应的更本源的问题是：善如何可能？不妨说，正是后者，构成了道德哲学或伦理学的中心问题。如前所述，作为道德实质内容的善，包含理想与现实二重向度，"善如何可能"的提问亦相应地涉及理想的善与现实的善。就善的理想而言，"如何可能"的问题在于追问善的理想怎样实现（探讨其所以实现的前提和条件）；就善的现实而言，"如何可能"的提问则引向现实的善所以存在的根据（从善的已有或现实形态，考察其所以形成的本源）。

从终极的层面看，道德所指向的善，总是落实于人自身的存在，在这一意义上，善如何可能，同时也意味着存在的完善何以可能。人的存在本身包含多重面向，从外在的行为，到内在的德性，从主体间的交往，到自我的实现，从普遍的社会秩序，到广义的社会生活，等等，存在的完善体现于不同的方面。以此为前提考察前文所提及的道德哲学问题，便不难注意到其中蕴含的不同意义：在"我应该做什么"这一提问之后，渗入着对行为的正当性及合理的道德秩序如何可能的关切；以"我应该成就什么"为道德哲学的主要问题，注重的是完美的人格、德性如何可能；"人应该如何生活"所涉及的，则是怎样达到合乎人性（扬弃了片面规定）的存在形态。可以看到，上述问题实质上从不同的角度和方面，追问着善如何可能或完善的存在如何可能。在这里，以人自身的存在为出发点，道德所指向的善在个体之维表现为通过潜能的多方面实现而"占有自己的全面的本质"①、走向真实具体的存在，在社会之维则表现为赋予人的全面发展以必要的

---

① 〔德〕马克思：《1844年经济学哲学手稿》，人民出版社，1985年，第80页。

历史前提,并使社会本身达到健全的形态。作为存在的两重面向,二者本质是统一的,当马克思和恩格斯将"每个人的自由发展是一切人的自由发展的条件"规定为未来社会的内在特征时①,他们同时也从社会理想的角度,强调了这一点。爱因斯坦也以其科学家的洞见,提出了类似的看法,在谈到道德的意义时,爱因斯坦指出:"每个人都必须有机会发展其可能有的天赋。只有这样,个人才能得到应该属于他的满足感;也只有这样,社会才能最大限度地繁荣。"②这里的天赋,可以理解为人的内在潜能。在善的如上形态中,"道德的人与不道德的社会"③之间的对峙将得到扬弃。

从逻辑上看,在追问"善如何可能"之前,道德哲学或伦理学首先面临"善如何必要"的问题。柏拉图的《理想国》在谈到正义时,曾提出:就其本身而言,正义是否有益于人?换言之,正义本身对人来说何以必要?④ 在《理想国》中,正义首先与善恶等联系在一起,并相应地具有道德的意义。这样,上述问题如果转换为更普遍的形式,也可以表述为:为什么要有道德?或者说,善何以必要?此后,哲学家一再从不同的角度提出类似的问题。

道德既是人存在的方式,同时也为人自身的存在提供了某种担保。就其内在关系而言,"善何以必要"与"存在(人的存在)如何可能"两重提问之间很难截然加以分离;二者的这种相关性,也决定了

---

① 参见〔德〕马克思、恩格斯:《共产党宣言》,《马克思恩格斯选集》第 1 卷,中央编译局编译,人民出版社,1995 年,第 294 页。

② 〔美〕爱因斯坦:《道德与情感》,载《爱因斯坦晚年文集》,方在庆、韩文博、何维国译,海南出版社,2000 年,第 21 页。

③ 参见 R. Niebuhr, *Moral man and immoral society*, Simon and Schuster Consumer, 1932。

④ 参见 Plato, Republic II, *The Collected Dialogues of Plato*, Princeton University Press, 1961, pp. 605-630。

对前一问题的思考,无法离开伦理学与本体论相统一的视域。历史地看,人的存在包含着类(社会)与个体两重向度,通过在类的层面制约生活秩序、社会整合、体制系统,以及在个体之维作用于自我的统一和境界的提升,道德从社会系统中的一个侧面,为走向具体、真实、自由的存在提供了某种前提,正是在这一过程中,"善何以必要"的问题同时获得了历史的解答。

　　从价值形态看,善无疑是一种正面(具有肯定意义)的价值。当我们从"善何以必要"进而考察善的本源和根据时,便涉及道德与价值的关系。以善为目标,道德更多地展示了一种价值的追求。无论是古希腊的爱智者,还是先秦的哲人,其道德取向都内含着价值的关怀。确认善的价值本源,构成了善的理想形成与实现的必要前提,而对善的本源的追寻,同样不能离开人自身的存在。这里的人,首先应该理解为具体的存在,他呈现出感性的形态(表现为生命存在),也有理性与精神的规定;既是一个一个的个体,又展开为类和社会的结构。略去了其感性、生命之维,人便只是抽象的存在;漠视其社会的、理性的规定,则很难将人与其他存在区别开来。伦理学史上,幸福与德性的统一常常被视为至善的内容,如果说,幸福的实现首先以人的生命存在为前提,那么,德性作为内在品格和精神境界则较多地体现了人的理性本质,从而,幸福与德性的统一,相应地意味着对生命存在与理性本质的双重肯定。当然,从不同的理论立场出发,哲学家们对存在的规定往往各有所重。功利主义以幸福为善的主要内容,而幸福往往又被还原为快乐,它所确认的,更多地是人的存在中的感性规定;义务论或道义论将义务本身视为无条件的命令,而其前提则是把人视为普遍的理性存在。如上的不同侧重,以片面的方式折射了存在的某一规定,它同时也表明,人的存在内含多方面的价值向度:在不同的价值取向之后,是作为其根据的不同价值规定。

道德意义上的"善",固然与广义的"好"具有历史的联系,但其实质则在于对人的存在价值的肯定。如果说,行为的"自为"之维主要表现了对主体内在价值的自我确认,那么,行为的"为他"之维则表现为对主体间存在价值的相互尊重和确认。相对于此,作为一般价值评价的"好"所指向的,则主要是对象性的规定,其内在涵义在于确认对象或客体对人所具有的意义;与之相联系,它始终难以超越目的与手段的关系。较之"好"的工具性质,"善"似乎既具有工具性,又具有超工具性的一面;而"好"与"善"的这种区分,又以人的存在价值在道德中的主导性为其本体论基础。对"善"的内容与本源的这种把握,同时也从伦理学、价值论、本体论的统一这一层面,制约着道德意义上的"善"从理想走向现实的过程。在这里,"善"的实现程度,与价值关系的真实敞开之间存在着内在的一致性。

道德理想的实现过程,关涉"应该做什么""应该成就什么"及"应该如何生活"。行为之善,往往以合乎一般的道德规范为条件;德性和人格的培养,亦需要普遍规范的引导;合理的人生,同样离不开一般的道德准则。作为制约行为、人格与人生的当然之则,规范既体现了一定的道德理想,又可以看作是道德义务的形式化:它源于现实的义务关系,同时又通过抽象和提升,使义务取得了普遍的形式并在一般准则的层面上得到确认。由义务与规范的关系作进一步的考察,便涉及义务本身之源。

以具体的道德实践为指向的这种义务,其来源在哲学家中往往有不同的理解。从先验哲学出发,康德将先天的理性视为义务之源,在他看来,正如认识领域中的先天时空形式和知性范畴是知识所以可能的条件一样,义务及体现义务的道德律构成了道德关系(伦理关系)所以可能的条件。以先天的理性为义务的担保,固然注意到了义务的普遍性,但同时理性的先天性又多少遮蔽了现实的社会关系。

在先天的逻辑设定中,义务似乎成为无根无源的空泛形式。

扬弃义务抽象性的前提,在于从先天的逻辑形式回归现实的伦理关系。作为义务的具体承担者,人的存在有其多方面的维度,人伦或伦理关系也具有多重性。从日常存在中的家庭纽带,到制度化存在中的主体间交往,伦理关系展开于生活世界、公共领域、制度结构等不同的社会空间。以公共领域中主体间的交往而言,这种关系无疑具有松散的形式,但关系本身的存在,依然规定了相应的义务;个体一旦成为关系中的一员,便同时成为这种义务的承担者。市场的经济活动,有具体的市场规则;一定的学术团体,有自身学术的规范;大众传媒组织,有媒体活动的规则;公众之间的讨论,要遵循一定的程序,如此等等。这种规则、规范、程序等,便可以看作是相关义务的特定表现形式,而这种义务本身又是由市场交易的双方、团体成员之间、媒体与大众之间等关系所规定的。

作为义务之源,社会伦理关系似乎具有某种本体论的意义。此所谓本体论意义,主要是就它对道德的本源性而言。伦理关系如果进一步追溯,当然还可以深入到经济结构、生产方式等领域,但相对于道德的义务、"应当",它又呈现出某种自在的形态;无论是日常的存在,还是制度化的存在,作为实然或已然,都具有超越个体选择的一面:家庭中的定位(父子、兄弟等)、公共领域中的共在、制度结构中的关系等,往往是在未经选择的前提下被给予的,它们在实然、自我规定等意义上,可以看作是一种社会本体。正是这种社会本体,构成了伦理义务的根据。与此相联系,以伦理关系规定道德义务,同时也意味着赋予道德以本体论的根据。

伦理关系所规定的义务,以具体的道德自我为承担者;道德自我同时也可以看作是道德实践的主体,在道德领域中,"我"的存在是道德行为所以可能的必要条件;德性的完善和人生过程的展开也以

"我"为出发点;对道德现象的理解,显然不能略去道德自我。作为道德的主体,自我具有多方面的规定,他既表现为意识与人格的综合统一,又以感性生命为存在的前提;既有个体性的规定,又包含着社会的内容;既经历了形成与发展的阶段,又内含着时间中的绵延同一,从而在总体上表现为身与心、天与人、个体性与社会性、发展阶段与过程性的统一。

个体既涉及面向自我的返身关系,又与他人共在。就后一方面而言,自我固然不能离开自我之间的关系而存在,但他同时又包含着不能为关系所同化或消融的方面,与之相应,自我之间的关系也有外在的维度。就道德领域而言,伦理关系固然有其对称性:他人的存在对我来说是一种无声的命令(要求我对他履行道德义务),我的存在对他人来说也是一种命令;但另一方面,道德关系又具有非对称的一面:我对他人尽道德责任,并不要求或企望他人以同样的方式回报我,否则行为便会趋于功利化而失去其道德意义。如果说道德关系的对称性表现了自我之间关系的内在性,那么,道德关系的非对称性则展示了自我之间关系的外在性。

作为伦理关系中的存在,自我总是承担着某种道德的责任,就是说,他必须对自己的行为负责。从逻辑上看,道德责任以自由为其前提:唯有当行为出于自我的自由选择,自我才必须对其负责。这样,自由、责任,便与道德自我构成了难以分离的关系。就消极的意义而言,道德自我的自主规定首先通过目的性规定对单纯因果序列的扬弃、反省意识对当下意欲冲动的超越而得到展现。从正面看,道德自由往往取得从心所欲不逾矩的形式,"从心所欲"意味着合乎内在的意愿,并包含着动机的趋向(想要做某事),"不逾矩"则是合乎普遍规范,它同时在评价的意义上确认了行为的性质(认定某事为善);二者的统一,表现为动机系统与评价系统之间的一致。仅仅在评价的层面认定某种行为合乎善的规范而在动机之域却缺乏做此事的意愿,或虽有行动的意愿,但在评价的意义上却未能获得肯定的判断,都难以达到自由之境;唯有既愿意做,又认定其为善,行为才可能真正获得自由的性质。

在道德实践中,道德自我与道德自律亦存在着某种互动的关系。道德自律不同于道德立法,康德将道德自律还原为道德立法,不免抽去了其具体、丰富的内容而使之趋于形式化。道德自律在以普遍法则为依据的同时,又从不同的方面展示了自我在道德实践中的存在方式;与之相辅相成,道德自我则制约着道德自律的实现过程。作为道德自我及其作用的现实确证,道德自律涉及了自我本身的多重规定及自我与规范、自我与存在境遇等关系。在特定境遇中,自我总是通过情景分析而具体地把握普遍规范的作用条件,为规范的引用与变通提供依据,并由此扬弃普遍规范对于自身的外在性和异己性,使行为获得自律的性质。就道德意识的层面而言,道德自律的过程展开为意志选择、理性评价、情感认同等之间的相互作用,在这里,自我意识的综合统一构成了道德自律所以可能的前提。

自我作为具体的存在,固然包含多方面的规定,但从道德的视域看,其内在的特征更多地体现于德性。德性不同于超验的理念,也有别于单纯的个性,它在某种意义上联结了道德理念与个体品格、普遍法则与特定自我,并使二者的统一成为可能。作为人存在的精神形式,德性在意向、情感等方面展现为确然的定势,同时又蕴含了理性辨析、认知的能力及道德认识的内容,从而形成为一种相互关联的结构。这里诚然亦涉及知、情、意等方面,但在德性结构中,这些规定并不仅仅具有心理学的意义。作为德性的构成,情意、理性等都包含着确定的道德内容,所谓行善的意向、知善的能力以及对善的情感认同等,都表现为一种以善的追求为内容的精神趋向。这种内含向善定势的结构,在某种意义上可以看作是道德实践的精神本体,它从主体存在的精神之维上,为行为的善提供了内在的根据。当然,与人的存在本身在个体之维与社会之维上的历史性相联系,作为道德实践根据的德性并不是一种先天的、永恒的规定;在其现实性上,它同样处于生成过程之中,具有历史的品格。

就德性与规范的关系而言,德性通过凝化为人格而构成了规范的现实根据之一,规范则从社会价值趋向等方面制约着理想人格的形成与塑造,二者呈现为某种互为前提的关系。规范作为普遍的律令,具有无人格的特点,相对于此,德性更多地体现于个体的内在品格:它在某种意义上可以看作是规范的内化。行为的普遍指向与评价的普遍准则离不开一般的规范,而规范的现实有效性又要以德性来加以担保。与规范主要表现为社会对个体的外在要求有所不同,德性在行为中往往具体化为自我道德意识的内在呼唤。较之规范,德性与个体的存在显然有着更为切近的联系;并在本质上呈现为个体存在的人格形态。当行为出于德性时,个体并不表现为对外在社会要求的被动遵从,而是展示为自身的一种存在方式。在德性的形式下,知其善与行其善成为同一主体的不同存在状态,并相应地获得了内在的统一性。

德性作为道德自我的规定,具有自觉的品格;出于德性的行为,也不同于自发的冲动。德性与德行的这种自觉向度,离不开道德认识:从善的确认,到善的选择,从知善到行善,道德认识展开于道德领域的各个方面。当我们在真与善、知与行等关系上对善如何可能作进一步考察时,道德认识便成为不能不关注的问题。

就其对行为、品格、人生的引导和制约而言,道德更直接地涉及当然。道德领域中的"当然"通常取得规范的形式。作为当然的普遍形式,规范的形成以价值的认定及社会伦理关系的把握为前提,同时又体现了一定的道德理想,后者既融入了人的需要,又折射了现实所提供的发展可能和必然趋向。就其体现、反映了具体的价值形态和伦理关系,并以"实然"与"必然"为依据而言,规范无疑蕴含着认识的内容。道德领域更内在的认识论问题,涉及对善本身的把握。善的知识如何可能？在这里,首先应当把道德认识的主体理解为整个的人(表现为理性与情意相统一的具体存在),而非片面的理智化身。从过程的角度看,道德认识既涉及事实的认知,又包含着价值的评价;既奠基于感性经验,又导源于自我体验;既借助于直觉的形式,又离不开逻辑思维。要而言之,认识主体的整体性或具体性以及与之相联系的认知与评价的相融、经验与体验的结合,直觉与逻辑思维的统一,构成了道德认识所以可能的基本前提。

  在道德领域中,知善与行善之间存在着互动的关系。作为道德知识与价值信念的统一,道德认识在确认何者为善(何者具有正面或肯定的价值)的同时,也要求将这种确认化为行动;从这一角度上说,道德认识内含着实践的意向,而这种实践意向又源于行善的定势(凡是善的,就是应当做的)。同时,就道德认识的实践趋向而言,关于当然的知识,不仅需回答"应当做什么",而且要回答"应当如何做"。从知善与行善的关系看,道德行为所以可能的条件既包括对普遍规范的把握、对具体情景的分析,也涉及特定的行为方式、程序。规范作为一般的道德要求,旨在原则地告诉人们应该做什么;情景的分析则为普遍规范与特定境遇的联系提供了前提,并通过普遍规范的引用而告诉人们在相关的情景中具体地应该做什么。但懂得"应该做",并不意味着知道"如何做","如何做"牵涉行为的方式、程序等,而对行为方式、程序等的选择,要以对相关对象、背景的认识为根据。逻辑地看,仅仅具有某种知识,并不一定引向善,但无知却往往会导致负面的结果(恶)。唯有既懂得"应该做什么",又了解"应该如何做",才能扬弃自发性与盲目性而真正赋予道德行为以合理的品格。

道德认识离不开语言的运用。广而言之,从规范的确认到行为的权衡、选择,从自我的道德反省到公共的道德评价,等等,道德实践的过程都涉及语言。在引申的意义上,也可以将语言看作是存在的表征①:语言的运用构成了人存在的一种方式。以存在的方式为共通之点,道德与语言的相涉与相融获得了更深层的根据。

在道德陈述和道德判断的层面,道德语言表现为描述、表达和规范的统一。道德语言的描述性涉及的首先是道德主体与对象的关系,就道德语言与主体自身的关系而言,表达构成了其主要的意义呈现方式。描述以对象的规定为指向,表达则侧重于主体自身的情感、意愿、态度等。道德范畴、概念同时又包含规范的意义;当我们用诸如"善""对"(right)等道德范畴去规定、评价某种行为时,同时也蕴含着应当按这种要求去做之意;换言之,道德范畴的如上运用,亦具有范导行为的意义。

按其本来形态,道德实践的过程既涉及主体间的对话,也以独语为其题中应有之义。从社会运行的现实过程看,主体间通过对话、交谈、讨论而相互理解、沟通,并形成历史的、相对的共识,无疑又有助于社会整合的实现及道德秩序的建立。对话本身在某种意义上又可以看作是独语的外化:主体间的交流,在逻辑上以主体自身的意见、观点的形成为前提之一,后者固然离不开一定的社会背景,但同时又以独语为其构成形式。同时,对话的过程本身涉及为他人所理解与理解他人两个维度,如果说,为他人所理解意味着自我的意义世界向他人敞开,那么,理解他人则同时涉及与自我反思相联系的独语。另

---

① 亚里士多德已注意到,人是运用语言的动物。参见 Charles Taylor, *Human Agency and Language* (Philosophical Papers, Vol. 1), Cambridge University Press, 1985, p. 217。

一方面,独语并不是与他人隔绝的自言自语,它必然受到包括主体间交往等存在背景的制约;主体间的对话、交谈、讨论,也往往在不同的程度上影响着个人的意见、观点,并使之不断作出相应的调整或修正;就后者而言,主体的独语在一定意义上也包含着主体间对话的内化。主体间对话与主体独语的以上关联,在道德实践和交往中展开为一个不断互动的过程。

道德对话、交谈、讨论可以看作是主体间交往的具体形式之一,独语则从一个方面体现了主体的自我认同。如前所述,主体间关系既有内在性,又有外在性。相应于主体间关系的内在性,主体的独语无疑应当不断超越自身而走向主体间的对话,从而形成合理的公共道德空间和开放的意义世界,以扬弃封闭的自我并确认存在的主体间性;主体间关系的外在性,则决定了不能以对话解构独语,换言之,在从独语走向对话的同时,也应当在某种意义上实现从对话到独语的回归,以避免主体的消解。不难看到,在对话与独语的以上交融与互动之后,是存在的主体性与主体间性的双重确认,后者同时从一个方面构成了道德理想(善的理想)得以实现的前提。

相对于理论领域的沉思,道德的言说更多地展开于广义的实践领域;作为言说对象之一的规范,本身以实践为其指向;行为与人格的评价,同样涉及实践的过程。同时,道德言说的目标,并不限于理解、辨析或达到主体间的共识。通过对话、交谈、讨论等所获得的言说成果,在制约主体间的沟通及普遍道德秩序的同时,又内含着如何引向主体自身的存在、使行为之善与人格之美彼此协调等问题。质言之,它应当在身体力行的实践过程中,逐渐凝化于主体的内在人格结构,并成为实有诸己的德性。言说向人格和德性的凝化,从"说"与"在"的统一上,展示了道德言说与自我完善的一致性。

作为历史过程中的社会现象,道德既有形式的规定,也包含实质的内容。如果说,普遍规范、言说方式等较多地关涉形式之维,那么,价值、伦理关系、德性等所内含的道德意义则更多地体现在实质的方面。在道德领域,普遍的原则与规范的形成过程,往往伴随着一个形式化的过程,它抽去了人伦关系的具体内容,将这种关系所规定的义务(特定的"应当"),提升为一般的道德要求。形式之维同时涉及道德原则在逻辑上的自洽,后者从另一方面看,也可以视为理性化的要求。就形式的层面而言,理性化往往还与道德决定的程序等相联系。从社会交往的角度看,道德实践的过程同时又涉及文明的行为方式;道德的形式之维在这里表现为行为方式的文明化和完美化,日常语言中的所谓行为美,从道德实践的角度看,也意味着肯定道德行为在形式上的完美性。

道德作为人的存在方式,难以离开价值关怀,这种关怀往往通过确认人是目的而赋予道德以实质的内容。同时,道德原则固然具有普遍性的品格,但原则作用的有效性和合理性,又离不开境遇分析或情景分析,后者构成了沟通普遍的原则与行为背景的必要环节,而道德原则与具体境遇及情景的联系,则在另一重意义上体现了道德本身的实质规定。就具体的行为机制而言,康德以对普遍法则的认同为道德的动因,亦即以形式因作为动力因。相对于此,内在于具体自我的情感、意向、欲望等因素,则更多地在实质的层面构成了道德的动因。此外,道德行为既涉及外在的方式(行为美),也离不开主体的人格(人格美),后者从主体的存在形态(自我的综合统一及绵延性)上,彰显了道德的实质意义。

可以看到,按其本来形态,道德领域中的形式与实质各有其存在的根据,同时又相互关联。前文已论及,作为道德实践的主体,人总是包含多方面的规定,他既以自身即目的等形态展示了内在的价值,又是普遍义务的承担者;既包含社会及类的本质,又是特定的个体;

既以理性为普遍的规定,又有感性及情意等非理性的维度;既受一般社会法则的制约,又不断面临独特的存在境遇,如此等等。存在的这种具体性,决定了道德领域中的形式与实质无法彼此分离。以善如何可能为考察的视域,则不难注意到,形式与实质的如上统一,本身又从一个更为普遍的层面,为达到善的境界提供了前提。

从实质的意义上看,善的追求总是内含着对幸福的向往;存在的完善也以幸福为题中应有之义。如果将善与幸福截然加以隔绝,则往往将导致善的抽象化和玄虚化。亚里士多德很早就已注意到这一点,他之以幸福界定善,亦包含着避免善的抽象化之意。按其本义,幸福无疑涉及主体内在的价值观念及与之相应的人生追求,正是价值观念和人生目标上的差异,使不同的主体在相同或相近的生活境遇中形成幸福或不幸福等相异的感受;缺乏个体的自我评判和认定,便唯有对象性的存在,而无主体的幸福;另一方面,离开了外在的生活境遇,则幸福便失去了现实的内容。对幸福的如上理解,是合理追求幸福的前提。

亚里士多德曾把幸福理解为终极目的,这一意义上的幸福,可以视为存在的完美性。如前所述,所谓存在的完美或完善,其真实的内涵即在于人自身的全面发展。在这里,善与幸福之间呈现某种共同的趋向。人的潜能的展开与人的本质力量的发展,通过将人的存在不断引向完美,亦使人生获得了幸福的规定。幸福在体现人是目的这一仁道意义的同时,也呈现为一种价值的形态,这里的价值并不仅仅是拥有、享有的对象,它在本质上展开于主体的创造过程。事实上,人的本质力量的确证,乃是在价值创造的过程中实现的。价值创造对于幸福的本源性,使幸福不同于对价值形态的静态满足。

以追求存在的完善为指向,道德与幸福展开为一个互动的过程。作为价值形态与价值创造的统一,幸福既是善的内容,又构成了达到善的一个环节。在善与幸福的交融中,一方面,善不断获得具体的内容而扬弃了自身的抽象性,另一方面,幸福本身通过合理的范导而避免了片面的走向。在这里,存在的具体性与善的具体性达到了内在的一致,这种一致所表明的并不是空泛的至善,它与伦理和义务、德性和规范、知善和行善、言说和存在、形式和实质等的统一相互关联,既彰显了善的内涵,又展示了走向善的可能途径。

第一章

善何以必要

柏拉图的《理想国》在谈到正义时,曾涉及如下问题:就其本身而言,正义是否有益于人?换言之,正义本身对人来说何以必要?① 在《理想国》中,正义内在地关联着善恶,并相应地具有道德的意义。这样,上述问题如果转换为更普遍的形式,也可以表述为:为什么要有道德?或者说,善何以必要?此后,哲学家一再从不同的角度提出和探讨类似的问题,直到近代乃至当代,善何以必要仍然构成了道德哲学沉思的重要问题

---

① 参见 Plato, Republic II, *The Collected Dialogues of Plato*, Princeton University Press, 1961, pp. 605-630。

之一。①

从外在的方面看,《理想国》对正义何以必要的讨论,似乎主要限于正义对人有益与否之类的问题,亦即所谓利益关系。然而,如果作进一步的分析,便可发现,在利益关系之后,还蕴含着更深层的问题,即正义与人自身存在的关系。当《理想国》就正义是否有益于人展开对话时,它所追问的,同时也是道德对人的存在所具有的意义这一更普遍的问题。布拉德雷对此似乎具有较为自觉的意识,在关注"为什么我应当是道德"这一问题的同时,布拉德雷又着重将人的自我实现(self-realization)作为讨论对象,并把自我实现规定为道德的主要目的。② 自我实现无疑与人的存在有更切近的关系,这里已进一步从道德与人自身存在的关系上,思考与解决"善何以必要"这一本源性的问题。就其内在逻辑而言,"善何以必要"与"存在(人的存在)何以可能"两重提问之间显然很难截然加以分离;二者的这种相关性,也决定了对前一问题的思考,无法离开伦理学与本体论相统一的视域。

---

① 布拉德雷在19世纪末、20世纪初,从个体存在的角度,考察了"为什么我应当是道德的?"(why should I be moral? 参见 F. H. Bradley, *Ethics Studies*, Second Edition, Clarendon Press,1927,该书第一版出版于1876年);普里查德考察了为什么应当履行义务的问题(参见 H. A. Prichard, *Does Moral Philosophy Rest On a Mistake?* Mind 21, 1912, 收入 *Readings in Ethical Theory*, edited by W. Selars and J. Hospers, Appleton-Century-Crofts, Inc., 1952, pp. 149-162),其中亦包含道德行为何以必要的问题;辛格则更明确地在道德实践的意义上,提出"为什么要道德地行动(Why act morally)"的问题(P. Singer, *Practical Ethical*, Cambridge University Press, 1979)。不难注意到,从古希腊到近现代,善何以必要构成了道德哲学沉思的主要问题之一。

② 参见 F. H. Bradley, *Ethical Studies*, Second Edition, Clarendon Press,1927。

一　道德与人的存在

道德既是人存在的方式,同时也为人自身的存在提供了某种担保。人本质上可以视为关系中的存在,马克思和恩格斯曾从人与动物的比较中强调了这一点,在他们看来,"动物不对什么东西发生'关系',而且根本没有'关系';对于动物来说,它对他物的关系不是作为关系存在的",唯有人才能在其存在过程中建立多方面的关系。① 为了具体地从存在何以可能的角度考察善或道德何以必要的问题,我们不妨从分析人自身存在的关系本性入手。

早在先秦,孔子已指出:"鸟兽不可与同群,吾非斯人之徒与而谁与?"②斯人之徒,也就是和我共在的他人或群体,"与"则是一种关系。对孔子来说,与他人共在,并由此建立彼此之间的社会关系,是人的一种基本存在境遇;孔子的仁道学说,便奠立于对这种关系的确认之上。作为人难以摆脱的存在境域,关系无疑具有本体论的意义,当代的一些哲学家已着重从形而上的层面,对存在的关系之维作了多方面的考察。首先可以一提的是布伯(M. Buber)。在著名的《我与你》一书中,布伯区分了我—你(I-Thou)和我—它(I-It)两种不同的关系。我—它是对象性或主体与对象的关系,在这种关系中,对象处于特定的时间和空间中,"它"仅仅为我所用而并不与我相互沟通。相反,我—你关系则具有相互性、直接性、开放性;"我"通过与你的关系而成为"我"。③ 当我与他人的关系尚处于我—它的层面时,尽管

---

① 参见〔德〕马克思、恩格斯:《德意志意识形态(节选)》,《马克思恩格斯选集》第 1 卷,中央编译局编译,人民出版社,1995 年,第 81 页。
② 《论语·微子》。
③ Martin Buber, *I and Thou*, Charles Scribner's Sons, 1958, p. 11, p. 28.

关系的双方都是特定的"人",但实际上此时的关系者仍停留于对象世界或"它"的世界中,这一世界完全受因果律的支配;唯有在我—你的交往模式中,人与人之间才建立起真实的关系。

与布伯相近,列维纳斯(E. Levinas)将我与他人(others)的关系视为存在的一个本质的方面。按列维纳斯的看法,他人对我来说是一种无法回避的存在,我总是面对面地与他人在一起,而我与他人的这种关系首先是一种责任关系:"人们通常把责任看作是对自己的所作所为负责,但我认为责任首先相对于他人而言。""我把责任理解为对他人的责任。"①他人的存在对我而言就是一种命令,当他人注视我时,我便被置于对他人的责任关系中;正是在对他人的责任中,自我的主体性得到了确证。广而言之,每一个体都是一个"我",并相应地有自身的他人或他者,从而,每一个人也都可以看作是关系中的存在。

当然,作为对人我关系的形而上解释,布伯所说的我—你关系和列维纳斯所谓我与他者的关系,似乎仍带有某种思辨和抽象的特点。事实上,在布伯那里,我—你关系往往具有超时空的性质:对他来说,一旦把你置于时空关系中,"你"便成了"它",而我—你关系也相应地为对象世界所取代。② 对我—你关系的这种超时空的规定,使关系的现实之维多少有所弱化。同时,布伯还提出了"终极的你"(eternal Thou)的概念,并将"终极的你"视为我—你关系的中心,③这种所谓"终极的你",已开始引向宗教意义上的超验存在。④ 同样,按列维纳斯之见,在我与他者的责任关系背后,总是蕴含着无限者(the Infi-

---

① E. Levinas, *Ethics and Infinity*, Duquesne University Press, 1985, pp. 95-96.
② 参见 Martin Buber, *I and Thou*, Charles Scribner's Sons, 1958, p. 4, p. 33。
③ Ibid., p. 100.
④ 事实上,布伯在谈我—你关系的同时,又肯定,上帝"比我更接近我自己"(Martin Buber, *I and Thou*, Charles Scribner's Sons, 1958, p. 79)。

nite);我对他人的责任,同时也确证了无限者。① 这种无限者,亦具有超验的性质。可以看到,仅仅从形而上的层面考察存在的关系性质,似乎难以全面地展示人的存在及存在的关系特征,也无法由此对善何以必要作出具体的解释。

对人的存在及作为存在形态的关系的真实理解,在于回到历史本身。人首先是一种生命的存在,作为生命的存在,生命本身的生产和再生产是人存在过程所面临的基本问题。历史地看,正是在生命本身的生产和再生产过程中,形成了以亲子等关系为形式的原初人伦。从这种最原始的、奠基于自然血缘之上的人伦中,逐渐衍生了宽泛意义上的家庭关系;②家庭关系的进一步展开,则是家族及或近或疏的亲属网络(kinship);与之相关的尚有邻里间的交往,等等。邻里关系尽管并非以血缘为纽带,但却以家庭为其中介:从社会学的角度看,邻里之间并非仅仅呈现为空间位置上的彼此并存,作为一种社会联系的形式,邻里关系乃是通过家庭成员之间的交往而建立起来的,它在某种意义上可以看作是家庭关系的外在延伸;而邻里与家庭、家族、亲属等相互交融,又构成了生活世界的一个重要方面。在这里,广义的家庭关系在人的存在中无疑具有某种本源的意义:作为人的生命生产与再生产借以实现的基本形式,它从本体论的层面将人规定为关系中的存在。

在哲学史上,儒家似乎已对上述关系有所意识。它对家庭人伦的强调,以亲子、长幼等家庭关系为孝悌的出发点,并进而将孝悌理

---

① 参见 E. Levinas, *Ethics and Infinite*, Duguesne University Press, 1985, p.106。
② 这里的家庭是就广义而言,包括以血缘为直接纽带的人伦亲缘关系。狭义上的家庭(如一夫一妻形式或作为社会经济单位的家庭等)往往与相对稳定的配偶关系及财产关系等相联系,并以社会生产的一定发展为其历史前提。

解为仁道这一普遍价值伦理原则的根据,等等,已涉及家庭关系在人的存在过程中的独特地位。如果从生命的生产与再生产在人的存在过程中所具有的本源意义看,儒家以家庭人伦为轴心展开其伦理体系,无疑也把握了历史过程的一个方面,并自有其历史的深意。

当然,生命的生产与再生产并没有穷尽人的存在过程的全部内容。与生命生产与再生产相辅相成的,是物质资料(包括生活资料)的生产与再生产。从早期的农耕经济到近代以来的大工业乃至现代的所谓信息产业,广义的物质资料的生产与再生产过程伴随着人存在的整个历史过程。如前所述,生命的生产与再生产还往往交错着血缘等生物性规定及自然因素,尽管当这种生产与再生产过程以群体协作及家庭等形式展开时,它已经开始纳入社会的历史过程,而且,随着这一历史过程的展开,它也相应地越来越带上社会的印记;但作为人存在的根据,它总是与自然过程难以完全割断联系。相对于此,物质资料的生产与再生产显然更多地表现出社会性的特点,这种生产固然离不开生命的生产与再生产,但它同时又构成了人的生命生产与再生产的历史前提:正是这种前提,使人的生命生产区别于动物的繁衍。在某种意义上,可以把物质资料的生产与再生产看作是人存在的社会本体。

作为人存在的社会本体,物质资料的生产或广义的劳动过程以分工为其内在的规定。从前现代的自然经济到工业化以后的大生产,劳动分工以不同的形式存在于生产过程,并成为生产过程所以可能的必要条件。尽管劳动分工在形式上有简单、复杂等差别,但从社会学上看却存在着共同的特征,即它蕴含着社会成员之间的某种分化。换言之,劳动分工的意义不仅仅在于生产过程内部的不同环节、工序等的区分,而且更在于社会成员在存在方式(包括社会地位、社会角色等)上的分别。从男耕女织之类的性别分工,到体力与脑力之间等更具社会意义的劳动分工,社会成员在存在方式上呈现不断分化的趋向。同时,分工又使社会成员之间形成了不同形式的联系。首先是一定劳动组织中劳动者之间相互协作这样较为直接的联系,随着经济的发展,以劳动的分工为前提,又逐渐衍生出不同生产者之间的交换关系,而劳动成果之间的交换关系,往往交错着社会成员之间的利益差异,它的进一步发展,则是不同利益集团的形成。在劳动、交换、利益等的种种分化互动中,已开始蕴含尔后社会结构中的诸种经济、政治、社会的关联。

可以看到,生命的生产与再生产及物资的生产与再生产,一开始便在终极的、本源的层面上,将人规定为一种关系中的存在。如果说作为生命生产与再生产基本形式的家庭关系构成了生活世界中多重社会关联的出发点,那么,物资资料的生产与再生产借以展开的劳动分工,则孕育了更广泛的经济、政治、社会联系。渗入于人的存在过程各个方面的社会关系,作为人无法摆脱的存在境遇,同时又制约着存在过程本身:唯有当奠基于两重生产的诸种关系获得较为适当的定位时,人的存在才是可能的。由此自然发生了如下问题:如何赋予本体论意义上的社会关系以合理的形式?这里的合理,当然是一个历史的概念,它首先相对于一定的社会历史形态而言,而以上问题的解决,也始终以人自身的历史实践为本源,其中既涉及社会(类)层面的社会生活秩序,也关联着个体的存在方式。正是在这里,道德显示了其存在的历史理由。如后文将要详论的,作为人的社会性的一种表征,道德构成了社会秩序与个体整合所以可能的必要担保。从家庭成员到生活世界中交往各方,从生产组织中的不同工作者到社会管理系统中的各个角色,如果社会成员之间未能在仁道、正义等基本伦理原则之下合理地处理和定位彼此的关系,并由此形成某种道德秩序,那么,生命与物质资料的两重再生产以及在此基础上广义的社会生活的生产与再生产便难以正常展开。

从另一方面看,生命的生产与再生产和物质资料的生产与再生产在将人规定为关系中的存在的同时,也相应地导致了存在本身的分化。当生命的生产与再生产过程衍生出亲子、兄弟、亲族等社会关系时,它同时也将人定位在某种存在状态中;同样,物质资料的生产与再生产在形成劳动者之间的联系的同时,也使人成为分工系统中彼此相异的特定一员。随着两重生产的展开,社会关系也愈来愈呈现多样化的特点,作为关系中的存在,人也往往相应地被定格在这种逐渐分化的关系项中,成为承担某种固定功能的角色。不难看到,存在的这种分化,同时亦意味着存在的分裂,它在逻辑与历史两重维度上都使人的存在蕴含了导向片面化的可能。当黑格尔、费尔巴哈、马克思从不同的层面分析异化现象时,他们同时也从不同的角度揭示了人的存在的片面化趋向。① 以分裂、片面化为其规定,存在显然很难达到真实的形态。在这里,走向真实的存在与扬弃存在的片面性、回归存在的具体形态构成了同一过程的两个方面。

回归具体的存在,当然并不意味着回到存在的出发点。历史地

---

① 这里似乎可以对杜尔凯姆关于分工意义的看法作一分析。在杜尔凯姆看来,"较之劳动分工对道德所产生的影响,分工的经济作用是微不足道的(picayune)"(参见 E. Durkheim, *The Division of Labor in Society*, Free Press, 1933, p. 56)。"通过分工,个体相互联结在一起;没有分工,个体将彼此独立。"(Ibid., p. 61)"分工的真正功能,是在两个或两个以上的人之间产生一种凝聚感。"(Ibid., p. 56)杜尔凯姆的以上论点注意到了劳动分工的道德功能,较之仅仅关注分工的经济意义,无疑表现了其思想的敏锐性。同时,他肯定分工在形成社会秩序、社会凝聚上的作用,也不无所见。然而,在强调分工对社会存在的这种正面意义的同时,杜尔凯姆似乎多少忽略了分工可能导致的存在的分裂及存在的抽象化,从而不免表现出某种片面性。相形之下,马克思对分工的另一重意义予以了更多的关注。在肯定"分工随着文明一同发展"的同时,马克思又指出:"这种分工使人成为高度抽象的存在物。"([德]马克思:《詹姆斯·穆勒〈政治经济学原理〉一书摘要》,《1844 年经济学哲学手稿》,人民出版社,1985 年,第 164 页)这一看法无疑已注意到分工与存在的抽象化、片面化之间的内在联系,其中包含着值得注意的历史洞见。

看,当人从自然中分化出来、作为"他者"而与自然相对时,人与自然在本然意义上的同一便走向了终结。人自身的存在同样经历了一个从原始的相对同一走向分化的过程。在生命生产与再生产和物质资料的生产与再生产还处于较为早期的阶段(如生命生产与再生产上的群婚制、物质资料生产与再生产中的采集和渔猎时期)时,劳动分工尚处于十分简单的形态,此时的社会分化也相应地显得较为有限。就生活世界而言,严格意义上的家庭尚未出现,就生产领域及其他社会空间而言,劳动协作、产品交换、利益关系等也远未充分展开;事实上,甚至不妨说,此时还没有现代意义上的生活世界与非生活世界之分:日用常行与生产活动等往往融合为一体。从这种早期的存在形态,到随着两重生产发展而形成多重社会关系,这一历史衍化也可以看作是人的存在由原始的相对同一,逐渐走向社会分化的过程,后者在实现历史进步的同时,又蕴含了存在的分裂与片面化的可能;不断克服分化所蕴含的片面化趋向,是人的存在过程无法回避的问题。质言之,从原始的同一走向分化,又在既分之后不断重建统一,构成了人的存在的历史内涵;这种统一,不同于作为出发点的原始的、抽象的同一,而是基于社会分化之后所达到的具体存在形态;在这里,重建存在的统一与回归具体的存在形态展开为相互统一的过程。

此处也许有必要对具体与抽象的整体作一区分。抽象的整体(abstract totality)本质上带有超验或超越的特点,以整体为指向,往往很难避免对个体与特殊的消解。布伯曾将个人所处的关系区分为三重:他与世界和事物的关系,他与他人(包括个体与众人)的关系,他与绝对(Absolute)或上帝的关系。① 人与世界及事物的关系,也就

---

① 参见 M. Buber, *Between Man and Man*, Macmillan Publishing Company, 1965, p. 177。

是他所说的我—它(I-It)关系;人与他人的关系,则是所谓我—你(I-Thou)关系,如前所述,在布伯看来,较之我—它关系,我—你关系是一种更为完善的主体间关系。然而,后者固然高于前者,但相对于我与绝对者或上帝的关系,它本身似乎只具有中介的意义,对布伯来说,终极层面的关系总是指向造物主(Creator)或上帝。① 布伯指出我—它关系的彼此对峙性、排斥性,显然已有见于这种关系所蕴含的存在分裂。他要求由我—它关系走向我—你关系,也就是要求由人我之间的排斥性,达到人我之间的相互性,这里已表现出试图重建存在统一的意向。但是,以面向绝对者或上帝为终极的目标,却意味着将存在的统一理解为回归抽象的大全或超验的存在,而不是回归具体的存在。与布伯相近,列维纳斯也把我与他人(others)的关系提到了重要的地位,他之强调"我"对他人的责任意识,也包含着扬弃人我之间的分离性、扩展存在境域的意向。不过,在通过强化责任而扬弃存在的分离、扩展存在境域的同时,列维纳斯又进而把这种存在境域推向无限者(the Infinite),尽管列维纳斯一再要求将整体(totality)与无限者区分开来,然而,这种超越于一切个体的无限者,本身显然难以视为具体的、现实的存在,在此基础上达到的存在的统一,只能给人以思辨的满足。

哈贝马斯的交往行动理论将理性—目的行动与交往行动区分开来,前者指向主体与对象的关系,后者则涉及主体间的关系。这种看法与布伯区分我—它关系与我—你关系无疑有相通之处。当然,较之布伯对以上两重关系的形而上的规定,哈贝马斯对主体间关系的理解似乎具有更"形而下"的社会、历史内容。以主体间的交往关系

---

① 参见 M. Buber, *Between Man and Man*, Macmillan Publishing Company, 1965, p. 103。

为轴心,哈贝马斯对如何重建生活世界的理性化作了深入的探讨,其中既包含文化的再生产,也涉及社会的整合、个体的社会化等。作为生活世界理性化重建的前提,合理的主体间交往关系显然也关联着回归存在的统一这一向度。事实上,当哈贝马斯将社会的整合、个体的社会化等规定为生活世界的内容时,已多少蕴含了这一点。不过,在以主体间关系整合生活世界的同时,哈贝马斯似乎多少表现出强化普遍、一致、整体等趋向,在其伦理学理论中,可以更清楚地看到这一点。尽管哈贝马斯肯定了每一主体参加讨论、发表意见的权利(这种设定本身也是一种理想化的前提),但同时又强调伦理的讨论以达到一致(consensus)为目标,这种目标显然假定了某种超越个体的普遍观念的存在,而在所谓"一致"中,共同体或整体中的普遍决定多少消解了主体的意见和自主选择。

以扬弃存在的分裂、达到真实的存在为内容,回归具体不同于回归抽象的整体。在抽象的形态下,整体带有超越和超验的特点;超验趋向于和经验世界的分离,超越则意味着凌驾于个体之上。同时,在一致、普遍等要求下,抽象的整体往往略去了多样、特殊而导向单一化,这种抽象、单一的形态,很难视为真实的存在。相对于抽象的整体,具体的存在达到了个体性与普遍性、多样性与一致性的统一,并相应地包含了存在的全部丰富性。总之,重建存在的统一,回归具体的存在,不应当以牺牲存在的多样性、丰富性为代价。

向具体存在的回归,当然并非一蹴而就,它在本质上展开为一个历史过程,并涉及多重因素,而道德则是其中一个重要的方面。如前所述,道德生活或伦理生活首先是一种本体论的事实,尽管在不同的历史时期,它往往有着不同的历史内容,但在社会的演进过程中,伦理生活或道德生活总是构成了存在本身的一重规定。杜威曾强调,道德与生活不可分离,生活之中本身就包含着道德的内容。① 维特根斯坦也曾表述了类似的观点,在他看来,只有首先教人伦理地生活,才能进而对他讲伦理的学说。② 换言之,伦理和道德原则的意义,唯有在生活过程中才能真正把握。

然而,这只是道德的一个方面。道德的特点在于,作为存在的一重规定,它同时又参与了存在本身的实现和完善。当布伯、列维纳斯、哈贝马斯等从我—你、我与他者、主体间等角度探讨重建存在的统一时,他们同时也在道德的层面上涉及了如何完善存在的问题。在生活实践的历史过程中,通过共同的伦理理想、价值原则、行为规范、评价准则等,道德从一个侧面提供了将社会成员凝聚起来的内在力量;为角色、地位、利益等等所分化的社会成员,常常是在共同的道德理想与原则影响与制约下,才以一种不同于紧张、排斥、对峙等的方式,走到一起,共同生活。这里,道德的作用不仅仅表现为使人在自然层面的生物规定及社会层面的经济、政治等规定之外,另外获得伦理的规定,它的更深刻的本体论意义在于:从一个方面为分化的存在走向统一提供根据和担保。就个体而言,"伦理地"生活使人既超越了食色等片面的天性(自然性或生物性),也扬弃了特定社会角色所赋予的单向度性,而在这一过程中,道德同时也为个体走向具体存在提供了某种前提。

可以看到,善何以必要并不仅仅是一个狭义的伦理学问题,唯有从人的存在这一本体论的角度入手,才能理解这一问题的真正内涵并给予理论上的阐释。作为人存在的方式及生活实践过程中的本体

---

① 参见 *The Philosophy of John Dewey*, Selected and Edited by Joseph Rather, Henry Holt and Company, 1928, pp. 319-320。

② 参见 L. Wittgenstein, *Culture and Value*, Basil Blackwell, 1980, p. 81。

论规定,道德同时也为存在所以可能及回归具体、真实的存在提供了担保,正是在这里,道德获得了自身存在的根据。

二 道德意识与社会整合

从社会的层面看,存在的具体性往往体现于社会的整合过程。社会的整合涉及多重维度。首先是社会认同,包括广义的文化认同、民族认同、国家认同、团体(group)或组织认同,以及个体自身的角色认同等,这一层面的认同意味着接受某种社会的文化形态、生活方式、社会组织系统,承认其合理性与合法性,并归属于其中。

与社会认同相联系的是社会的凝聚(solidarity),在缺乏社会认同的情况下,社会成员往往趋向于从参与走向隐退,以远离社会生活为理想的追求;道家对礼法社会的拒斥,便表明了这一点。对社会离心趋向的克服,以承认某种社会文化价值系统、并获得相应的社会归属感为前提之一。社会凝聚的另一种形式,是对社会冲突的控制。社会的分化以及由此导致的利益差异等,往往容易引发不同形式的社会冲突,避免社会成员间的这种冲突或避免这种冲突的激化,离不开共同接受的社会规范系统;通过肯定公共或普遍的社会价值以及对权利与义务关系的规定,等等,社会的规范系统同时也对可能的社会冲突作了某种限定。

控制冲突当然还带有消极的意义,从积极的方面看,社会凝聚更多地表现为社会成员之间的相互理解和沟通,以及在不同的社会实践领域中彼此协作。在这里,社会的认同和社会凝聚既是避免社会在剧烈的振荡中解体的条件,也是广义的社会生活生产与再生产所以可能的前提。

如前所述,社会认同和社会凝聚同时关联着社会体制及社会秩序的合法性问题,社会实践过程中的相互协作,首先指向社会成员之间的关系,相对于此,合法性则更多地涉及社会成员与社会系统之间的关系。合法性本身当然只具有相对的意义,在不同的历史时期,它往往有不同的历史内容,然而,唯有在社会体制及秩序的合法性获得确认时,这种社会系统及社会的秩序才可能获得其成员的支持,并由此取得稳定的形态。

不同意义上的社会整合,既从类的层面或公共的空间展示了存在具体性的相关内容,又为走向这种具体存在提供了社会前提。如果进一步考察社会整合本身所以可能的条件,则道德便成为不能不加以考虑的一个方面。首先应当关注的是一般意义上的道德意识或道德观念。道德意识或道德观念作为历史的产物,无疑具有相对性、历史性的一面,但历史本身并不是如新康德主义所认定的那样,仅仅由特殊的、个别的现象所构成:它总是同时渗入了具有普遍意义的联系。与历史过程的这一向度相应,道德意识及道德观念往往也包含着普遍的内容。从共时性之维看,一定历史时期的共同体中,通常存在着对该共同体的成员具有普遍制约作用的道德意识和道德观念;就历时性之维而言,某些道德意识和道德观念往往在不同的或较长的历史时期产生其影响和作用,而不限于某一特定的历史阶段。

具有普遍内容的道德意识与道德观念,通过教育、评价、舆论等的提倡、引导,逐渐成为一定时期社会成员的心理定势(disposition),后者也就是杜尔凯姆所谓集体良知(collective conscience),它从社会心理等层面,为社会的整合提供了某种支持。在中国传统社会中,父子、君臣、夫妇、兄弟、朋友等曾被视为基本的社会伦理、政治关系,与之相应的则是"父子有亲,君臣有义,夫妇有别,长幼有序,朋友有信"①等主流的道德观念,这些观念明显地打上了那个时代的历史印记,其历史局限是毋庸讳言的。不过,它们同时又总是被涵盖在仁道等普遍的原则之下,而在社会结构奠基于宗法关系的历史时期,这些主流的道德意识和信念对实现社会认同、维系社会共同体的稳定,又无疑提供了某种观念的担保。

相对于中国传统道德对仁道以及仁道的特定历史形态的关注,西方的伦理传统往往更多地强调公正或正义。西塞罗(Cicero)在《论义务》中,已把公正列为四种基本的道德意识之一,并认为这种道德意识的功能在于"将社会组合在一起"(holds society together),②作为一种普遍的道德观念,公正在社会冲突的抑制、社会秩序的建立等方面,无疑有其不可忽视的历史作用,西塞罗的以上看法,多少也折射了这种历史现象。公正观念与社会整合之间的联系,当然并不仅仅限于西塞罗所处的罗马时代,在近代社会,我们依然可以看到这种联系。班哈毕伯(S. Benhabib)已指出了这一点:"资产阶级的个体需要为自己建立社会秩序的合法基础,当它们面临这一任务时,公正就成为道德理论的中心。"③简言之,在从传统社会向近代社会的转换过程中,合法社会秩序的建立同样离不开公正等道德观念。

如前文所论及的,社会的整合关联着社会认同,从个体的维度看,社会认同除了对现有秩序合法性的确认、对共同体价值的肯定等之外,还涉及一般意义上的道德理想、人生信念等;个体对社会的接受和参与程度,往往受到这种观念的制约。当个人处于所谓存在的孤独状态时,他常常倾向于从社会回到自我的封闭世界。

---

① 《孟子·滕文公上》。

② 参见 Alan Ryan, *Justice*, Oxford University Press, 1993, p. 9。

③ Seyla Benhabib, *Situating The Self: Gender Community and Postmodernism in Contemporary Ethics*, Polity Press, 1992, p. 154.

对社会的这种隔绝,并不仅仅是由于交往的障碍等而导致的与他人的分离,在更深的层面上,它亦与道德资源的缺乏相联系,这种资源包括积极的人生信念、对生命意义的正面理解、对存在价值的肯定态度,等等。对没有道德理想并以否定的态度对待人生过程的人来说,消沉、绝望、无意义感等往往成为其难以排遣的情感体验,而对他人的冷漠以及对社会的疏远乃至排拒,则是由此导致的逻辑归宿。

从一般的社会交往这一层面看,对他人利益的肯定、关心等,是社会成员能够和谐相处、社会共同体能够维系的前提之一;而这种与自我中心相对的行为趋向,在道德上又与利他的意识相联系。杜尔凯姆曾指出:"利他主义并不是如斯宾塞所理解的那样,注定将成为社会生活某种悦人的装饰物,相反,它永远将是社会的基础。我们怎么能真的离开利他主义?如果人们不彼此承诺并相互作出牺牲,不以某种强而持久的纽带相互维系,他们就无法生活在一起。"①这里所说的利他主义,并不一定取得抽象的理论、原则、规范等形式,而往往是以日常意识的形式存在,这种意识本身源于历史过程,如荀子所说,人只能在"群"(彼此结成一定的生活联系)的条件才能生存,对利益的相互肯定,无疑折射了这一历史事实;但它在形成以后,又构成了社会存在的观念条件。正是在后一意义上,杜尔凯姆认为:"每一社会都是道德的社会。"②

道德的意识、观念、定势等,并不仅仅以精神的形态存在,随着社会的发展与生活实践的不断重复,道德的意识往往进一步转换为制

---

① E. Durkheim, *On Morality and Society*, The University of Chicago Press, 1973, p. 112. 斯宾塞将社会的整合完全视为一个自发的过程,并把利益、市场视为这种整合的唯一调节因素,由此否定了道德等规范系统在这一过程中的作用。杜尔凯姆对此提出了批评。详见 E. Durkheim, *The Division of Labor in Society*, Free press, 1933, pp. 202-203。

② Ibid.

度化的事实(institutional facts)。① 以社会生活中常常遇到的借贷现象而言,在信用关系得到普遍确认的社会条件下,向人借贷便蕴含着如期归还的承诺。此处的向人借贷,首先是一个事实,但它又不同于自然条件下的事实,因为其中已渗入了"应当如期归还"这样一种义务的观念,而义务则涉及道德的领域。在这里,道德上的义务观念,已融合于社会交往中的制度化事实。广而言之,在社会结构中,当个人承担了某种社会角色时,他同时也就承诺了履行该角色所规定的义务;承担角色是一种事实,但这一事实同样蕴含了义务观念。孔子所谓"君君、臣臣、父父、子子"②,便可以看作是对他那个时代特定的角色与义务关系的一种概括。在此,义务的观念已渗入伦理政治的事实。

伦理观念向事实的渗入或制度化,从一个方面展示了道德与存在的联系:在制度化的事实中,道德已具体化为存在的实际内容。同时,通过融合于制度事实,道德观念和道德意识也获得了制约社会整合的一种现实机制。首先可以从行为秩序或行为的优先序列作一分析。个体在社会系统中往往承担多重角色、涉及多重关系,与不同角色相联系的行为,往往难以在同一时间中相互兼容。为了避免由此可能导致的冲突,便需要在义务及行为之间建立一定的秩序。帕森斯在谈到医生的义务时,曾涉及了这一问题。在职业这一层面,医生承担着医治、照料病人的责任,但作为家庭的成员,他又对其家庭成员负有义务。然而,在救治一位危重病人与陪伴家人这两者之间,前

---

① John Searle 曾从事实与价值的联系这一角度,对制度事实(institutional fact)作了分析,参见 J. Searle, How to Derive 'ought' from 'is', in *The Theory of Ethics*, edited by P. Foot, Oxford University Press, 1967(塞尔后来在《社会实在的建构》一书中,对此作了进一步的阐发,参见 J. Searle, *The Construction of Social Reality*, Free Press, 1995)。

② 《论语·颜渊》。

者无疑处于更优先的地位,正是这种优先性,使医生不会因为前去医院救治某位病人而无法履行陪伴家人的诺言,与家人发生冲突。①在义务与行为的这种秩序之后,不难看到道德观念的制约:救治病人的优先性,同时亦体现了人道观念的优先;这里同样可以看到道德意识向社会系统的渗入。而一般的道德意识和观念通过制度化,也进一步成为参与社会整合、避免社会冲突的现实力量。

在制度化事实的形态下,道德意识更多地以自觉的形式融入了社会系统。除了这种自觉的制度形式之外,道德意识和道德观念往往取得习惯的形式,并以此影响社会生活。相对于自觉形态的理论、原则、规范、制度,习惯与人的日用常行有更切近的联系,它常常以合乎自然的方式制约着社会成员的行为。作为社会化的第二自然,习惯无疑有多方面的内容,但其中总是同时凝结了历史地形成的道德意识与道德观念。理学家所谓"洒扫应对",便属于日常习惯性活动的领域,而在这种行为中,已渗入了履行基本道德义务(如尊重师长等)的内容。从道德实践的层面看,习惯也可以看作是道德意识、道德观念在思维定势、行为方式等方面所形成的自然趋向。就其与社会生活的关系而言,习惯本身又构成了以自然的方式组织日常生活的重要方面:它使日常的社会生活无需法规、原则的人为约束和引导,也能够保持有序状态。正是通过凝结和融合于日常习惯,道德意识和道德观念从日常生活的层面,为社会整合的实现及社会秩序的建构和延续提供了一个方面的担保。②

道德意识内含着价值的确认,事实上,道德意义上的"善""恶",

---

① 参见 Talcott Parsons, *The Social System*, Routledge, 1991, pp. 299-302。

② 当斯宾塞以社会生活的自发性否定道德在社会整合中的作用时,似乎忽视了道德作用方式的多样性:除了狭义的规范系统外,道德同时又通过渗入日常意识而影响社会生活。

与"好""坏"等广义的价值规定便存在着历史的联系。① 作为存在及其关系的肯定和确证,价值观念和原则构成了道德意识更为核心的内容。在其现实形态上,道德意识与价值观念往往相互交错,很难截然加以分离。以儒家的仁道而言,它既是一种道德观念(要求将人视为目的而加以尊重),同时又是一种价值原则(肯定每一个人都有其内在的存在价值)。与道德意识与价值观念的这种交错相应,道德对社会生活的影响往往也和价值观念的制约联系在一起。共同的价值原则,往往成为一个社会共同体中不同成员相互交往的基础,而社会的共识以及由此达到的行为协调,也同样离不开对意义、价值的共同承诺。帕森斯曾谈及基础科学研究的合法性以及对科学研究的社会支持问题。基础科学由于缺乏当下可见的效用,其存在的合法性(这种研究是否必要),及是否应给予支持,等等,往往成为问题。这里已涉及价值上的认同:确认基础科学的价值,并使这种确认成为社会共同体中的共识,这是基础科学得以存在并发挥作用的重要前提。② 这一事实从一个方面表现了价值观念对实现文化认同和达到社会共识(包括共同体内立场和行为之协调)的深刻影响。

共同体内的文化认同和立场协调,主要从价值导向等方面推进了社会的整合。基本价值原则与道德理想相互融合,同时又构成了合法性确认的根据。一定社会或时代的社会成员,往往是从该时代普遍接受的价值原则出发,对所处社会形态或秩序的合理性及合法性作出评判。合理(rationality)与合法(legitimacy)当然有其不同的意义域,但二者亦非截然相对,当我们在实质的或价值的,而非仅仅是形式的或工具的层面运用"合理"这一概念时,它与"合法"往往呈

---

① 参见本书第二章。
② 参见 Talcott Parsons, *The Social System*, pp. 335-345。

现某种相通之处。合乎一定时代的基本价值原则,诚然并不是合法性确认的唯一前提,但它却为确认既成社会形态合法性提供了一种支持,当缺乏这种支持时,社会系统的合法性便容易面临危机。在传统社会,权威主义的价值原则曾为这一时期的社会秩序提供了根据;近代以来,自由、平等、正义等逐渐成为主流的价值原则,它们同时也成为社会体制合法性评判的依据:当某种体制被认为合乎这些原则时,其合法性便获得了辩护;而当二者被视为相互冲突时,这种社会的合法性往往便会受到质疑。合法性的确认是对该社会加以认同的逻辑前提之一,不难看到,在为合法性确认提供支持的同时,作为道德意识深层内容的价值原则也作用于社会整合的过程。

从动态的角度看,社会系统既以结构的形式存在,又同时展开为一个过程。当某种社会系统依然有其存在根据时,社会的认同无疑有助于该社会系统充分实现其固有价值。然而,当一种社会结构已失去存在理由时,向新的形态转换便成为更合理的历史趋向。与社会衍化的这一过程相应,广义的社会整合也展开为共时形态和历时形态两个方面,前者表现为对既成社会秩序的维护,后者则体现于社会转换的过程之中。道德意识与价值原则在社会整合中的作用,同样展示了两重向度。除了前文所论及的为既成社会秩序提供支持这一面外,道德意识与价值原则在社会变动时期也表现为社会整合的某种力量。在走向近代的过程中,个性解放、自由平等、民主正义等价值原则和道德观念,往往成为凝聚、团结各种社会力量的旗帜,并激励人们为打破传统束缚、实现社会的历史转换而努力。在这里,道德观念和价值原则无疑以特定方式表现了另一种意义上的社会整合作用。

基于如上看法,我们很难同意杜威对道德理想、道德目标的看法。从强调当前(the present)在道德生活中的意义这一前提出发,杜威将一切道德理想及道德目标都视为一种梦想和空中楼阁,认为其"作用只是对现实作浪漫的修饰,至多只能成为写诗和小说的材料"①。杜威在这里似乎对道德理想采取了虚无主义的态度。他固然有见于道德在具体的生活情景中解决实际问题的作用,但却未能注意:解决生活中实际问题的日常道德意识和道德规范,本身已渗入了普遍的道德理想;如果仅仅停留于此时此地的经验情景而拒斥一切道德理想,则生活世界往往将被分解于互不关联的特殊时空之中,而难以实现其内在的整合。

三 规范、德性与秩序

相对于道德意识、道德理想、价值观念,道德规范更多地表现出形式的、系统的特点。A. 吉滕斯曾把规则(rules)理解为社会结构中的两个基本要素之一。② 道德规范在某种意义上也可以视为广义的社会规则系统的一个方面。③

作为社会系统的基本构成之一,道德规范的功能首先体现于社会的整合过程。杜尔凯姆已注意到这一点,在谈到道德规范的作用时,他曾指出:"我们可以这样认为,一般而言,道德规范的特点在于

---

① J. Dewey, *Human Nature and Conduct*, Selected in *The Philosophy of John Dewey*, Henry Holt and Company, 1928, pp. 356-357.

② 吉滕斯所说的另一要素为资源(resources)。参见 Anthony Giddens, *Elements of Theory of Structuration*, in *Contemporary Social Theory*, edited by A. Elliott, Blackwell Publishers, 1999, pp. 119-129。

③ 规范(norm)与规则(rule)在约束行为并使之保持在一定的界域之内等方面,呈现彼此相通的意义。事实上,杜尔凯姆就以 rule 来表示道德规范。(参见 E. Durkhein, *On Morality and Society*, the University of Chicago Press, 1973, p. 136)

它们明示了社会凝聚(social solidarity)的基本条件。"①与其他形式的当然之则一样,道德规范具有普遍性的品格,它规定了社会共同体成员应当履行的义务和责任:尽管社会成员也许不一定作出形式的承诺,但一旦成为某一社会共同体中的成员,便往往以蕴含的方式承诺了规范所规定的义务,正是这种共同承担的义务,从一个方面将社会成员维系在一起。在规定义务和责任的同时,道德规范也提供了对行为加以评判的一般准则,当行为合乎规范时,便会因其"对"或"正当"而获得肯定、赞扬和鼓励;一旦偏离规范,则这种行为就会因其"错"或不正当而受到谴责。以规范为依据的道德评价,往往形成一种普遍的社会舆论,而对共同体中的社会成员来说,它同时也构成了一种普遍的约束机制。

从另一方面看,规范意味着为行为规定某种"度"。荀子已注意到这一点,在谈到"礼"的起源时,荀子指出:"礼起于何也?曰:人生而有欲,欲而不得,则不能无求,求而无度量分界,则不能不争,争则乱,乱则穷。先王恶其乱也,故制礼义以分之,以养人之欲,给人之求。使欲必不穷乎物,物必不屈于欲,两者相持而长,是礼之所起也。"②这里的"礼"泛指伦理政治的制度及与之相应的规范系统,它不限于道德规范,但又包含道德规范。在荀子看来,礼的特点在于为每一个社会成员规定一定的权利和义务,这种规定同时构成了行为的"度"或界限:在相关的"度"或界限内,行为(包括利益追求)是合理并容许的,超出了此度,则行为将受到制止。从现代社会理论看,所谓度或界限,实际上蕴含了一种秩序的观念;正是不同的权利界限和行为界限,使社会形成一种有序的结构,从而避免了荀子所说的社

---

① E. Durkhein, *On Morality and Society*, the University of Chicago Press, 1973, p. 136.
② 《荀子·礼论》。

会纷争。在这里,道德规范与其他社会规范一起,构成了社会秩序所以可能的一种担保。

与秩序的维护相辅相成的,是对失序或失范的抑制。在社会生活中,失序常常与反常或越轨相联系,如果反常或越轨行为蔓延到一定的程度,社会系统中的有序状态便往往向无序状态衍化。而反常与越轨的控制,则离不开规范(包括道德规范)的制约。在反常与越轨未发生时,道德规范的作用主要表现在通过展示道德责任和义务以及提供行为选择的准则,以抑制可能的越轨动机;在越轨和反常发生之后,规范则作为行为评价的根据,参与了外在的舆论谴责和内在的良心责备等道德制裁的过程,并由此促使和推动行为在越轨之后重新入轨。

从秩序的担保,到失序的控制,道德规范通过对社会行为的制约而作用于社会生活的生产与再生产过程。由此,我们不能不对杜威的有关论点表示异议。如前所述,杜威将一般的道德理想视为没有实际意义的空幻意念,对他来说,唯有人所处的具体情景,才对人的行为具有决定作用:"我们应当做这做那,只是因为我们处于某种既成的实际情景,只是因为我们处于某种具体的关系。"①在杜威看来,规范至多只能帮助我们了解环境的要求②,对于规范,我们根本无需问"要不要遵循"之类的问题③。杜威的这些看法注意到了具体情景对行为的制约,但由此对道德规范采取虚无主义的态度,则似乎表现了过强的经验论立场。尽管杜威并不否定社会秩序的意义,但从逻辑上看,当情景的特殊性消解了规范的普遍性时,一切越轨或反常的行为便都可以获得合法的依据并得到辩护,后者无疑将使社会的有

---

① *The Philosophy of John Dewey*, Henry Holt and Company, 1928, p. 371.
② Ibid., p. 372.
③ Ibid., p. 377.

序进程面临危机,它对社会生活的生产与再生产过程的消极影响是显而易见的。

规范作为普遍的行为准则,具有无人格的、外在于个体的特点,相对于此,德性则无法与具体人格相分离。然而,与人格的这种联系,并不意味着德性游离于社会结构与社会生活之外。这里首先似乎应当对作为德性承担者的个人(person)所具有规定的作一分析。布伯曾对个人(person)与个体性(individuality)作了区分。在他看来,个人(person)已意识到他与他人的共在,而个体性(individuality)则仅仅意识到它自身的特殊性。"个体性在与其他存在区分和分离的同时,也远离了真实的存在。"①布伯这一看法的值得注意之点,在于肯定了个人的共在之维:它从形而上的角度,把个人理解为社会系统中与他人共在的一员,而不是与社会分离的存在。

作为社会中的一员,个人总是要经历一个社会化的过程。此所谓社会化,首先与自然的存在相对而言。当人刚刚来到这个世界时,他在相当意义上还只是一种生物学上的存在,其自然的规定或天性往往构成了更主要的方面。与这一存在状态相应,个体的社会化意味着超越自然的规定,使个体成为社会学意义上的存在,这一过程同时包括社会对个体的接纳及对其成员资格的确认,对个体而言,它意味着逐渐形成对社会认同,并把自己视为社会共同体中的一员。与之相辅相成,社会化的过程往往涉及普遍规范与个体意识之间的相互作用。通过社会生活的参与以及教育、学习等,社会的普遍规范(包括道德规范)逐渐为个体所接受,并内化和融合于个体意识,这一过程同时以天性向德性的转换为其内容。德性作为社会化过程的产

---

① 参见 M. Buber, *I and Thou*, Charles Scribner's Sons New York, 1958, pp. 63-64。

物,无疑具有普遍的规定,但作为社会规范与个体意识的交融,它又内含个体之维,并与自我的观念相联系。当人还没有超越自然(生物学意义上)的存在状态时,他同时也处于和世界的原始"同一"中,此时个体既没有对象的观念,也缺乏真正的自我意识,因而尚谈不上社会的认同。个体对社会的认同,在逻辑上以"我"的自觉为前提:对社会的认同,是由"我"来实现的。这样,社会的认同与自我观念的形成事实上构成了同一过程的两个方面,它意味着扬弃个体与世界的原始同一,达到个体与社会的辩证互动。

这种互动具体展开于德性对社会行为的制约过程。相对于个体所处情景的变动性及行为的多样性,德性具有相对统一、稳定的品格,它并不因特定情景的每一变迁而变迁,而是在个体存在过程中保持相对的绵延统一:处于不同时空情景中的"我",其真实的德性并不逐物而动、随境而迁。王阳明已注意到这一点,他曾对意与良知作了区分:"意与良知当分别明白。凡应物起念处,皆谓之意。意则有是有非,能知得意之是与非者,则谓之良知。依得良知,即无有不是矣。"①此处之意,是指在经验活动中形成的偶发的意念或意识;良知则构成了德性的具体内容。意念作为应物而起者,带有自发和偶然的特点。所谓应物而起,也就是因境(对象)而生,随物而转,完全为外部对象所左右,缺乏内在的确定性。与意念不同,作为真实德性的良知并非偶然生成于某种外部境遇,也并不随对象的生灭而生灭。它乃是在行著习察的过程中凝化为内在的人格,因而具有专一恒定的品格,并能对意念的是非加以判定。② 王阳明的这一看法已有见

---

① (明)王守仁:《答魏师说》,《王阳明全集》上,上海古籍出版社,1992年,第217页。
② 参见杨国荣:《心学之思——王阳明哲学的阐释》第四章,生活·读书·新知三联书店,1997年。

于德性与人格在时间之维上的绵延性及行为过程中的稳定性。①

如前所述,道德规范对社会行为具有普遍的制约作用,然而,规范在尚未为个体接受时,总是表现为一种外在的律令,它与个体的具体行为之间往往存在着一种距离。化规范为个体的具体行为,既需要理性的认知(对规范的理解),也涉及意志的选择和情感的认同,而在这一系列环节中,理性、意志以及情感乃是作为统一的德性结构的不同方面影响着规范的接受过程。这里似乎存在着某种交互作用:德性的形成过程包含着规范的内化;德性在形成之后又构成了规范的现实作用所以可能的前提之一。而通过为规范的现实作用提供支持,德性同时也从一个方面参与了社会系统中行为的有序化过程。

个体作为特定的历史存在,其所处的社会关系、所面对的环境往往各异;就行为过程而言,其由以展开的具体情景也常常变动不居;要选择合理的行为方式,仅仅依赖一般的行为规范显然是不够的,因为规范无法穷尽行为与情景的全部多样性与变动性。在这里,情景的具体分析,便显得尤为重要。实用主义者(如杜威)、存在主义者(如萨特)对此已有所注意;杜威将具体情景中的探索与解题提到突出地位,萨特强调个体在行为选择中的决定作用,等等,都表明了这一点。然而,实用主义和存在主义在关注情景的特殊性及个体作用的同时,往往将情景的特殊性与规范的普遍性视为相互排斥的两个方面,并常常倾向于以前者消解后者,这种立场在逻辑上很难避免相对主义。以此反观德性的作用,便不难看到它对克服上述偏向的意

---

① B. F. Bates and C. C. Harvey 把包含德性的人格界定为一种"个体通过对环境的感知而不断建构、修正、重建的系统"(B. F. Bates and C. C. Harvey, *The Structure of Social Systems*, Gardner Press, 1975, p.247),这种看法似乎忽视了经验活动(感知活动)中形成的偶发意念与稳定的人格之间的区别,它对人格和德性的理解多少表现出经验论与现象主义的倾向。

义。如前文所说,德性既包含着作为规范内含的普遍内容,又展开为理性、意志和情感等相统一的个体意识结构,这种二重性,为德性将特定情景的分析与普遍规范的引用这二者加以结合提供了可能。作为稳定、统一的人格,德性使个体在身处各种特定境遇时,既避免走向无视情景特殊性的独断论,又超越蔑视普遍规范制约的相对主义。儒家所提出的经与权相统一的理论,已有见于此。"经"泛指原则的普遍性,"权"则涉及情景的分析,经与权的互补,意味着原则的范导与情景的处理之间的相容,而对儒家来说,这种统一又是通过人格和德性的作用过程而实现。① 这一看法无疑注意到了在道德实践中,德性对沟通普遍规范与特定情景所具有的意义。从现实的行为过程看,规范的引用与情景的分析、判断,以及特定情景中可能的行为方式的权衡、选择,等等,都受制于行为主体统一的人格结构(包括德性),不妨说,人格、德性的统摄,为社会行为走向以权应变与稳定有序的统一,提供了内在机制。

前文曾论及,社会生活过程的有序运行,离不开对越轨、反常行为的控制。就失范与失序的抑制而言,规范的功能较多地展现于外在的公共领域,相形之下,德性在这方面的作用则更多地体现于个体的内在意识层面。作为统一的意识结构,德性既以自觉的理性及康德所谓善良意志为内容,也包含情感之维。在道德意识的层面上,情感往往取得同情、耻感、内疚等形式。休谟曾对同情(sympathy)作了细致的分析,并将其视为整个道德系统的基础,这种看法表现了其经验论的立场,无疑有其局限,但同情在道德行为中的作用却是伦理的事实。从最一般的论域看,同情的意义首先在于为仁道原则的实现

---

① 参见杨国荣:《善的历程——儒家价值体系的历史衍化及其现代转换》,上海人民出版社,1994 年。

(仁道原则在行为中的实际遵循)提供了情感的基础;而通过对他人、群体的尊重、关心,同情意识同时也拒斥了各种敌视社会(反社会)、危害群体的行为倾向,并促进了社会成员之间的凝聚。

耻感与内疚具有不同的情感维度。作为道德意识,耻感似乎更多地与自我尊严的维护相联系,其产生和形成总是伴随着对自我尊严的关注。这种尊严主要并不基于个体感性的、生物性的规定,而是以人之为人的内在价值为根据。正是在这一意义上,儒家对耻感予以高度的重视。孔子已要求"行己有耻"①,孟子进而将耻感提到了更突出的地位:"耻之于人大矣。""人不可以无耻。"②直到后来的王夫之、顾炎武,依然一再强调知耻的意义:"世教衰,民不兴行,'见不贤而内自省',知耻之功大矣哉!"③"士而不先言耻,则为无本之人。"④人作为社会存在,具有内在的尊严,有耻、知耻是在心理情感的层面对这种尊严的维护;无耻则表明完全漠视这种尊严(甘愿丧失人之为人的尊严)。

从道德情感与社会行为的关系看,耻感的缺乏意味着解除所有内、外的道德约束,在无耻的心理情感下,一个人既不会感受到内在良心的责备,也难以对外在舆论的谴责有所触动;一切丧失尊严、挑战社会、越出秩序的行为,对他来说都是可能的。反之,耻感的确立,则使个体在行为过程中时时关注人之为人的尊严,防范与拒斥一切可能对内在尊严带来负面后果的动机和行为。就社会系统而言,自我尊严的维护,总是引向自觉的履行作为社会成员应尽的义务,将自

---

① 《论语·子路》。
② 《孟子·尽心上》。
③ (清)王夫之:《思问录·内篇》,《船山全书》第12册,岳麓书社,1996年,第408页。
④ (清)顾炎武:《与友人论学书》,《亭林文集》卷三。

我的行为纳入规范所规定的界域内,并使个体以越轨为耻。可以看到,通过将反社会的越轨行为抑制于未然或潜在状态,作为德性内容的耻感构成了维护社会秩序的内在心理机制之一。①

与耻感相近并构成德性另一重内容的道德情感是内疚。较之耻感对尊严的确认,内疚更直接地与是否履行道德义务相联系:"当我们没有做道德原则要求做的事或做了道德原则不容许做的事时,我们通常便会对此感到内疚。"②海德格尔在考察内疚(guilty)时,曾追溯了其日常用法的原始涵义,认为它最初与负债意识(欠别人什么)相联系,由此又进一步产生了责任观念。③ 作为道德情感的内疚,同样以责任和义务的承诺为其前提。责任与义务首先相对于群体和他人而言,因此,尽管内疚最初表现为一种心理体验,但它总是涉及主体间和个体与社会之间的关系。④ 因未尽义务而感到内疚,不仅仅使个体的内在精神和意识通过反省而得到洗礼和升华,而且同时直接地影响个体的社会行为:它从内在意识的层面,促使主体抑制与道德义务和责任相冲突的行为动机。在这一意义上,内疚与耻感一样,

---

① 当然,耻感若过强,亦往往容易引发自卑情结和过重的心理负担,从而对社会交往产生某种消极影响。在这里,耻感的合理定位无疑是重要的。

② E. J. Bond, *Ethics and Human Well-being*, Blackwell Publishers, 1996, p. 185.

③ M. Heidegger, *Being and Time*, State University of New York Press, 1996, p. 260. 相对于中国传统哲学对耻感的关注,西方的哲学传统似乎对内疚作了更多的考察,后者当然不限于日常用语中,从更广的文化背景看,它也许同时又与基督教的原罪意识相联系。在早期基督教代表人物奥古斯丁的《忏悔录》中,我们便已可以看到一种深沉的内疚意识。

④ 海德格尔在进一步分析内疚时,将其与"召唤关切"(the call of care)联系起来,而这种召唤又具体表现为此在"从失落于他人返回到自身"。(M. Heidegger, *Being and Time*, State University of New York Press, 1996, p. 264) 这一看法似乎仅仅将内疚理解为一种自我的反省意识,而忽视了作为内疚根据与背景的个体与社会的关系。

为社会生活的有序展开提供了内在心理机制上的担保。

概而言之,普遍的规范与内在的德性作为道德系统相互关联的两个方面,构成了社会秩序所以可能的条件之一,并从不同的维度制约着社会生活的有序运行。在这里,道德与存在的本源关系,也得到了更具体的确证。

四 制度与道德

作为存在的背景,社会的有序结构有多重表现形式。如前文所论及的,首先是与生命的生产和再生产相联系的生活世界,它源于家庭关系,展开于生活过程的各个方面,为日常存在提供了切近的空间。社会结构的另一方面,是广义的体制化(institutional)的存在。从团体(group),如学术团体、艺术团体、宗教团体,等等,到组织(organization),如经济领域的企业组织、政治领域的政党组织,等等;从公共的科学、教育、文化机构,如学校、科研机构以及其他公共教育文化设施的管理机构,到国家政权机构,包括各级立法、行政、司法机构等,广义的体制化的系统或体制结构展开于社会生活的各个方面。相对于生活世界中日用常行的自发性,体制化的存在更多地带有组织化的特点,其运行表现为一个有组织的、相对自觉的过程。

统一的社会系统从总体上看既包含生活世界,又以体制组织为其内容。如前所述,生活世界与体制组织无疑具有不同规定及存在面向,但作为统一的社会系统的两个方面,二者又并非彼此隔绝、截然相分。从现实的存在形态看,生活世界与体制组织之间,往往具有互渗互融的特点。家庭是日常生活的基本载体之一,然而,它同时又与不同类型的婚姻制度相联系,后者(婚姻制度)则是广义的体制组织的形式之一;同时,家庭成员往往参与各种经济、政治、宗教、教育等活动,从而,家庭也相应地涉及政治、经济、宗教、教育等领域的体制与组织。① 同样,政治权力也不仅仅限于国家政权等机构,在经济组织(如企业)、教育机构(如学校)以及家庭等之中,都可以看到权力的影响与作用。即使宗教团体和组织,也往往同时横贯于生活世界与体制组织之间,如西方的教会组织,便既包括展开于生活世界的日常宗教活动(如祈祷)等,也兼及政治、经济等领域的活动(如对世俗权力的影响、教会财产的运作等)。② 总之,作为统一的社会系统中的相关方面,生活世界与体制化的结构既相互联系,又相互作用。

当然,生活世界与体制组织在广义社会系统中的相关互融,并不妨碍我们在相对独立的意义上,对二者分别加以考察。就体制组织而言,其存在形态首先带有无人格性的特点。在生活世界中,家庭、邻里、朋友等社会关系通常以人为直接的关系项,也就是说,在日常的交往活动中,我们所面对的对象,都是具体的人。相对于此,体制化的存在往往表现为超然于人的结构,在各种以效率为目标的管理机构中,工具意义上的理性常常构成了其组织原则;后者有别于关注人的存在意义的价值理性。以不同程度的形式化为特征,体制组织形成了自身的运行机制。

---

① 泰勒(Charles Taylor)曾把日常生活理解为经济生活与家庭生活的生产与再生产过程(参见 *After MacIntyre:Critical Perspectives on the Work of Alisdair MacIntyre*, Polity Press, 1994, p. 931),这一看法亦注意到了生活世界中家庭生活与经济活动之间的联系。

② 哈贝马斯曾分析了生活世界殖民化现象,并把经济领域中的金钱关系与政治领域中的权力关系向生活世界的渗入视为生活世界殖民化的根源。这种分析无疑注意到了体制组织对生活世界的负面的影响,但它同时在逻辑上可能导向如下结论,即生活世界的理想形态,应是一个消除外部体制组织影响的自足(自我运行)的系统。事实上,尽管哈贝马斯将生活世界视为更广社会系统中的亚系统(subsystem),但在总体上他似乎更多地强调生活世界与经济、政治等制度等存在形态的区分,对二者作为统一的社会系统的相关方面这一点未能从正面予以充分的关注。

然而,这只是问题的一个方面。在体制组织实际的运作过程中,总是处处包含着人的参与;它的功能和作用,也唯有通过人的活动才能实现。制度本身是无生命的存在,它的活力必须由人赋予。当我们与不同形式的团体、组织、机构、制度发生联系时,我们与之打交道的,并不仅仅是无人格的物,而且同时是赋予体制以生命的人。作为体制的运作者,这种人具有两重性:他既是体制的代表,又是具体的个人;与之相应,我们所面对的,也不仅仅是形式化的结构,而同时是他人的存在;主体间的交往不仅是生活世界中的存在境遇,而且也是体制运作过程中的本体论事实。从某种意义上说,体制组织的核心是人。①

由此,我们不难注意到体制化存在的两重品格:它既是一种超然于人的形式化结构,又与人的作用过程息息相关(无人的参与则无生命)。作为体制运作的条件,人的参与过程始终伴随着道德的作用。儒家很早已注意到这一点,在谈到礼的作用方式时,《论语》提出了一个著名的论点:"礼之用,和为贵。"②如前所述,儒家所说的"礼",既指普遍的规范体系,又包括社会政治的制度,孔子推崇备至的周礼,便兼指周代的社会政治体制;"和"则更多地表现为一种体现于交往过程的伦理原则:从消极的方面看,它要求通过主体之间的相互理解、沟通,以化解紧张、抑制冲突;从积极的方面看,"和"则意味着主体之间同心同德、协力合作。礼本来首先涉及制度层面的运作(包括

---

① 拉·瑞玫(Larry May)在谈到团体组织与个人的关系时,曾认为:"真正具有现实性的是个体与个人,而不是团体。"(Larry May, *The Morality of Group: Collective Responsibility, Group-Based Harm, and Corporate Rights*, University of Nortre Dame Press, 1987, p.24)对团体组织的这种理解,无疑具有某种体制唯名论的倾向,因而很难视为对团体特点的全面把握,但就其肯定人在体制(团体)中的作用而言,则不无所见。

② 《论语·学而》。

一般仪式的举行、等级结构的规定、政令的颁布执行、君臣上下之间的相处等等),但儒家却将这种制度的运作与"和"这样的伦理原则联系起来,强调礼的作用过程,贵在遵循、体现"和"的原则,这里已有见于体制组织的背后,是人与人之间的关系;体制的运行过程,离不开合理地处理人与人之间的关系(以"和"的原则达到彼此的相互理解与沟通,从而消除冲突、同心协力);质言之,制度(礼)的作用过程,需要道德原则(和)的担保。

作为体制组织合理运作的条件,道德的担保涉及多重原则,其中基本或核心的主要是两条,即正义原则与仁道原则。正义首先意味着对权利的尊重,具体而言,它要求公正地对待和确保一定社会内每一个人的应有权利。体制组织带有公共的性质,它所面对的是一定社会范围内的不同社会成员,公正地对待社会成员,是体制获得合理性的前提。所谓一定社会范围本身当然是一个历史的范畴,在不同社会时期有着不同的内容。近代以来,在形式化的结构这一层面,以上要求似乎已成为题中应有之义,因为体制组织的建构本身已被赋予如上职能。这里已体现了道德原则对社会体制的制约,当杜尔凯姆肯定法律以道德为基础时,他显然已从一个方面注意到了这一点。[①] 当然,在体制的运行过程中,这种原则能在多大程度上得到体现,又涉及体制的运作者(制度、机构等等的代表)与体制所面对者(体制的服务或作用对象)之间的相互交往。正义原则能否在这一过程中真正得到实现,直接关系着体制本身的职能能否合理地落实。

较之正义原则,仁道原则更多地指向人自身的存在价值。早在先秦,儒学的开创者孔子已提出了仁的学说,并以"爱人"界定仁。孟

---

① 参见 F. Isambert, Durkheim's Sociology of Moral Facts, in *Emile Durkheim: Sociology and Moralist*, Routledge, 1993, p. 196。

子进而将性善说(人皆有"不忍人之心")与仁政主张联系起来,从内在的心理情感与外在的社会关系上展开了孔子所奠定的仁道观念。在汉儒的"先之以博爱,教之以仁也"①、宋儒的"民吾同胞,物吾与也"②等看法中,仁道的原则得到了更具体的阐发。事实上,作为"礼"作用方式的"和",已体现了仁道的原则。仁道的基本精神在于尊重和确认每一主体的内在价值,它既肯定主体自我实现的意愿,又要求主体间真诚地承认彼此的存在意义。孔子以爱人规定仁,孟子以恻隐之心为仁之端,等等,无不表现了对主体内在价值的注重。不妨说,相对于正义原则同时趋向于形式的合理性,③仁道原则所指向的首先是实质的合理性。体制组织所具有的超然于人这一面,使之在运作过程中常常表现出冷峻的、无人格的特点,这种存在形式很容易给人以异己之感;在体制的运作者与体制所服务或作用对象之间的交往过程中,如果以仁道原则为导向,则将有助于限制或消解体制对人的异己性。

以经济领域而言,经济的体制组织(如企业、公司等)主要以利益为追求的目标,而市场本身也以功利和效率为原则:它仅仅根据竞争者的实际效率来给予相应的回报。在利益的驱使下,各种经济组织常常容易趋向于不顾环境、生态、职工的工作条件以及社会的长远发展而从事开发、生产等经营活动,它往往以牺牲人的生存环境、外部生态、生产者的健康等为其经济效益的代价。经济组织作为物质资

---

① (汉)董仲舒:《春秋繁露·为人者天》。
② (宋)张载:《正蒙》,《张载集》,中华书局,1978年,第62页。
③ 正义原则肯定每一个都有权利享受同等的机会,但在现实的存在形态中,由于自然(包括生理上)及社会(包括出身、教育、社会关系)等方面的差异,个体在争取形式上同等的机会时,实际上处于不同等的出发点。尽管罗尔斯提出了差异原则,试图对此有所完善,但如同"无知帷幕"的设定一样,这在相当程度仍带有理想化的色彩。

料生产与再生产的形式,本来是人存在的条件,但在失控的状态下,它却反过来威胁人自身的存在;这种现象可以看作是特定意义上的异化。如何避免与克服经济组织体制(economic institution)可能导致的异化趋向? 在这里,包括仁道原则在内的道德制衡便显得十分重要。如前所述,仁道原则要求时时关注人自身的存在价值与存在意义,后者也意味着为人的存在提供合理、完善、持久的发展空间,避免以片面的利益追求危及人自身的存在,这种道德定势对于规范经济组织体制作用方式、抑制过度的功利冲动,等等,无疑可以从价值观念上提供支持。

作为社会分化的产物,经济、政治、法律等不同形式的体制组织构成了人存在的背景与前提:社会的秩序及社会生活的生产与再生产,都离不开体制的保证。以非人格的形式化结构与运作过程中人的参与为双重规定,体制组织的合理运作既有其形式化、程序性的前提,也离不开道德的担保和制衡;而通过参与和制约体制组织的运作过程,道德同时也立足于历史过程本身,从一个方面回应了具体的存在何以可能这一问题。①

---

① 当然,必须指出,道德是作为社会生活的一个方面,影响和制约着社会的运行;更具体地说,它乃是与社会系统中的其他形态相互作用,共同参与了走向真实存在的过程。从历史上看,关于道德与人的存在的关系,法家与儒家似乎代表了两种不同的思考方向。法家主张以法为教、以吏为师,对仁义等道德层面的规范系统持否定和排斥的态度;儒家的主流(不包括荀子等)则追求仁政和德治,反对刑法等强制手段。前者以暴力为秩序的保证,后者则试图将秩序建立在道德原则之上。法家的非道德主义立场意味着漠视人的存在价值,其片面性是显而易见的,儒家的德治主张对抑制这种偏向无疑有积极意义。然而,在肯定道德作用的同时,儒家往往表现出过分强化道德功能的倾向,所谓"仁人无敌于天下"(《孟子·尽心下》),便表明了这一点。由此出发,往往一方面可能导致道德超出自身的作用范围而泛化为一种抽象的超验力量,另一方面又容易把道德之外的因素加以道德化。在肯定道德在社会生活及走向具体存在过程中的作用时,应当避免这种泛道德主义的倾向。

五　境界与个体

社会的整合、秩序的确立、生活世界与社会体制的合理运行,等等,主要从类的层面,展示了人的存在所以可能的条件。道德作为上述各个方面的内在担保,同时也在一个维度上,使自身的存在获得了根据。在这里,对道德何以必要或善何以必要这一本源性的问题的考察,首先基于社会本体论。

人的存在既以类的形式展开,又有其个体的向度;向具体存在或真实存在的回归,同样也有类与个体两重维度。二者当然并非彼此悬隔,但确乎又有不同的侧重之点,可以从不同的方面加以考察。如前所述,布拉德雷在关注"为什么我应当是道德的(why should I be moral)"的同时,又将自我实现列为沉思的对象,这里似乎已蕴含着从人的自我实现(self-realization)这一层面来考察道德所以必要的趋向。不过,在布拉德雷看来,自我只是与实在(reality)相对的现象,它"除了现象,什么也不是"①。与这一观点相应,布拉德雷将自我实现主要理解为"自觉地与无限的大全(infinite whole)融合为一"②。这一看法似乎多少将自我消解在抽象的整体中。不难看到,在布拉德雷那里,尽管"我为什么应是道德的"与自我实现之间蕴含着某种联系,但对大全、整体的强调,使他并未能真正解决"道德何以必要"与个体存在的关系问题。

以个体的存在为视域,我们似乎应对境界予以必要的关注。从广义上看,境界首先与个体或自我的存在状态相联系。具体而言,可

---

① F. H. Bradley, *Appearance and Reality: A Metaphysical Essay*, Clarendon Press, 1930, p. 90, p. 103.

② F. H. Bradley, *Ethical Studies*, Clarendon Press, 1927, p. 80.

以从个体存在的统一或自我的整合这一侧面来理解境界。康德曾从认识论的角度,将我思(I think)规定为意识的综合统一,如果不限于认识论,而从本体论之维考察自我或个体的存在,那么,个体存在的综合统一形态往往便以境界的形式表现出来。如后文将进一步论述的,这里的境界固然与精神领域相联系,但又不限于精神的领域,①它形成和展开于历史实践过程,并在实践过程中得到确证。② 简言之,境界凝结了个体的全部生活,是基于整个实践过程而达到的个体整合与统一。个体的这种综合统一,从一个方面展示了存在的具体性,而境界的提升,则相应地意味着不断走向或回归具体的存在。

存在的具体性包含着存在规定的多样性或多方面性,在个体存在这一向度上,同样体现了这一点。作为自我整合与个体统一的形态,广义的境界亦涉及存在的多方面规定,并以存在规定的多方面实现和完成为其内容。从本体论的层面看,需要的满足是个体存在的基本前提;存在的多方面性首先也体现在需要的多重性上。大致而言,与身心两重向度相应,个体的需要也主要分别体现于感性的生命层面和理性的精神层面。在伦理学史上,经验论及各种形式的功利

---

① 在日常的用法中,"境界"常常主要与精神领域相联系,但"境界"的原始涵义却不限于精神之域。以较早运用"境界"概念的佛学而言,在中国佛学中,境与界往往既用以指精神现象,也用以指外部对象,如《华严法界观门》在解释"溥融无碍门"时,便作了如下论述:"谓一切及一,溥皆同时,更互相望。一一具前两重四句,溥融无碍。准前思之,令圆明显现,称行境界。"这里的境界便既指理事互融、一多统一的外部现象,又指这种现象在意识中的呈现。本书在广义上使用的"境界",也许更接近该词的原始意义。如果撇开词源的追溯,仅就字义而言,"境"与"界"本身也不仅与空间相关,而且同时带有具体的、统一的范围、界域之意,后者也使之具有了喻指存在的统一性这一词义向度;当然,本书所说的境界,同时又与实践过程相联系,并相应地有其时间之维。详后文。

② 黄宗羲曾指出:"心无本体,工夫所至即其本体。"[(清)黄宗羲:《明儒学案·序》,《黄宗羲全集》第7册,浙江古籍出版社,1992年,第3页]这一看法已从一个方面注意到这一点。

主义较多地关注于人的感性、生命需要,理性主义及道义论则将理性的精神需要放在更为优先的地位。这种不同的侧重,从一个方面表明,个体的需要并不仅仅限于一端:经验论(以及功利主义)和理性主义(及道义论)各自把握了需要的一个方面,而二者的共同问题则在于未能注意需要的多样性。片面注重感性需要,往往很难使人真正超越自然的规定:在"生之谓性"这一层面,人与自然的存在的区别显然是有限的;理性需要的过度强调,则容易导致对感性生命的虚无主义态度,在理学家所谓"饿死事极小,失节事极大"的道德评判中,便不难看到这一点:生死涉及的是生命的存在,守节则表现为一种理性精神的追求,片面突出精神完美的需要,在此引向了对生命价值的漠视。可以看到,需要的合理确认与满足,离不开道德系统的调节:合理的道德系统内在地包含着对人的感性生命和理性本质的双重确认,唯有从这种感性与理性统一的伦理原则出发,生命的肯定与精神的追求才能达到和谐的境界,而这种境界同时也表征着存在本身多方面规定的实现。

在个体的存在过程中,需要的满足离不开能力的发展。能力与秉赋不同,秉赋可以成为能力的潜在出发点,但不同于现实的能力。能力也有别于一般的技艺,技艺主要服务于外在目的,是达到某种外在目的的手段。能力形成于人的存在过程,它既是个体存在所以可能的条件,又标志着存在所达到的形态或境界;能力的发展状态,同时确证着个体规定的实现程度。个体的能力可以彼此不同:我们无法强求每一个体都具有同样的能力;但是,以一定的社会历史条件为背景发展个体秉赋所提供的潜能,在自足其性的意义上使之形成为现实的能力,则是个体自我完成的过程中无法回避的问题。所谓自足其性,既表明能力的发展不应当无视个体的差异(不能勉强每一个体都达到整齐划一的目标),也意味着能力是存在的内在规定,不是工具意义上的外在要素:以最基本的劳动能力而言,它不仅仅是谋生的手段,而且更是人的本质力量的体现。作为存在的一种方式,道德与个体能力发展之间的关系具体即表现为:在肯定能力对实践过程(包括作用于外部对象)的意义的同时,又不断超越工具理性的视域,从实质的层面,确认能力发展对个体存在的内在价值。

由实质的或价值的视域进一步反观存在的规定,便不能不对人格予以必要的关注。儒家很早就已提出"成己"之学,所谓成己,主要即指向自我在人格上的完善。作为精神层面相对稳定的结构,人格有多方面的规定和向度,诸如理性之维、情感之维、意志之维等。如果仅仅偏重于其中的某一方面,往往容易引向片面的存在。当理性被界定为人格的至上或唯一规定时,人同时也就被理解为概念化的存在或逻辑的化身。朱熹主张以"道心纯一"为人格的理想,而道心则与包含情意的人心相对,表现为纯粹的伦理理性,这种看法已蕴含着以理性净化存在的要求。康德将道德主体理解为超感性的、完全由实践理性支配的存在,也表现出类似的倾向。反之,以情、意为人格的全部规定,则意味着将人视为非理性的存在,休谟强调"理性是、并应该是情感的奴隶"①、叔本华对意志及意欲的突出,即从不同的侧面强化了存在的非理性之维。对人格规定的这种片面侧重,在实践上常常对应于存在的单向度化;扬弃存在的片面性,则以确认人格的多重性为其前提之一。可以看到,人的多方面发展体现于人格之域,具体便表现为理性、情感、意志等规定的多向度展开。从早期儒学的人格学说,到马克思人的全面发展理论,尽管历史的深度和广度存在重要差异(后者包含着更深刻的社会历史内涵),但都在不同的程度上涉及精神世界的多方面发展;而这种多方面的发展同时也是

---

① Hume, *A Treatise of Human Nature*, Oxford University Press, 1978, p.415.

合理的道德体系的基本原则所要求的。在这里,同样展示了道德对走向具体存在的意义。

作为精神世界的一个方面,人格已同时涉及境界的另一重内涵。如前所述,广义的境界可以理解为在实践中形成的自我整合或个体的综合统一。境界也可以从狭义的层面加以考察,在这一层面上,境界主要表现为一种意义的世界或意义的视域(meaning horizon)。狭义的境界既蕴含了对存在的理解,又凝结着人对自身生存价值的确认,并寄托着人的"在"世理想。与存在与"在"的探寻相联系,境界表现了对世界与人自身的一种精神的把握,这种把握体现了意识结构不同方面(包括理性与情意等)的综合统一,又以实践精神的方式展开。在求真、向善、趋美的过程中,境界展示了人所理解的世界图景,又表征着自我所达到的意义视域并标志着其精神升华的不同层面。①

以意义世界或意义视域为内容,境界的形成与提升过程总是渗入了广义的人生理想和道德理想的作用。如前所述,个体的"在"世同时也是一个与他人共在的过程,与这一本体论的存在形态相联系,对他人的责任构成了个体存在过程中无法回避的方面。儒家将成己(成就自我)与成人(成就他人)联系起来,要求在成就他人的过程中成就自己,其中已蕴含了深沉的责任意识。在当代哲学中,同样可以看到对责任的关注,列维纳斯以责任意识为达到主体性的前提,便表

---

① 杜威曾强调道德科学对心理学的依存性,并从心理学的层面分析道德领域中的意识状态及其相互关联(参见 *The Philosophy of John Dewey*, Henry Holt and Company, 1928, pp. 335-341)。伦理学(包括道德意识的研究)与心理学无疑有联系,但如果由此将道德现象的分析还原为心理学,则似乎难以真正把握道德现象及与之相关的意义世界。在考察作为意义视域的境界时,尤其需要注意这一点。以意义世界或意义视域为内容的境界,显然已非作为经验科学的心理学所能范围,它包含着更广的价值内涵。

明了这一点。① 在对他人的尊重、关心、尽责中,我不再囿于"小我",而获得了更广的存在意义。从境界的层面看,随着责任意识的形成,对他人、对群体、对这个世界履行职责,逐渐成了我的"分内事":我的存在之域超出了自身的边界而走向更广阔的天地。这是意义世界和意义视域的丰富和充实,也是存在境域的扩展,而意义世界的丰富、充实和存在境域的扩展,又总是伴随着境界的提升。责任意识可以看作是以天下为己任等道德理想的具体体现,在境界的以上提升过程中,不难注意到人生理想和道德理想的制约与范导。

意义世界的更深沉的内涵,展开于真、善、美的追求过程之中。这里的真,首先指向对世界与自我的认识,其中既涉及经验领域的事实,也包括对性与天道等形而上原理的把握。经验领域以达到真实的知识为目标,性与天道则关联着作为具体真理的智慧。② 在经验领域的知识与形而上智慧的不断互动中,人们也逐渐地走向对这个世界的真实把握;而由此达到的真实世界,同时也表现为本体论意义上的真实存在(具体存在)。真不仅与广义的认识论和本体论相联系,而且包含着价值观内涵。从价值观的角度看,真与伪相对,它既以自我在德性、品格上的实有诸己为内容,又涉及主体间交往过程中的真诚性。以真为面向,对象之真与自我之真彼此交融,世界的存在(being)与人之"在"(existence)统一于真实的意义视域。

相对于真,善更多地涉及价值和评价的领域。究其本源,善首先与人的需要相联系。中国古代哲学曾对善作了如下界说:"可欲之谓善。"③可欲既指值得追求,也指为人的存在所实际需要;在后一意义上,善意味着通过化自在之物(本然的对象)为为我之物(合乎人多

---

① 参见 Levinas, *Ethics and Infinity*, Duqvesne University Press, pp. 95-101。
② 参见冯契:《认识世界与认识自己》,华东师范大学出版社,1996 年。
③ 《孟子·尽心下》。

方面需要的对象),在合理需要的满足过程中,逐渐达到具体的存在。这一过程既包含着人与自然(或天与人)的关系,又涉及人与人(个人之间、个人与群体之间等)的关系,而善的实现,也相应地意味着以动态的形式,不断达到天与人、人与人之间的统一。从狭义的行为过程看,善则以"从心所欲不逾矩"①为内容,"不逾矩"是对普遍规范的自觉遵循,"从心所欲"则表明行为出于内在意愿并合乎自然,二者的结合具体表现为:在自觉、自愿、与自然的统一中,超越强制与勉强,达到从容中道的境界。

与真、善相互关联的美,在广义上表现为合目的性与合规律性相统一的审美意境。合目的性的内在意蕴在于对人的存在价值的确认(作用于外部对象的过程与社会发展、自我实现的一致),合规律性则意味着对普遍之道的尊重;前者伴随着自然的人化,后者则蕴含着人的自然化。在自然的人化与人的自然化的统一中,人的本质力量与天地之美相互交融,内化为主体的审美境界,后者又为美的创造和美的观照提供了内在之源。从另一方面看,美又与人格相联系,所谓人格美,便涉及美的这一向度。孟子在谈到理想人格时,曾指出:"充实之谓美。"②荀子也提出了类似的观点:"不全不粹之不足以为美。"③"充实"和"全而粹",都含有具体性、全面性之意;在此,达到美的境界与走向具体的、全面的存在表现为一个统一的过程。

以真善美的统一为面向,意义世界同时展开为一个价值的体系。在广义的价值创作过程中,真善美的追求与人的存在融合在一起,并指向人自身的完善。以价值创作和人自身的完善为背景,作为意义世界内容的真善美与自我实现的道德理想形成了互动呼应的关系。

---

① 《论语·为政》。
② 《孟子·尽心下》。
③ 《荀子·劝学》。

不仅狭义的善,而且真与美,都从不同的方面体现了道德的理想:在知识与智慧的统一中把握真实的世界、交往中的真诚性原则、全而粹的完美人格,等等,无不展示了这一点。在更深沉的意义上,上述的人生理想又始终关联着对自由之境的追求。通过知识与智慧的互动把握真实的世界,为达到自由境界提供了广义的认识论前提;价值创造与自觉、自愿、自然的统一,从不同的侧面表现了行为的自由向度;合目的与合规律的一致以及人格上的充实之美,从审美意境与理想人格的角度,展示了在美的创造、美的观照及培养健全人格中的自由走向。在这里,境界的提升与自由的追求呈现为相关的两个方面。

当然,境界也存在着被片面理解和规定的可能。从哲学史上看,当境界的精神形态或意义之维成为主要关注之点时,它往往同时被赋予超验或思辨的形态。在这方面,首先可以一提的是基尔凯廓尔。基尔凯廓尔将人的存在模式(modes of existence)区分为三种,即审美的、伦理的、和宗教的。在审美的形态中,个人往往满足于当前的片刻享受,并完全受制于外部的偶然条件;在伦理的形态中,个体开始由外部制约走向自我决定与自我选择,个体性成为存在的主要特征;在宗教的形态中,上帝的命令成为个体行为的最高准则,这种命令同时又是通过个体自身与上帝的沟通而领悟到的。个体存在的以上三种模式或形态,也可以视为存在的三种境界,而在三者之中,宗教的存在形态又被理解为最高的境界。①

以面向上帝为达到最高境界的前提,意味着将境界的现实规定消解于超验的追求。尽管基尔凯廓尔也主张上帝与个体之间的统一,但相对于上帝的至高无上性,个体总是表现为一种被决定的存

---

① 参见 Kierkegaard, *Repetition*, in *Fear and Trembling and Repetition*, Princeton University,1980; P. Garadiner, *Kierkegaard: A Very Short Introduction*, Oxford University Press, 1988。

在。从列维纳斯的类似观点中，可以更清楚地看到这一点。与基尔凯廓尔相近，列维纳斯也将不断向无限者(the infinite)接近视为个体理想的存在之境，但他同时又强调："关于无限者的观念总是蕴含着一种不平等的意识。"①此所谓不平等，具体即表现为无限者的绝对性与人的相对性之间的张力；从超越的存在(上帝、无限者)出发理解人的境界，确乎很难避免这种不平等。它表明，对境界的超验规定，不仅意味着境界的抽象化，而且往往将导致境界的异化。

相对于基尔凯廓尔、列维纳斯等将存在之境引向超验对象，另一些哲学家较多地从内在的层面理解和规定境界；这一思维路向上具有一定典型意义的是明代心学中的归寂说。明代心学以良知与致良知说为核心，致良知既指向道德秩序的建立，又与自我境界的提升相联系，以聂双江(聂豹)、罗念庵(罗洪先)等为代表的归寂派，主要在后一意义上考察了致良知的过程。从意义视域看，良知表征着主体的境界，但归寂派同时将良知理解为与外部对象及闻见过程相分离的寂然之体："夫本原之地，要不外乎不睹不闻之寂体也。"②在他们看来，一旦达到了这种寂然的本原，便可进入精义入神的境界："充养乎虚灵之寂体而不以一毫意欲自蔽，是谓精义入神而用在其中也。"③此处所谓"用"，是一种抽象的精神受用，它隔绝于现实的认识和实践过程之外，仅仅以反身向内的心性涵养和思辨体验为其内容。不难看到，这一意义上的境界，已呈现为一种封闭、玄虚的精神世界。

境界的真实形态，既非存在于个体与超验存在的沟通中，也非指向抽象的心性之域。作为意义视域与意义世界，境界不仅形成于，而且也具体地体现于人的全部实践之中。从最基本的劳动过程，到生

---

① E. Levinas, *Ethics and Infinite*, Duguesne University Press, 1985, p. 91.
② (明)聂豹：《答欧阳南野》，《双江聂先生文集》卷八。
③ (明)聂豹：《答陈明水》，《双江聂先生文集》卷十一。

活世界中的日用常行;从科学的研究活动,到艺术的创作过程;从政治领域的组织决策,到经济运行中经营管理,等等,不同的实践形式同时也从不同的方面体现和确证了个体的境界;对从事物质资料生产的个体来说,他所达到的境界就体现在生产劳动的过程中;就科学家、艺术家而言,其境界则展开和体现于科学探索和艺术创作的过程中,如此等等。在现实的存在中,个体往往从事和参与多重领域的实践,境界在作用和体现于不同实践形式的同时,也为这些实践形式之间的内在统一提供了担保。

在个体境界与实践过程的交融中,境界的两重向度,即作为个体综合统一和自我整合的广义境界与作为意义世界和意义视域的狭义境界,本身也呈现为统一的形态:自我存在的整合中,同时渗入了意义的视域,后者构成了自我整合的内容,并表征着整合所达到的程度。另一方面,意义视域及意义世界又展开、体现于个体存在的各个侧面和实践过程中,并在个体的全部存在过程中得到确证。同时,通过与生活实践的结合,境界所内含的自由之维,也获得了更具体的内涵和现实的根据:当个体通过融入社会历史实践而实现其多方面存在规定时,自由的理想也在这一过程中获得了具体内容并不断地化为现实。

当然,境界本身并非恒定不变。从字源学上看,"界"兼有界限、界域、边界等意,这一意义上的"界",无疑包含有限性、相对性之意:有"界",表明存在状态有自己的限度;当我们以"境界"表示个体存在的整合形态和个体所达到的意义视域时,也意味着对这种存在状态和意义世界相对性的确认。界限所蕴含的这种限度(相对性),同时也决定了境界的历史性和开放性。就本体论而言,个体的存在自始内含着时间之维,而与个体存在相联系的时间并不是空无内容的流逝,它总是以历史实践为其现实形态;在此意义上,个体存在的具体性和真实性,即表现为已经做、正在做、将要做的统一。时间中展开的历史实践,同时规定了境界的具体内容,而境界本身也正是在这一过程中不断得到提升。总之,以实践的历史展开为前提,回归具体的存在和走向自由的境界呈现为一个统一的过程,而这一过程又处处体现和渗入了价值的创作和善的追求。

人的存在所展示的两重向度(类与个体),同时关联着具体的(真实的)存在何以可能的问题。通过在类的层面制约生活秩序、社会整合、体制系统,以及在个体之维作用于自我的统一和境界的提升,道德从社会系统中的一个侧面,为走向具体、真实、自由的存在提供了必要的担保,正是在这一过程中,道德同时对"善何以必要"的问题作了历史的解答。

第二章
道德与价值

一 问题的提出

从价值形态看,道德意义上的善无疑是一种正面的价值。以善为目标,道德更多地展示了一种价值的追求。无论是古希腊的爱智者,还是先秦的哲人,其道德取向都内含着价值的关怀。道德与价值的这种联系,是就实质的层面而言。道德当然还有形式的一面,但实质的层面无疑更深刻地体现了其特征。

黑格尔曾认为,道德的观点主要是一种"应然的观点"①。在黑格尔那里,"应该"首先被理解为一种与现实相对的主观要求,以这一意义上的"应该"为道德的基本特征,似乎难以使道德的价值内涵和本体论意蕴获得适当的定位。维特根斯坦所持的是另一种看法,对他来说,要回答"为什么这是善的"这一类问题,便应当肯定上帝的存在。② 类似的论点亦见于各种形式的宗教理论。这里重要的并不是以上帝为"善"的根据,而在于上述看法对道德领域中价值本源的关注,以及与之相联系的某种本体论承诺。不过,尽管维特根斯坦以上帝为善的根据在逻辑上具有避免无穷后退的意义,但其中亦蕴含了一种超验的向度。由此出发,似乎很难把握善的真实意蕴。

　　道德本质上是人存在的一种方式,道德的本体论承诺以及对其价值根据的考察,不应离开这一基本事实。同样,追寻善的本源,也不能仅仅指向超验之域,而应当由超验的存在向人自身回归。这里的人,首先是一种具体的存在,他呈现出感性的形态(表现为生命存在),也有理性与精神的规定;既是一个一个的个体,又展开为类和社会的结构。略去了其感性、生命之维,人便只是抽象的存在;漠视其社会的、理性的规定,则很难将人与其他存在区别开来。当然,从不同的理论立场出发,哲学家们对存在的规定往往各有所重。功利主义以幸福为善的主要内容,而幸福往往又被还原为快乐,它所确认的,更多的是人的存在中的感性规定;义务论或道义论将义务本身视为无条件的命令,而其前提则是把人视为普遍的理性存在。如上的思维趋向,同时也以某种方式表明,人的存在内含多方面的价值向

————————

① 参见〔德〕黑格尔:《法哲学原理》,范扬、张企泰译,商务印书馆,1982年,第112页。

② 参见 F. Waismann, *Ludwig Wittgenstein and Vienna Circle: Conversations*, recorded by F. Waismann, Basil Blackwell, 1979, p. 115。

度:理论上的不同侧重,乃是以相关规定本身的存在为其本体论的根据。

以上分析表明,作为人的存在的方式,道德的价值根据并非外在或超然于人自身的存在。从更根本的意义上说,善的追求在于实现人存在的价值。以这一视域为背景,则不难看到,伦理学与本体论是统一的:存在的沉思应当指向人自身的完善,而道德的追求则以人的存在为其本体论前提。

二 "善"(morally good)与"好"(good)

在日常语言中,人们往往以"好"来表示正面的价值。事实上,无论是在字源学上,抑或生活实践的意义上,道德论域中的"善",与一般的"好"之间,都存在着历史的联系;而"好"作为正面的价值,似乎具有更本源的特点。①

"好"所断定的价值,总是与特定的需要相联系。在有些场合,我们用"好"来说明某种具体的对象,如试用了某一柄刀后,我们会作出"这是一把好刀"之类的评价。当我们使用这一类表述时,我们所指的是该类对象适合于某种需要(如切割等),或者说,相对于切割等需要而言,它具有良好的性能。在这里,"好"所确认的价值,更多地呈现出工具的意义。在另一些场合,我们以"好"来指称某种自然现象,如肯定某一场雨为"好雨",这一意义上的所谓"好",往往指它能缓解旱情,或者在酷暑之时能带来若干凉意,等等。尽管后一种情况涉及的是自然对象,但就这种"好"乃相对于人的需要(利于农耕、消暑

---

① 在英语中,"好"与"善"往往都涵盖在 good 之下,若作进一步的界别,则道德意义上的善似可用 morally good 来表示。

降温等)而言,它所确认的仍是工具意义上的价值。运用"好"的第三种情形,是诸如称某种花为"好花"等,这里的判断("好")有时固然基于同类个体间或不同类型间的比较,如被称为"好花"的花也许较其他花更鲜艳、更芬芳,但归根到底仍离不开特定的审美标准:深山中的花自开自落,本身无所谓好与否,唯有相对于人的审美需要而言,它才呈现"好"的品格。①

"好"所确认的,是一般意义上的价值,它既指向道德之外的对象,也关联着道德领域。当我们将评价的对象从物转向人时,一般意义上的"好",便开始与道德上的善相互沟通。日常语言中常常提到"好人"或"好人好事",这里的"好人",往往以人格上的善为内涵,而"好事"则指行为的善。"善"与"好"的这种联系表明,作为道德规定的善,与日常生活世界中的价值评价并非彼此悬隔。

作为"好"的延伸,"善"所肯定的价值与广义的"好"所确认者亦有相近的一面。从其历史起源看,道德形成于维系社会的稳定、保持社会的有序化等历史需要,荀子已注意到了这一点:"人生而有欲,欲而不得,则不能无求,求而无度量分界,则不能不争。争则乱,乱则穷。先王恶其乱也,故制礼义以分之,以养人之欲,给人之求。"②礼侧重于制度的层面及交往的形式,义则包括一般的道德原则。荀子将礼义视为先王的制作,无疑有其局限,但他肯定礼义的功能在于避免纷争,建立社会的秩序,则多少有见于道德(义)与社会历史需要之间的关系。作为社会需要的特定满足方式,道德显然有其工具的意义。

---

① A. C. Ewing 曾对"好"的涵义作了细致分疏,认为它具体可以有 9 种用法,如可表示快乐、合乎欲望、有效性,等等。(参见 A. C. Ewing, Different Meanings of Good and Ought, in Readings in Ethical Theory, Edited by Wilfrid Sellars and John Hospers, Appleton-Century-Crofts, Inc., 1952, pp. 210-213)这里着重于考察"好"(good)与"善"(morally good)关系,不拟对"好"本身作展开分析。

② 《荀子·礼论》。

就个体而言,行为的道德向度一般体现并展开于人我之间或群己之间。在不同的道德学派中,道德评价的具体标准固然有所不同,但从主导的伦理趋向看,道德常常被赋予某种利他的性质。当我们说某人的行为合乎道德时,我们往往指他能将他人或群体放在优先的地位,若自我与他人、个体与群体的利益发生冲突,则这一点表现得尤为明显。在这里,行为的道德性质,似乎同样与需要的满足联系在一起:个人的行为之所以对他人或群体表现为道德上的善,主要便在于它有助于他人或群体价值的实现。在此意义上,道德领域的"善",同样呈现出某种外在的、工具的特征。

然而,这只是善的一个方面。以他人或群体价值为选择的依据,使人我关系较多地表现出目的和手段的性质;从更内在的层面看,道德意义上的善并非仅限于合乎某种外在的目的,行为的善与人格的善亦非彼此分离,二者应更确切地看作是人的存在的相关之维。道德所涉及的,不仅仅是人我关系或群己关系,作为主体性的行为,它也内在地面向自我本身。"我"有其多方面的规定,他是具体、特定的个体,也是类的本质的承担者,而其价值即体现在这种多样的规定中。[①] 当主体的行为呈现出道德的性质时,这种行为不仅表现为对他人或群体价值的肯定,而且同时也是自我本身存在价值实现的一种方式:它通过具体的实践确证了自我的内在德性,并使其伦理精神在这一过程中得到进一步升华。上述诸方面可以看作是道德主体自我完成的必要环节:如前所述,自我作为具体的个体,其存在有多重维度,他既应通过感性等需要的满足来实现其生命的潜能,也须在主体间的交往过程中以道德实践等方式(德行)确证其类的本质并提升其人格境界。仅仅关注其中的某一方面,都将导致对自我的片面

---

① 参见本书第四章。

理解。

相对于"为他"意义上道德所呈现的工具性与外在性,道德之域的自我实现无疑更多地表现为一种内在的善。后者所涉及的,已不是单纯的人我关系或群己关系,毋宁说,它同时也展示了道德实践中道德主体与自我的关系。在人我关系中,他人或群体往往构成了道德关怀的重心,从而,人我之间往往呈现为目的和手段的关系。与之有所不同,当主体面向自我时,自我本身即构成了目的,道德行为不再仅仅表现为实现外在价值的手段,而同时以自我本身多方面规定的完成为其指向。不难看到,在后一关系中,自我的存在价值已成为关注的重心,正是在这里,道德上的"善"从一个方面展示了其内在的向度。

"善"的这种内在性,在通常的道德评价中也往往得到了折射。道德评价所指向的,不仅是特定的行为,而且是作为具体存在的行为者(自我)。当我们从道德的角度肯定某人具有"善"的品格时,我们所断定的,并不仅仅是特定的行为,它在广义上同时指涉行为者本身。如果撇开行为者,则行为之被判定为"善",往往在于这种行为对他人或社会所呈现的意义,但若以行为者为评价的对象,则似乎很难简单地作如是观。说某人境界高尚或道德上完美,并非仅仅因为他是实现社会价值的手段或对实现这种价值有作用,在较为实质的层面,这种评判更直接地指向其存在本身:所谓道德上的完美,意味着自我在其存在的各个维度上,都实现了其潜能。换言之,主体在自为(being-for-himself)的意义上,已呈现为完美的存在。较之"为他"意义上的善,"自为"层面的善无疑更多地展示了内在的价值。①

---

① 维特根斯坦曾指出:"善恶本质上在自我,而不在世界。"(L. Wittgenstein, *Notebook 1914-1916*, Basil Blackwell, 1961, p. 80)这一看法已注意到善与自我存在的联系,它对"善"的超验规定似亦有所限定。

当然,对自我存在价值的肯定,并不意味着导向自我中心,道德上的自为,也不能理解为对为他的否定。不过,从道德与存在的关系上看,为他已不能简单地理解为对他人需要的满足——在这种理解中,个人及其行为主要呈现为实现他人目的的手段。为他的更深沉的意蕴在于对他人存在价值的肯定和自我人格境界的提升。一方面,在真正意义上的为他过程中,他人总是被置于布伯所谓"我—你"(I-Thou)关系而非"我—它"(I-It)关系,行为的为他性相应地以确认他人的主体性并肯定其作为主体的存在价值为前提,而并非仅仅给他人提供利益上的满足。孔子在谈到孝时,曾指出:"今之孝者,是谓能养。至于犬马,皆能有养。不敬,何以别乎?"①"孝"可以看作是亲子关系中的一种"为他"行为,但在孔子看来,这种"为他"不能简单地停留在物质层面的照料,它的更实质的意义体现于对父母人格上的敬重,这一看法已有见于"为他"与确认他人存在价值的关系。另一方面,当自我履行对他人的道德责任时,他同时也展示了自身人格的崇高性及存在价值:行为的"为他"可以看作是自我所达到的人格境界的一种外在确证。在以上双重意义上,作为道德行为的"为他"显然都已不限于狭隘的目的—手段关系。

要而言之,从伦理学与本体论的统一这一角度看,"善"的实质在于对人的存在价值的肯定,后者既表现为主体对自身存在价值的确认,也表现为主体间对存在价值的相互尊重和肯定。相对于此,作为一般价值评价的"好"所指向的,则主要是对象性的规定,其内在涵义在于确认对象或客体对人所具有的意义;与之相联系,它始终难以超越目的与手段的关系。不难看到,较之"好"的工具性质,"善"似乎既具有工具性,又具有超工具性的一面;而"好"与"善"

---

① 《论语·为政》。

的这种区分,又以人的存在价值在道德中的主导性为其本体论基础。①

三 "对"(right)与"善"(morally good)

"好"与"善"之辩,主要涉及道德与非道德领域之间不同的价值关系。就道德领域本身而言,问题往往又关联着"对"或正当(right)与"善"关系。从西季威克(H. Sidgwick)到摩尔(G. E. Moore)、W. D. 罗斯(W. D. Ross)等,都曾对二者的关系作过种种辨析,这一现象从一个方面表明了"对"(right)与"善"的关系在道德哲学中的重要性。

摩尔将"对"或正当(right)与结果联系起来,认为所谓"对"或正当的行为,也就是能产生最好结果的行为。摩尔由此批评了把正当与有用对立起来的观点,强调了二者的一致性:"'正当的'(right——引者注)的确代表,而且只能代表产生'好结果之原因',因而跟'有用的'是同一的;由此可见:目的总是会证明手段是正当的;而且,如果一行为的结果,不能证明该行为是正当的,那末该行为就不可能是正当的。"②在此,行为的结果构成了确定行为的"对"(right)或"错"(wrong)的根据,这种理解似乎带有某种功利主义的性质。

较之摩尔,W. D. 罗斯对"right"("对"或正当)与"morally good"(善)作了更细致的比较分析。按 W. D. 罗斯的看法,"对"或正当涉

---

① 相对于伦理学上的目的论,道义论似乎较多地注意到了"善"的内在性(超工具性),然而,在肯定"善"的内在性(超工具性)的同时,道义论往往又以形式主义的观点理解"善"(行为之"善"仅仅在于出乎义务),对善与人的存在价值这一实质的关系,则未能予以适当关注。

② 〔英〕摩尔:《伦理学原理》,长河译,商务印书馆,1983 年,第 155—156 页。

及的是已做之事(the thing done),而"善"所关联的则是做该事的动机(the motive from which the thing is done)。① 这种区分决定了"对"和"善"往往可以不一致:如果某种行为的动机不良,则它虽然"对",但在道德上却未必"善";反之,虽然某种行为是不对的,但只要其动机正确,则在道德上依然可以是"善"的(所谓好心做错事)。那么,"对"(right)本身究竟如何确定?在这一问题上,W. D. 罗斯似乎并不主张仅仅以结果为评判的标准,而更倾向于直觉主义,换言之,对 W. D. 罗斯来说,人们往往是根据直觉来判断行为的"对"(right)或"错"(wrong)。② 这样,尽管 W. D. 罗斯将"对"与已做之事联系起来,但就其以直觉为评判标准而言,似乎多少把"对"视为一种主观认定。

道德领域中的"对"或正当,作为对行为的肯定性的评价,与善无疑有一致之处,不过,二者又很难简单地加以等同。从形式的方面看,"善"既可以用来指称事(行为),又可以指称人,而"对"则诚如 W. D. 罗斯所说,只能指称事(行为),而不能指称人:我们一般只说,某人"做得对"。进而言之,即使在"他对""你错"之类的表述中,"对""错"实际评价的,仍是某人所做的(事),而不是某人本身。就更内在的层面而视之,与广义的"好"相联系,道德上的"善"首先涉及现实的价值关系;如前所述,在终极的意义上,它表现为人的存在价值的确认。相对于"善"以价值为直接的本源和根据,"对"似乎与当然之则有着更为切近的联系。当某人虽有各种理由违约,但仍能信守诺言时,我们往往称他做得"对",此所谓"对",主要便是就这种

---

① 参见 W. D. Ross,The Meaning of Right, *The Right and the Good*, Chapter1,又见 *Readings in Ethical Theory*, Edited by Wilfrid Sellars and John Hospers, Appleton-Century-Crofts, Inc. ,1952, pp. 163-173。

② 参见[英]玛丽·沃诺克:《一九〇〇年以来的伦理学》,陆晓禾译,商务印书馆,1987 年,第 43—49 页。

行为合乎"信守诺言"这一规范而言。广而言之,凡合乎规范的,便为"对",不合乎规范的则为"错"。①

作为调节社会关系的原则,规范总是展开于人与人的关系之中。当一个人独处于世界时,其行为可以与广义的"善"相联系:只要某种行为对其存在具有肯定的意义,那么,它就可以被视为"善"。但是,此时却无所谓道德意义上的"对"与"错",因为在一个人独处的世界中,无需调节人与人之间的关系,亦不存在调节这种关系的规范,从而,"对"与"错"也就失去了评判的依据。历史地看,"对"与规范之间的联系,很早已为哲学家们所关注。在中国哲学史上,"对"往往与"是"联系在一起,行为之"对"或"是"则由是非准则来确定。这里已肯定了"对"与规范之间的不可分离性。

现代一些哲学家也开始注意到二者的关系。如 W. D. 罗斯曾对"right"("对")与"ought"(应该)作了比较。按 W. D. 罗斯的看法,right 与 ought 的涵义有相近的一面。"应该"(ought)涉及当然之则:"应该"做的事,往往是规范所规定之事。就此而言,肯定"应该"与"对"的一致性,亦意味着确认"对"与规范的联系。不过,W. D. 罗斯

---

① 道德评价往往与道德制裁(moral sanction)相联系,后者常以规范的引用为依据,杜尔凯姆已强调了这一点。他批评斯宾塞(Spenser)仅仅将道德制裁理解为"行为的机械结果"(the mechanical consequence of an act),在他看来,道德制裁的真正根源在于某种行为违反了业已建立的规则:"正是由于存在着先前建立的规则,而某种行为又背离了这种规则,制裁才随之而发生。"(E. Durkheim, *Sociology and Philosophy*, Cohen & West, 1965, pp. 43-44)从广义上看,道德制裁包括社会舆论的谴责、自我良心的自责等,这种谴责或自责的前提,则是确认行为与规范的不一致或冲突。当然,在道义论与目的论那里,规范与评价、制裁的关系又呈现不同的特点;对道义论来说,评价首先展开于规范与行动之间:如果行为本身违反规范,便应受到谴责;目的论则更多地关注行为的结果,以目的论中的功利主义而言,如果行为的结果不合乎追求最大多数人的最大利益等原则,则功利主义往往便对其持否定态度并倾向于道德制裁。不过,尽管表现形式不同,但无论是道义论,抑或目的论,其道德评价和道德制裁都以各自所认定的规范为根据。

同时又认为,"应该"与"对"之间存在重要差异:"应该"关联着责任,"对"却并不限于责任;某事虽非我的责任,但我做了,仍可以是"对"的①。这种看法似乎过分强调了二者的区分。事实上,如果对"应该"作广义的理解,则做"对"的事,虽不一定出于责任,也应归入"应该"之列。例如,从狭义的责任观念看,救助一位路人也许不属于我的责任,但我显然不能说,这种救助行为不是我"应该"做的,因为从普遍的道德原则上说,救助一位路人既是"对"的,也是"应该"的。"对"与"应该"之间的一致性,从一个方面表现了"对"与规范之间的联系。

作为"对"的根据,规范本身有其具体的、历史的品格,这首先体现在各个伦理学派对规范的不同理解上。从各自的伦理立场出发,不同的学派往往对规范作了互不相同的规定。对功利主义来说,合乎功利原则的行为,便可称之为"对";而道义论则将合乎义务原则(履行义务本身)视为"对"的依据。在这里,一方面,"对"都以某种规范为依据(表现为与特定规范的一致),另一方面,规范本身又彼此相异,从而,"对"的具体内涵又各不相同。规范不仅因伦理立场而异,而且往往随历史的变迁而改变自身。在一定历史时期被普遍接受的规范,在另一时期则未必被认同;反之,在某一时期被否定的规范,在另一时期则常常获得肯定。与之相应,在某一时期被视为"对"的行为,在另一时期也许就会被评定为"错"(wrong)。

规范作为对应然的规定,当然也有其价值的根据:应然既以现实的价值关系为根据,又体现了一定的价值理想。不过,就"对"与规范的关系而言,"对"所折射的价值,似乎具有形式的特点:它所涉及的,

---

① 参见 W. D. Ross, What Makes Ringht Acts Ringht?, In *Readings in Ethical Theory*, Appleton-Century-Crofts, Inc., 1952, p. 165。

是"对"与规范之间形式的关系。相形之下,"善"以人的存在本身为肯定的对象,它所体现的,似乎更多的是实质的价值。不难看出,"对"与"善"虽然都蕴含着价值的确认,但二者的确认方式和内容却并不完全相同。

作为"善"所确认的对象,人的存在价值总是具有普遍之维;诸如感性生命和理性境界的统一,人的潜能的多方面发展等,都可以看作是衡量人的存在价值的普遍尺度,与之相联系,"善"亦有其普遍性的一面。比较而言,"对"主要以调节特定社会关系的规范为依据。规范本身具有复杂性,就其与特定个体、具体情景的关系而言,它无疑具有普遍的性质,但作为调节人伦关系的准则,它本身又受到这种关系的制约:社会人伦关系的历史性,往往也赋予规范以某种历史的品格。与之相应,"对"亦常常表现出历史的、相对性的特点。"善"与"对"的这种差异,使二者虽然有彼此一致之处,但每每亦内含着某种张力。宋代理学家曾把妇女的守节提到十分突出的地位,认为"失节事极大,饿死事极小"。这样,从理学所确认的规范系统来看,妇女如果宁肯饿死而不再嫁,无疑将被认为做得"对",因为它合乎当时反映夫为妇纲等社会人伦关系的行为规范。然而,由人的存在价值而视之,则这种行为显然很难说具有"善"的性质,因为它表现了对人的生命价值的漠视。在这里,"对"与"善"之间的差异,似乎得到了更明晰的彰显。

不难注意到,"善"不同于"对"的主要之点,在于它与存在本身的内在联系。由此我们不能不对摩尔的一个著名论点提出质疑。摩尔在《伦理学原理》中曾强调"善"是不可分析、不可定义的,由此出发,他把试图以某种存在的性质对"善"加以定义的观点称之为"自然主义的谬误",并一再加以批评。① 摩尔之后,所谓"自然主义的谬误"成为普遍运用的否定性概念,而以此拒斥对存在本身的思考,则几乎演变为伦理学中新的教条。摩尔要求将"善的东西"与"善的"区分开来,反对将"善"还原为对象的外在属性,在概念的辨析、价值的定位等方面无疑有其值得注意之处,但他由反对"善"向对象属性的还原而否定"善"与存在之间的联系,并将确认这种联系的一切观点都笼而统之地贬为"自然主义的谬误",显然颇有问题。如前所述,伦理学意义上的"善",在于主体间对存在价值的自我肯定和相互尊重,换言之,规定"善"的内涵无法离开人的存在。摩尔在反对"自然主义谬误"这一旗帜下,既拒斥了对"善"的还原论理解,也或多或少将"善"与人的存在分离开来。"善"一旦与人的存在相分离,则其实质的内容便失去了本源:在疏离于人的存在的前提下,"善"将与"对"一样,首先表现为对价值的形式的认定,而非实质的确认。

"善"与"对"的比较,从一个方面展示了"善"的实质义。如果说,"好"与"善"的区分,使"善"所确认的内在价值得到了定位,那么,"善"与"对"之辩则进一步突出了"善"对价值的实质层面的肯定。不难看到,"善"的内在义与实质义均本源于人的存在:以人的存在为指向,既使"善"超越了工具之维,也使它区别于对价值的形式关注。在这里,本体论与伦理学再次具体地呈现出相互统一的关系。

四 规范、德性与价值

作为"对"的根据,规范对行为具有制约作用:人们往往以某种规

---

① 参见〔英〕摩尔:《伦理学原理》,长河译,商务印书馆,1983年,第16页、第44—64页等。

范系统担保行为的正当性。然而,从逻辑上看,规范系统的建构总是以价值的确认为前提:人们首先是根据价值形态来规定行为的规范和评价的准则。价值可以视为一种广义的好(good),在道德领域中,它则表现为善。尽管广义的"好"与"应当"之间并不一定具有蕴含关系,但就道德实践而言,"什么应当做",与"什么是善"之间却存在着内在的一致性:只有值得做(有价值)的事,才"应当"去做;换言之,唯有对善与恶有所认定,才能进而形成何者当为、何者不当为的行为规范。即使在以意志选择的形式展开的行为中,也总是渗入了价值观的内在制约。哈贝马斯已注意到这一点,按他的看法:"我们的意志事实上已凝结着我们的意愿和价值观。"①合理的意志选择离不开普遍的规范,而规范又蕴含着价值的认定;意志的定势与规范的范导相互融合,以不同的形式折射了价值观的深沉影响。就价值认定对伦理学的本源意义而言,价值论似乎构成了伦理学或道德哲学的元理论(Meta-theory)。当摩尔将"什么是善的?和什么是恶的?"视为伦理学的"第一个问题"②时,他无疑已注意到了这一点。当然,在摩尔那里,这一问题主要限于概念层面的分析,从而没有超出元伦理学(Meta-ethics)之域。

与摩尔等所代表的元伦理学有所不同,哈特曼(Nicolai Hartmann)似乎在较为实质的意义上,考察了应当与价值的关系。在其《伦理学》中,哈特曼曾把伦理学的问题概括为两个基本的方面,其一为:我们应当做什么(what ought we to do)? 其二为:生活中什么是有价值的东西(what is valuable in life)? 前者涉及"应当",后者则指向价值。在哈特曼看来,二者之中,后一问题更为本源。因为"如果我

---

① J. Habermas, *Justification and Application: Remarks on Discourse Ethics*, MIT Press, 1993, p. 3.
② 〔英〕摩尔:《伦理学原理》,长河译,商务印书馆,1983 年,第 9 页。

不知道在各种情景中何者为有价值,何者为无价值,我怎能判断究竟应该做什么?"①这一看法显然已有见于价值认定对义务(应当)确认的优先性。不过,从现象学的立场出发,哈特曼对价值的社会历史内容未能予以具体的关注,这使他对价值与应当关系的看法仍不免带有某种思辨的印记。

较之哈特曼的现象学立场,中国古典哲学更多地倾向于认定历史过程中实际的价值(善),其伦理原则亦奠基于这种实际的确认之上。在中国哲学史上,不同学派的哲学家都曾形成了各自的价值观念,后者展开于价值关系的各个方面,并逐渐综合为相应的价值系统。在中国哲学中,价值的确认并不仅仅表现为对实体的抽象关照,而是以具体的价值关系为其背景。首先是天人关系,从价值观的角度看,天人之际所涉及的是人与自然的关系。世界本来以自在或本然的形态存在,但当人从自然中分化出来后,便形成了人与自然互动的绵绵历史。儒家以仁道为原则,突出人之为人的内在价值,并由此而追求自然的人化;道家则肯定自然之美,并以合乎自然为人的存在方式,其中同样蕴含着人文的关切。可以看到,天人之际的沉思,始终内在地关联着人自身的存在。人并非仅仅作为个体(自我)而"在",人的社会性决定了他总是内"在"于社会群体之中。这样,主体之"在"与主体间的"共在"便构成了人存在的二重相关向度。儒家要求成己,并以个体的自我实现为道德涵养的内容,其中包含着对个体内在价值的确认。但同时,儒家又强调自我的社会责任及对群体的认同,并往往将群体的价值提到了更为重要的地位;相对于儒家,道家更偏重个体的自我认同,而个体的价值也常常被置于群体之

---

① Nicolai Hartmann, *Ethics*, volume1, George Allen & Unwun Ltd, 1932, pp. 29-32, p. 37, p. 82.

上。群己之辩往往进而指向人的感性存在和普遍本质之间的关系，中国哲学中的某些学派（如道家）强调人的生命存在的价值，另一些学派（如儒家）则更注重人的理性本质，在这种不同的侧重之后，则展示了不同的价值原则。

中国哲学关于价值关系的如上思考，以不同的方式制约着传统的规范系统。在中国传统伦理中，规范系统总是逻辑地以价值的认定为根据；通过价值确认而形成的价值原则，往往同时也构成了行为的范导原则。以天人关系而言，儒家倡导仁道原则，这既内含着对人的价值的肯定，亦意味着待人以仁；道家以合乎自然为存在的原则，既表现了对自然的崇尚，又渗入了无为的行为要求。同样，就人我之间而言，儒家由强调群体价值，引出了以天下为己任的行为准则；道家则由确认个体价值，导向了追求自我的逍遥。价值原则与行为规范的这种统一，使中国传统的道德哲学一开始便不同于形式化的系统，而更多地表现为一种实质的伦理。

从理论的层面看，规范系统与价值认定之间的联系，总是涉及规范与"善"的关系。前文已提到，"善"本质上表现为对人的存在价值的自我肯定与相互确认，规范则以价值认定为逻辑前提，二者在指涉价值这一点上，无疑彼此相通。这里也可以看到"对"与"善"的某种一致性：以规范为中介，"对"亦有其价值的根据。当然，"善"本身主要表现为正面的价值规定，而规范则往往已具体化为行为的准则；前者提供了普遍的价值导向（"善"的同时意味着值得追求并应当实现），后者则对行为具有更直接的指导意义。进而言之，如前文一再提及的，"善"指向的首先是人的存在价值；作为人的内在存在价值的确认，"善"更多地从普遍的方面体现了存在的价值：从根本上说，"善"以合乎人自身的多方面发展为其内涵；从而，真正的"善"，总是与人的多方面发展相一致。① 比较而言,规范固然以人在关系中的存在为本体论的根据,并折射了人伦关系中蕴含的普遍之理,但相对于一般的价值原则,它往往较多地引向具体的实践领域,并更为直接地影响实践过程。以儒家所说的"仁"与"信"而言,"仁"首先可以看作是与善相联系的一般价值原则,"信"则是调节具体人伦关系(朋友关系)的规范;前者主要提供一般的价值导向(将人视为具有内在价值的存在),后者则涉及生活实践中的具体行为(在与朋友的交往中,应当讲究信用、真诚相待等,即所谓"朋友有信")。同时,规范又较集中地折射了一定历史时期及某一或某些社会群体的价值理想,表现为相关群体对价值的具体认定。如中世纪行会中调节行会成员之间关系的具体行规、现代社会中的职业道德规范,等等,都体现了一定集团、群体的价值观念。这种认定当然也有其历史的根据(它常常亦折射了一定时期的价值关系),但作为一定群体和集团的价值追求及具体实践层面的行为准则,它总是较多地呈现出历史的、相对的品格。事实上,在社会历史的演进过程中,不同的价值认定往往导致了不同的规范系统。②

作为行为的准则,规范主要从外在的方面表现了道德的结构。

---

① 当然,人的存在价值的实现及其多方面发展在不同的历史时期有着不同的内容,在这一意义上,善也具有历史的品格。

② 在道德实践的领域,价值原则与行为规范之间往往存在互融的关系,其区分也有相对性的一面:价值原则(如"仁"或仁道)对道德行为亦具有范导的作用并相应地可以获得某种规范的意义,而行为规范(如"信")之中则总是渗入了某种价值原则。从另一方面看,道德规范(moral norm)既与道德法则(moral law)、道德原则(moral principle)等相互联系,又有自身的特殊规定。在以实然为依据并体现必然之理和人的目的、为行为提供普遍的范导等意义上,道德规范与道德法则、道德原则固然常常被置于同一序列,不作严格区分。但就其体现一定社会群体的要求(如近代的职业道德之于相关的职业群体等)、表现为一定实践领域中的行为准则等方面而言,道德规范与一般的价值原则、道德法则似乎又有不同的侧重。

相对于规范这一外在的形式,德性似乎更多地体现了道德的内在之维。道德不仅涉及"你应该做什么?(what ought you to do)",而且关联着"你应该成就什么?(what ought you to be)"。尽管历史上的哲学家对 to do(做什么)与 to be(成就什么)各有侧重,但就道德的本然系统而言,to do(做什么)与 to be(成就什么)是相互统一的两个方面。对个体来说,to be 的实际内容也就是成就自我,而在道德领域中,成就自我首先意味着成就德性。与规范主要表现为社会对个体的外在要求有所不同,德性在行为中往往具体化为个体自身道德意识的内在呼唤;从个体与社会的关系看,后者似乎更多地体现了道德的内在特征。就其形式而言,德性往往表现为规范的内化:当规范成为社会的普遍评价准则时,如果个体自觉地认同和接受这种准则,并以此来塑造自我,那么,这一过程便将影响着德性的形成。如前所述,规范以价值的认定为前提,以规范的接受、内化为形式,德性同样体现了价值的追求。

当然,作为个体存在的现实形态,德性并不仅仅是规范的简单衍生物,在更深沉的意义上,它同时又表现为价值理想在个体人格上的具体化。如前文所论,从其超工具的层面看,"善"的内在涵义在于对人的存在价值的肯定,以价值理想的具体化为形式,德性所体现的,首先是对完美存在的追求和确证。在这里,德性的真正意义应当从人自身的存在中去追寻:正是实现存在的多方面潜能和内在价值,构成了德性的真实内容。日常语言中所谓"人格美"等,并不单纯地指合乎抽象的道德理念或一般的道德规范,它所表明的是:自我作为具体的个体展示了人之为人的存在价值,这种价值不是相对于外在的社会需要而言,而是其自身存在规定的体现(在这里,人格与自我是同一的),故具有内在的性质。前文已一再论及,从本体论上看,人的存在总是包含多重规定,存在的完美性,相应地表现为其存在潜能的多方面实现和展开(孟子所谓"充实之谓美"、荀子所谓"不全不粹之不足以为美"[①],所重亦在于此);德性既以存在的多重规定为其本体论前提,又从主体人格、精神境界等维度上,确证了个体存在的内在价值。

[①] 分别参见《孟子·尽心下》《荀子·劝学》。

第三章
义务之源

在道德实践过程中，体现存在价值的道德理想往往具体化为与之相应的规范系统，后者以不同的方式制约着道德主体。行为之正当，以合乎道德原则为条件；德性和人格的培养，需要普遍规范的引导；合理的人生，同样离不开一般道德准则的制约。作为渗入和影响行为、人格与人生的当然之则，规范既蕴含了一定的道德理想，又可以看作是道德义务的形式化：它源于现实的义务关系，同时又通过抽象和提升，使义务取得了普遍的形式并在一般准则的层面上得到确认。由义务与规范的关系作进一步的考察，便涉及义务本身之源。

一　应当与义务

从规范系统的角度看,道德首先与"应当"相联系;前文提及的"我应当做什么""我应当成就什么"以及"人应当如何生活"等道德追问,已从不同方面体现了这一点。在逻辑的层面上,"应当"意味着超越既成的存在方式而指向理想的形态。作为理想的规定,"应当"包含着已然与未然的张力,并以未来为其时间向度。当然,除了时间之维,理想的形态总是包含着价值的内容,后者所涉及的,也就是"好"或"善"与应当的关系。就道德的向善定势而言,"好的"或"善的"往往可以归入"应当"之列:尽管"应当"往往以"能够"为前提,唯有基于"能够",应当才具有现实性。然而"好"或"善"却无疑"应当"成为道德追求的目标。① 在道德"应当"实现和成就"善"这一意义上,似乎可以说,"善"蕴含应当。

"好的"或"善的"同时也是应当成就和实现的,这一认定可以看作是一种道德上的预设。按其本性,这种预设主要是价值的,而非逻辑的:它的价值意义强于逻辑的意义。事实上,前文提到的"善"蕴含"应当",首先便是一种价值上的蕴含,而有别于严格意义上的逻辑蕴

---

① 这里似乎应对道德领域中的"能够"与道德领域之外的"能够"作一区分。孟子已有见于此,在谈到"不能"与"不为"之别时,孟子指出:"挟太(泰)山以超北海,语人曰:'我不能',是诚不能也。为长者折枝,语人曰:'我不能',是不为也,非不能也。"(《孟子·梁惠王上》)挟泰山以超北海,是道德领域之外的行为,其"能够"与否,不具有道德的意义;为长者折枝,则属道德的领域,其"为"或"不为"体现了不同的道德境界。从实质的层面看,当人超越自然的状态而成为道德意义上的存在时,他同时也具有了履行道德义务、遵循道德规范的能力。换言之,道德地行动(act morally)是每一道德主体都"能够"做到的,孔子所谓"有能一日用其力于仁矣乎?我未见力不足者"(《论语·里仁》),也强调了这一点。在上述意义上,道德上的"应当",亦以能够为前提。

含。不过,在"这是善的,因而你应当去做"这种价值的蕴含形式中,"应当"的根据更多地表现为价值的预设(应当做"好"的或"善"的事),它与行为者的现实存在(包括其所处的社会关系、实践背景等),似乎仍具有某种距离。

从价值的预设回到现实的存在,便不能不对义务予以必要的关注。义务首先与责任相联系,有义务做某事,往往意味着有责任做某事;一旦你承诺了某种义务,你就有责任或"应当"履行这种义务。不难看到,在义务与应当之间,存在着某种规定与被规定的关系。较之"好"或"善"与"应当"之间的价值蕴含性,"义务"对"应当"的规定,更多地表现为一种现实的制约。关于"好"与"应当",一旦超出了二者的具体关系(即特定的"好"与特定的"应当"之间的关系)而指向价值预设本身,则往往可以提出"为什么'好的'同时也是'应当'做的"这一类的问题,因为作为预设,二者之间的蕴含关系并不是自明的。但对义务与应当,则很难提出类似的问题,因为义务对"应当"的规定,既非价值的预设,也不是逻辑上的蕴含,它首先展开于实际的社会关系中,表现为基于现实社会关系的内在制约。

从宽泛的意义上看,义务既可以取得道德的形态,也往往以法律等形式表现出来。以医生的义务和职责为例,医生对病人的尽责,并不仅表现为一种医德(对病人履行道德义务),而且也具有法律的意义:因失职而导致的医疗事故,往往必须承担法律责任。当然,道德的义务通常具有自愿的形式,而法律的义务则带有强制的性质。与此相应,严格地说,唯有自愿承担的义务,才表现为"应当",法律强制下的义务,每每以"必须"为其形式。在表达方式上,"应当"和"必须"都不同于描述而具有规范的性质,但前者包含建议的意味,后者则已是一种具有强制性的要求。从义务中引出的应当,无疑更多地体现了道德的特征。

义务一般相对于权利而言。权利有其多方面的内涵,从广义的人权,到具体的财产权,都以不同的方式涉及权利。与义务以责任为指向有所不同,权利更多地关联着享有、要求和支配。拥有财产权,意味着可以自由地支配某种财产;贷款给别人,便有权要求借贷者如期归还;父母在年迈或失去经济来源时,则享有接受子女赡养的权利;如此等等。事实上,在日常语言中,人们常常把"权利"和"享有"联系起来,具有某种权利,往往被表述为"享有"某种权利。可以看到,义务与权利存在着某种对应性:享有权利表明有理由要求他人尽义务。换言之,我对他人拥有权利意味着他人对我具有义务。从道德的领域看,"享有""要求"等,总是考虑并涉及外在的行为结果,并或多或少以确认和实现他人对我的责任为具体内容,它与道德的"为他"之维和道德对人的内在存在价值的肯定,似乎有某种距离。

哲学史上,康德对道德与义务的关系作了较为系统的考察。按照康德的理解,一种行为只有完全出于义务,而不考虑此种行为可能带来的结果,才真正具有道德的性质。在伦理学说的分类上,这种观点往往被视为义务论的经典表述。义务论的抽象性,是显而易见的,然而,如果从义务、权利与道德的关系看,义务无疑在更本质的层面体现了道德的内在特征。① 就外在的形式而言,义务通过规定"应当"而为行为提供了规范,就行为的价值向度而言,义务体现了行为的"为他"性,并以责任承担的方式表现了对存在的积极肯定,从而扬

---

① 当代的一些哲学家如 Elizabeth Anscombe、Richard Taylor、Alasdair MacIntyre 等从不同方面对义务概念提出种种责难,在他们看来,道德义务的概念,完全是"空洞的",其意义不外乎要求人们按某种法则、原理去做。(R. Taylor, Ancient Wisdom and Modern Folly, in *Midwest Studies in Philosophy 1988*, Vol. 13, pp. 61-63)。这种看法注意到了义务在抽象化以后容易蜕变为超验的形式,但由此否定义务本身,则又导向了另一片面。这种观点的内在问题在于,未能对抽象的义务与基于现实人伦的义务加以区别。详后文。

弃了单纯的"享有"。当康德要求从义务出发而不计较结果时,似乎也以片面的方式,强调了道德行为对权利意识的超越。

作为形而上的预设,"好"与"应当"之间的价值蕴含,在某种意义上具有超验的性质。相形之下,义务对"应当"的规定则更接近具体的经验领域。价值根据与义务承担之间的这种统一,从一个方面表现了"形上"与"形下"在道德领域的相互沟通。

二 作为义务根据的伦理关系

义务对"应当"的规定,从一个方面展示了道德的内在特征。但义务本身并不具有终极的性质,由义务与"应当"的关系进而考察义务本身的根据,便涉及具体的伦理。这里的伦理,是指展开于历史过程的社会关系。当黑格尔从家庭、市民社会、国家等社会结构考察伦理时,他所关注的首先也是现实的社会关系。在中国传统哲学中,如前所述,"伦理"一词中"伦"的原始涵义是"类","理"则指"分"[①],伦理合称,含有一类事物各个部分或个体的各自分界、定位之意;在此意义上,它与 ethics 的涵义并不完全对应。与 ethics 相通的,主要是"人伦"或"人伦之理",后者首先泛指社会成员之间的相互关系,引申为处理这种关系的原则和规范。传统文化中的五伦(父子、兄弟、夫妇、朋友、君臣),便以人伦为其内核,而此伦理,则具体表现为现实的人伦关系,其范围包括家庭(亲子、兄弟、夫妇)、社会(朋友)、国家(君臣)等。作为社会关系的伦理,其道德意义首先可以从义务的起源上加以分析。

前文已论及,"好"或"善"蕴含的主要是一种价值的认定,义务

---

① 参见郑玄:《礼记·乐记注》。

则更直接地规定着应当选择的行为。以具体的道德实践为指向的这种义务,其来源在哲学家中往往有不同的理解。从先验哲学出发,康德将先天的理性视为义务之源,强调:"义务的基础不应当到人的本性或人所处的环境中去寻找,而应当到纯粹理性的先天概念中去寻找。"①康德所谓本性和环境,主要与个体的经验倾向及外部的经验世界相联系,"先天"则是逻辑意义上的预设。康德曾以朋友间的忠实为例,对此作了阐释:"尽管也许至今不存在完全忠实的朋友,但朋友间的忠实仍为所有的人所要求,因为这种义务先于一切经验,并作为普遍的义务包含在理性的观念中,而理性的观念又在先天的基础上决定着意志。"②虽然在经验世界中义务不一定真正得到承担和实现,但从逻辑上说,义务乃是某种社会秩序(如朋友间的关系)得以存在的前提。正如在认识领域,先天的时空形式和知性范畴是知识所以可能的条件一样,义务及体现义务的道德律构成了道德关系(伦理关系)所以可能的条件。以先天的理性为义务的担保,固然注意到了义务的普遍性,但同时逻辑的先天性又多少掩蔽了现实的社会关系。在先天的逻辑设定中,义务似乎成为理性世界中的空泛形式。

如何扬弃义务的抽象性?这里的前提无疑在于从先天的逻辑形式回归现实的伦理关系。道德本质上是人存在的方式,作为义务的具体承担者,人的存在有其多方面的维度,人伦或伦理关系也具有多重性。就日常的存在而言,人伦或伦理关系首先涉及家庭。黑格尔曾把家庭视为伦理的最基本的形式。③ 以儒学为主干的中国传统文

---

① Kant, *Grounding for the Metaphysics of morals*, Hackett Publishing Company, Inc., 1993, p. 2.
② Ibid., p. 20.
③ 参见〔德〕黑格尔:《法哲学原理》,范扬、张企泰译,商务印书馆,1982年,第173页。

化也把家庭视为人存在的本源形式。如前文所提及的,中国传统五伦中,有三伦展开于家庭关系。在谈到亲子等伦理关系时,黄宗羲已指出:"人生堕地,只有父母兄弟,此一段不可解之情,与生俱来,此之谓实,于是而始有仁义之名。"①亲子、兄弟之间固然具有以血缘为纽带的自然之维,但作为家庭等社会关系的产物,它更是一种社会的人伦;仁义则是一种义务,其具体表现形式为孝、悌、慈等。在黄宗羲看来,一旦个体成为家庭人伦中的一员,便应当承担这种伦理关系所规定的责任与义务,亦即履行以孝、慈等为形式的责任。黄宗羲的这种观点事实上代表了儒家的普遍看法,②儒家所注重的孝悌,即以人伦为本,家庭成员所承担的义务,则以成员之间的伦理关系为根据。

儒家将孝悌等理解为亲子兄弟间的义务,无疑带有历史的印记,不过,它从家庭伦理关系上规定义务,则不无所见。父母兄弟是人来到世间之后所牵涉的最本然的关系,这种关系既有自然的一面,也有社会性的一面。从社会人伦的角度看,它的特点在于以隐性的形式,包含了对责任的某种承诺。以亲子关系而言,当子女来到这个世界时,作为子女生命的给予者,父母便将自己置于一种责任关系(对子女负有养育之责);同样,作为关系的另一方,子女具有对父母加以尊重、关心的义务,这不仅仅是一种简单的回报,而是以上伦理关系本身蕴含的内在要求。与自然界中的长幼关系主要基于进化过程中形成的本能不同,亲子间的责任关系,本质上出于人自身的选择,这种选择不一定通过个体而作出,它在更本源的意义上形成于人类发展的漫长过程,并作为历史进化的结果而取得了社会确认或社会选择

---

① (清)黄宗羲:《孟子师说》卷四,《黄宗羲全集》第 1 册,浙江古籍出版社,1985 年,第 101 页。

② 事实上,从理论渊源看,黄宗羲的以上观念便可以视为对刘宗周思想的阐发。

的形式,而在历史过程中形成的这种社会选择和确认,又以有形或无形的方式制约着每一个社会成员。

朋友是日常存在中常常涉及的另一重关系,在中国传统伦理中,它被规定为五伦之一。相对于家庭范围的伦理关系,朋友之伦无疑具有更为普遍的特点。由其在社会结构中的地位视之,朋友关系存在于家庭与国家之间,用传统伦理的提法,亦即处于亲子、兄弟、夫妇与君臣之间。这是一个相当大的社会空间,其关系可以辐射到社会的各个领域。无论从历史的层面看,还是就逻辑的角度而言,传统伦理中的朋友这一伦,都似乎涉及并涵盖着家庭、国家之间广泛的社会领域,而朋友之所以被提升为基本的伦理关系(五伦)之一,与此也不无关系。朋友间的义务,是所谓"信",《论语》提出"与朋友交,言而有信"①,便肯定了朋友间的交往有彼此诚信的义务,孟子在提到朋友之时,亦强调"朋友有信"②;这一义务承诺事实上也为尔后的整个儒学传统所一再确认。"信"既包含着真诚的要求,亦意味着信守诺言,所谓"言而有信""言必信"③等,便表明了这一点。作为一种责任和义务,"信"实质上已不限于朋友之伦,而是同时涉及普遍的社会交往关系。无独有偶,西方的伦理传统同样也把诚信视为社会成员的一般义务,正面意义上的遵守诺言或反面意义上的不说谎,始终是西方伦理中一再要求人们履行的责任,直到当代的西方哲学家如哈贝马斯,仍把真诚性视为合理的社会交往过程所以可能的基本前提。作为一种基本的义务,信或诚信最终以社会的伦理关系为本源;从朋友间的相处到普遍的社会交往,都内含着诚信的规定:在有序的社会交往结构中,以诚相待和言必信,既是这种交往秩序所以可能的条

---

① 《论语·为政》。
② 《孟子·滕文公上》。
③ 《论语·学而》《论语·子路》。

件,也是交往双方应尽的基本责任,一旦个体置身于这种交往关系,则同时意味着承诺了这种责任。当然,这种承诺不一定表现为个体的自觉确认,而是更多地取得非显性的形式。

相对于中国传统伦理以朋友作为日常存在普遍形式,近代以来,西方对市民社会及公共领域予以了更多的关注。在黑格尔那里,市民社会便是家庭与国家之间的中介,而在当代西方备受重视的所谓公共领域,则可以看作是市民社会在更为宽泛意义上的延伸。尽管对市民社会与公共领域的内涵,往往存在不同的理解,但市民社会或公共领域为主体间的交往提供了广阔空间这一点,则得到了普遍的肯定。市民社会首先涉及市场经济中以商品交换为纽带的交往,黑格尔在讨论市民社会时,便把财富、交换等作为其中的重要方面[1],哈贝马斯也把商品交换和社会劳动领域视为市民社会的内容[2];公共领域既被广义地理解为"共同的空间"或"共同生活的世界"[3],又被较具体地规定为公众自由发表看法并形成共同意见的领域[4],在后一意义上,公共领域又以报纸、期刊、广播、电视等为媒介。市民社会的参与者既是从事私人活动的个体,又是按社会要求而行动的社会成员[5],广而言之,无论是市民社会,抑或公共领域,都往往关联着不同形式的社群(诸如行业团体、学术协会乃至各种社会组织等)及其成员间的相互关系。作为宽泛意义上的交往空间,市民社会或公共

---

[1] 参见〔德〕黑格尔:《法哲学原理》,范扬、张企泰译,商务印书馆,1982 年,第 210—217 页。

[2] 参见〔德〕哈贝马斯:《公共领域的结构转型》,曹卫东译,学林出版社,1999 年,第 35 页。

[3] 〔美〕阿伦特:《公共领域和私人领域》,载汪晖、陈燕谷主编:《文化与公共性》,生活·读书·新知三联书店,1998 年,第 81—89 页。

[4] 〔德〕哈贝马斯:《公共领域》,载汪晖、陈燕谷主编:《文化与公共性》,生活·读书·新知三联书店,1998 年,第 125—126 页。

[5] 参见 Keith Tester, *Civil Society*, Routledge, 1992, p. 5.

领域中交往各方之间的关系,无疑具有松散的形式,但关系本身的存在,依然规定了相应的义务;个体一旦成为关系中的一员,便同时成为这种义务的承担者。市场的经济活动,有具体的市场规则;一定的学术团体,有自身学术的规范;大众传媒组织,有媒体活动的规则;公众之间的讨论,要遵循一定的程序,如此等等。这种规则、规范、程序等,便可以看作是相关义务的特定表现形式,而这种义务本身又是由交易双方、团体成员、媒体与大众等关系所规定的。

　　作为义务的根据,伦理关系不仅仅展开于生活世界。历史地看,人并非单纯地表现为日常的存在,他总是同时内在于以制度等为形式的社会结构中,并在一定意义上取得了体制化或制度化存在的形式。G. H. 米德曾把有组织的共同体概括为普遍化的他人(Generalized others),从另一个角度看,作为制度内在环节的人,似乎也具有制度化存在的意义。在宽泛的意义上,体制或制度可以与人的职业、岗位等相联系,也可以具体化为某种社会政治结构。从职业或社会岗位这一层面看,无论个体从事何种职业,他总是与他人发生某种职业关系,而这种关系又规定了相应的责任和义务。通常所说的职业道德,实质上也就是由某种职业关系所规定的特定义务。以医生而言,人们往往强调医生应当有医德,作为一种职业义务,这种医德显然难以离开医生与患者的特定关系。同样,对教师来说,履行师德是其基本的义务,而师德本身则以教师与学生之间的伦理关系为本源。广而言之,一定的职业所涉及的伦理关系,规定了相应的职业义务或职业道德,所谓"尽职",则意味着把握这种义务关系并自觉履行其中的责任。

　　制度化存在的更内在的形式,往往与政治、行政等领域及党派组织等相联系。政党的出现虽然较为晚近,但政治领域中的结盟分派却是古已有之。从政权机构到政治党派,人们每每被定位在不同的关系中。以党派而言，无论是较为松散的政治结帮，还是有较严密组织的近代政党，其成员都承担着多方面的义务，这种义务当然可以从不同的角度加以考察，作为政治的承诺，它也许是基于共同的利益或共同的信仰，而从道德的层面看，维护共同利益等义务则首先是由有关成员所处的特定地位决定的：当个体置身于某一党派时，他与该组织（尽管这种组织有时只具有松散的形式）及该组织其他成员的关系，便决定了他应当承担相应的义务。

各种形式的行政、权力机构是G. H. 米德所谓普遍化的他人的另一种形式。机构的运作离不开具体的人，而运作机构的人在某种意义上又成为机构的化身。作为机构的主持者或代表，各个层面的行政人员都面对着多方面的关系，其中既有政府等部门和系统中同事、上下级之间等关系，又有立法部门、行政管理机构等方面的代表与民众（用更技术化的概念来表述，也就是选民、纳税人等）之间的关系。就行政系统而言，不同成员之间常常承担着各自的责任，如相关部门间的各司其职与彼此配合，上下级间的尊重与服从，等等。这种责任固然已不限于伦理的领域，但亦并非与道德的规定完全无涉。从后一角度看，以上提及的诸种义务，似乎也可以列入广义的"职业道德"或"角色伦理"，而这种道德责任本身又形成于个体在一定社会政治结构中所处的地位。从权力系统的内部进而考察这种机构的代表与其他社会成员的关系，为民众（公民、选民、纳税人等等）服务和尽职便构成了其基本的义务，官僚主义、腐败渎职等之所以不仅不能逃脱行政、法律上的惩处，而且应当受到道德上的谴责，就在于这种行为同时也与一定伦理关系所规定的义务相冲突。另一方面，作为公民，个体又承担着对国家的义务，这种义务不仅表现为法律的规定，而且也具有伦理的意义，在抵抗侵略、保卫祖国的斗争中，个体的英勇行为之所以一再受到道德上的肯定和赞扬，就在于这种行为同时也表现为对伦理义务的自觉履行。

从生活世界中的存在到制度化的存在,道德主体既彼此关联,又表现为具体的自我。从后一方面看,道德主体不仅与他人共在,而且同时面对自我。儒家很早就形成了"为己之学",孔子便已对为己与为人作了区分:"古之学者为己,今之学者为人。"①"古"象征着孔子心目中的理想形态,"今"则代表了当时的现实。孔子所谓为己,即自我的完善或实现,为人则是迎合他人以获得外在的赞誉,以为己否定为人,意味着将注重之点指向成就自我。在《大学》的"壹是皆以修身为本"、《中庸》的成己而成物之说以及儒学的尔后演进中,为己之学得到了进一步的展开。西方同样存在类似的伦理传统,从亚里士多德到当代的人本主义心理学,都对自我的完成予以了较多的关注,即使像布拉德雷这样具有整体主义倾向的哲学家,亦将自我实现(self-realization)提到了重要地位。

作为个体追求的道德目标,自我实现或自我完成同时具有伦理义务的意义。W. D. 罗斯已注意到了这一点,在对不同的义务加以分类时,W. D. 罗斯将自我完善(self-improvement)视为个体应当承担的义务之一:"在德性与智力方面,我们能够不断改善我们自己的状况,这一事实赋予我们以自我完善(self-improvement)的义务。"②义务总是以不同的形式涉及伦理关系,自我实现或自我完成作为个体的义务,也难以例外。前文已提到,为己或成己首先关联着个体与自我的关系,自我作为具体的存在,有其自身的内在价值与潜能,当个体以自我本身为观照、作用的对象时,实现这种价值和潜能便成为道德主体的内在责任。这里既可以看到存在本身的价值蕴含(价值内含着

---

① 《论语·宪问》。

② W. D. Ross, *What Makes Right Act Right?*, In *Readings in Ethical Theory*, Appleton-Century-Crofts, Inc., 1952, p. 178.

应当),又不难注意到个体与自我的伦理关系对这种义务的制约。从另一方面看,就"我"自身而言,其现实的形态往往展开为多重规定;他既有以情、意等形式表现出来的个体性规定,又包含普遍的理性品格,后者在道德的层面上可以看作是社会规范的内化,当弗洛伊德区分自我与超我、G. H. 米德划分主我(I)与客我(me)时,便已触及了以上事实。"我"的以上规定,在某种意义上以内在的形式,折射了人我、群己之间的关系,而体现一定价值理想的自我完善,也相应地表现为社会对个体的要求。由此而视之,自我实现或自我完善之成为个体义务,同时亦以个体与社会的关系为背景和根据。

  展开于生活世界、公共领域、制度结构等层面的社会伦理关系,似乎具有某种本体论的意义。此所谓本体论意义,主要是就它对道德的本源性而言。伦理关系如果进一步追溯,当然还可以深入到经济结构、生产方式等领域,但相对于道德的义务、"应当",它又呈现出某种自在的形态;无论是日常的存在,还是制度化的存在,作为实然或已然,都具有超越个体选择的一面:家庭中的定位(父子、兄弟等)、公共领域中的共在、制度结构中的关系等,往往是在未经个体选择的前提下被给予的,它们在实然、自我规定等意义上,可以看作是一种社会本体。正是这种社会本体,构成了伦理义务的根据。与此相联系,以伦理关系规定道德义务,同时也意味着赋予道德以本体论的根据。

  当然,从更广的视野看,作为义务根据的伦理关系除了受制于经济、政治等结构之外,还受到体现义务的道德观念、道德规范以及道德实践等的影响。个体间的关系之获得伦理的意义,往往离不开道德观念、道德实践的作用。以家庭的伦理关系而言,亲子、兄弟间最原始的联系纽带无疑具有自然的性质,在这里,社会伦理关系的形成,似乎要经历一个化自然为人文的过程,而从自然意义上的个体联结到社会人文意义上的伦理关系这一转换,则显然难以离开道德教育、道德实践等过程。王阳明曾说:"意之所在便是物。如意在于事亲,即事亲便是一物。"①撇开其中的心学思辨,这里似乎也包含着如下涵义:意之在物既是一个意向(意指向对象)的过程,又是主体赋予对象以意义的过程。对缺乏伦理、道德意识者来说,亲(父母)只是一般对象意义上的存在(自然层面的物),只有当具有道德意识的心体指向这种对象,亲(父母)才作为伦理关系上的一方而呈现于主体,亦即对主体来说才获得伦理存在的意义。② 从这一层面上看,伦理关系与道德观念、道德实践之间又存在着互动之维:由义务所规定的道德规范、要求等往往以伦理关系为本体论根据,而伦理关系的形成又受到道德意识、道德判断、道德实践等的制约,这种交互作用本质上展开并统一于社会演进的历史过程。

  伦理的关系不仅以静态的形式存在,而且常常体现、渗入或形成于人的行为过程。首先应当一提的是承诺行为。从形式的层面看,承诺一般以"我同意""我答应""我保证"等陈述来表示承诺者将做某事。就其伦理内涵而言,承诺行为又具有两种意义。首先是义务形式的变化。伦理关系对义务的规定,并不总是取得显性的形式,它往往更多地表现为一种隐性的要求,但一旦作出了某种承诺,则伦理关系所规定的隐性义务,便开始向显性的形式转换。以家庭中的义务而言,对父母的关心、尊重,是亲子这一伦理关系所规定的,但它最初是以隐含的方式存在的(作为亲子关系中的一方,子女具有相应的义务),但是,若子女明确承诺,在父母年迈后将尽赡养之责,那么,他

---

  ① (明)王守仁:《传习录》上,《王阳明全集》,上海古籍出版社,1992年,第6页。

  ② 参见杨国荣:《心学之思——王阳明哲学的阐释》第三章,生活·读书·新知三联书店,1997年。

或她对父母的义务,即取得了显性的形态,这种显性不仅仅在于义务的明确化,而且表现为义务本身的进一步强化。承诺行为的另一重意义更直接地关联着伦理关系。生活中常常会发生这样的事:某人偶然遇到一位需要帮助的路人,他与这位路人本来素昧平生,尽管二者也可以说具有最宽泛意义上的交往关系,但这种关系并不具有严格的伦理意义。然而,如果他作出了答应帮助这位路人的承诺,那么,他与路人之间即形成了承诺与被承诺的切近伦理关系,并相应地具有了应当履行的义务。

与义务相联系的行为,往往赋予义务本身以某种历史的连续性。从日常的生活过程看,如果某一个体过去对社会作出过贡献或做过其他有益公众的事,那么,该社会的其他成员便有义务(即应当)对他表示敬意和尊重。这一特定个体对社会的贡献行为虽然发生在过去,但与其他社会成员现在的存在仍然具有历史的联系,这种联系在某种意义上也可以看作是展开于时间之维的伦理关系,而现在的社会成员之所以应当(或有义务)表示敬意,显然亦与上述关系的存在相关。广而言之,前一代与后一代之间也存在着历史的联系,这种联系往往赋予前后各代以不同的义务:宽泛地说,前一代的责任在于为后一代提供一个更好的生存环境和发展起点,避免无节制地耗尽资源、破坏生态,等等;后一代的义务则在于以前人创造的经济、文化等成果为基础,进一步在广度和深度上发展人类文明,同时消除前人在各个社会领域(包括政治、经济、文化等)可能留下的负面后果。历史地看,每一代在社会演进过程都具有中介的意义,因而往往同时承担着双重义务,而这种义务本身又是由前后代的社会历史联系所赋予的。

三　伦理、义务与道德律

以具体的社会历史过程为存在背景,伦理关系无疑具有实质的意义,后者也制约着伦理关系所规定的义务:从生活世界到公共领域,从日常存在到制度化的人,展开于其间的社会伦理关系所指向的,常常是涉及实质内容的义务和责任。另一方面,内含自觉向度的道德行为,总是受到道德律的制约,而道德律作为普遍的原则,则具有形式化的特点。如何理解实质的伦理关系与形式的道德律之间的关系,是道德哲学无法回避的问题。

康德是对道德律作过系统考察的哲学家之一。与认识论上追问普遍必然的知识何以可能相应,康德在实践领域中对道德行为的普遍性也予以相当的关注。如何担保行为的道德向度?康德首先从道德律入手对此作了探讨。在他看来,道德律中最基本的一条,也就是普遍性的原则:"当你行动时,你的意志所遵循的准则应总是同时能够成为普遍立法的原则。"①这一原理常常又被称为绝对命令(the categorical imperative)。作为绝对命令,道德律的特点在于剔除了一切经验的、感性的内容,对康德来说,唯其如此,道德律才具有普遍有效性。康德特别对实践规则(practical rule)与道德律(moral law)作了区别,认为在经验的基础上只能产生实践规则,而非道德律。②

康德所理解的经验,在广义上包括具体的人伦关系。前文曾提及,康德认为,即使世界上并不存在完全忠实的朋友,但朋友间的忠

---

① Kant, *Critique of Practical Reason*, Cambridge University Press, 1997, p. 28.
② 参见 Kant, *Grounding for the Metaphysics of Morals*, Hackett Publishing Company, Inc. , pp. 2-3。

实仍应成为普遍的义务,此所谓义务,同时也就是一般原则所规定的要求,而现实世界中的朋友关系,则可以看作是经验领域的存在。康德的上述看法中似乎包含着如下涵义:普遍的原则可以先于并外在于一切经验世界中的现实人伦。事实上,在康德那里,如同义务一样,道德律往往被视为理性的先天规定,或理性的立法。正是在此意义上,康德认为道德律不仅对人具有意义,而且作用于一切理性的存在(all rational beings)。① 所谓一切理性的存在,也就是任何可能的世界中的理性存在,这是一种不涉及经验事实的逻辑设定。康德固然也强调意志自律,但此所谓意志,是理性化的意志。康德一再肯定:"意志不是别的,就是实践理性。"②与之相应,意志的立法也就是理性的自我立法。

康德肯定道德律的普遍性,要求将道德律与特定的经验规则区分开来,无疑注意到了道德律的形式化品格,但他由此把道德律与经验世界中的存在和现实的人伦加以隔绝,将其仅仅视为理性的先天规定或逻辑设定,则似乎过于强化了实质与形式之间的对立。形式化的规定固然从逻辑的层面为普遍的道德秩序提供了某种担保,但在单纯的理性抽象形态下,它却往往缺乏现实性的品格,仅仅执着于这种抽象的规定,似乎既无法说明具体的伦理关系与行为,也难以给人以实质的力量。

作为道德律的立法者,先天的理性具有超越个体的形式,而道德律本身也往往作为普遍的绝对命令而与个体相对。由此进一步引申,则个体往往容易被理解为道德律的附庸。在费希特那里,我们已可以看到这种趋向。费希特在伦理学上以康德的道德哲学为其重要

---

① 参见 Kant, *Grounding for the Metaphysics of Morals*, Hackett Publishing Company, Inc., p.20。

② 同上书,第23页。

源头,其伦理学体系对康德的形式主义也作了多方面的发挥。与康德相近,费希特也强调道德律的先天性与普遍性:"伦理原则是一种关于理智力量的必然的思想,即理智力量应该毫无例外地按照独立性概念规定自己的自由……除了以它自身为依据,就不以任何其他思想为依据,也不受任何其他东西的制约。"①所谓不受任何其他东西制约,意味着超然于包括伦理关系的现实对象。尽管费希特也十分注重自我的作用,但相对于由先天理性所规定的道德律或伦理原则,自我则似乎仅仅具有工具的意义。在谈到自我与道德律的关系时,费希特自设问答道:"我作为人与道德规律的关系是怎样的呢?我是由道德规律左右的、受委托执行道德规律的存在物;但道德规律的目的却在我之外。因此,对我来说,即对我自己的意识来说,我不过是手段,单纯是道德规律的工具。"②康德开创的道德哲学传统本来一再强调道德的自律,但理性的先天立法,却使道德律外在并超然于自我,从而在某种意义上将自律转换成了他律:当自我仅仅成为执行道德律的工具时,所谓意志自律便失去了意义,而从康德的理性立法,到费希特以自我为道德律的工具,其间又存在着逻辑的必然性。

与康德和费希特相对,另一些哲学家在阐释道德自律时,表现出不同的倾向。萨特在这方面无疑具有典型的意义。按照他的看法,每一个体都是道德法则的创立者,行为的任何准则都要由自我本身去"发明":"你是自由的,所以你选择吧——这就是说,去发明吧。没有任何普遍的道德准则能指点你应当怎样做:世界上没有任何的

---

① 〔德〕费希特:《伦理学体系》,梁志学、李理译,中国社会科学出版社,1995年,第59页。
② 同上书,第257页。

天降标志。"①在此,个体的每一选择,似乎都同时表现为普遍的立法。杰拉尔德·德沃尔金以更明确的形式表达了类似的观点,在对道德自律作界说时,他指出:"当,而且仅当个人是道德原则的创立者,是这些原则的创始人时,他是道德自律的。"②按照这种理解,个人的自由创造便成为道德律的主要来源。③

理性的先天立法与个人的自由创造,显然表现了理解道德律本源的两种不同的思路:前者以先天的理性为道德律的建构者,并相应地侧重道德律超个人的一面;后者则把道德律视为个体自我创造的产物,并相应地突出了道德律与个体自由选择的关系。然而,二者在相反之中似乎又表现出某种相同的趋向,即在现实的人伦或伦理关系之外,去构造抽象的原则。

如前所述,作为普遍的原则,道德律确乎具有形式化的一面,然而,从现实性上看,这种形式化的规定,始终难以离开实质的根据。前文已提及,相对于道德律,伦理关系与义务无疑具有实质的特点,就其本源而言,形式化的道德律可以看作是实质的伦理关系及义务的转换形态。历史上各种被认为放之四海而皆准的道德律,诸如"不

---

① 〔法〕萨特:《存在主义是一种人道主义》,周煦良、汤永宽译,上海译文出版社,1988 年,第 16 页。
② 《道德自律》,参见〔美〕汤姆·L. 彼彻姆:《哲学的伦理学》,雷克勤等译,中国社会科学出版社,1990 年,第 200 页。
③ 萨特等的观点在形式上似乎与康德相近之处,但二者的内涵却有实质的差异:康德所谓自我立法侧重的是先天理性的普遍立法。换言之,在康德那里,真正的立法者并不是个体,而是具有普遍意义的先天理性。按其实质,先天的理性同时具有超越个体的特点。萨特则以自我、个体为决定者,认为"我们的出发点是个人的主观性"(〔法〕萨特:《存在主义是一种人道主义》,周煦良、汤永宽译,上海译文出版社,1988 年,第 21 页),不难注意到,在萨特那里,个体、自我构成了立法的真正主体。与肯定先天理性的优先性相应,康德一再强调道德法则的普遍性;从"个人的主观性"出发,萨特则否定普遍法则的意义,由此也可以进一步看到二者思维趋向的不同。

说谎""不偷盗",等等,固然都超越了特殊时空中的具体行为,因而有其形式化的一面,但追本溯源,都又以现实的伦理关系(有效的主体间交往、以财产所有权为纽带的社会联系,等等)和具体的社会秩序为其背景。在肯定道德律的形式化、普遍化品格时,不能忽略其实质的根据。无论是仅仅指向先天的理性,抑或单纯地关注个体创造,其根本的问题似乎都在于未能将以上事实置于其视野之内:前者以形式的规定掩蔽了实质的根据,后者则将个体理解为游离于社会关系的孤立存在,同样疏离了现实的背景。

康德曾对假言判断与定言判断作了严格区分,强调道德律是定言判断,而非假言判断。假言判断在逻辑上包含着条件蕴含关系(如果—则),定言判断则不受条件的制约,因而呈现绝对命令的形式。对康德来说,假言判断往往涉及功利目的,即为了达到某种外在的目的,才去做某事,而道德行为的特点则在于仅仅以义务本身为根据,不涉及具体结果及功利目的,与之相应,道德律也只能被赋予定言判断的形式。康德以此将道德行为与狭义的功利行为区分开来,否定对道德行为的经验论和功利主义理解,无疑有其意义,但将道德律视为无条件的定言判断或绝对命令,则又有其自身的问题。道德本质上具有二重性:它既包含内在价值(本身就是一种好或善),并相应地具有超功利的一面;又有其外在的价值(从一个方面为维系合理的社会秩序等提供担保),并相应地具有手段或工具的意义。康德在肯定道德的超功利这一面的同时,显然未能注意到其现实的社会作用。

将道德律完全规定为定言判断或绝对命令,其问题当然不仅仅在于其中渗入一种过强的义务论立场。道德律所涉及的,不仅是行为,而且是行为者。作为具体的存在,行为者总是置身于现实的社会伦理关系之中,从这一方面看,道德律似乎更不能仅仅被理解为定言判断。在其现实的形态上,道德命令往往取得如下形式:如果你处于某种伦理关系之中,那么,你就应当尽这种关系所规定的义务并遵循相应的规范。在这里,道德律显然呈现出某种假言的性质。不难注意到,正是这种假言的判断形式(如果—则),在逻辑的层面上将实质的伦理关系与形式化(普遍化)的道德律沟通起来;而以上的逻辑关系同时又折射了二者之间现实的联系。康德将定言判断与假言判断截然加以对立,其结果便是引向实质的伦理关系与形式的道德律之间的相互隔绝。

可以看到,现实的伦理关系规定了相应的义务,在社会演进过程中不断抽象、提升的伦理义务与广义的价值理想相互融合,又进而取得了规范、原则、道德律等形式。作为"实质"的存在方式,伦理关系既有普遍的内涵,又表现出历史的形态。以实质的伦理为根据,道德律在以定言形式展示其普遍性品格的同时,又以假言的形式确认了自身的历史向度。

第四章
道德自我

伦理关系所规定的义务,以具体的道德自我为承担者,道德自我同时也可以视为道德实践的主体。从本体论上看,"我"的存在是道德行为所以可能的前提。[①] 当康德以"我应当做什么"为道德的基本问题时,他同时亦将"我"预设为行为的主体。同样,德性的完善也以"我"为出发点。对道德现象的理解,显然不能回避什么是道德自我或广义的"我是谁"等问题。作为道德的主体,自我具有多方面的规定,后者既展开于自我之间或主体之间的互动,又制约着道德自律的实现过程。

---

① 马克思曾以明快的语言指出了这一点:"如果我根本不存在,我又怎么能有德行呢?"(〔德〕马克思:《1844 年经济学哲学手稿》,人民出版社,1985 年,第 94 页)

一　自我的内涵

在哲学史上,与"我"的确认相对,曾出现过各种形式的"无我"论。围绕是否有"我"及"我"的意义等问题,历史上的无我之论或对"我"的存在提出质疑,或试图以不同方式消解"我"。这样,"我"的辨析便构成了讨论道德自我的理论前提。

孔子曾提出四毋的要求,《论语·子罕》记载:"子绝四:毋意,毋必,毋固,毋我。"这里所说的"毋我",既有认识论的意义,亦有价值观的内蕴。从认识论上看,毋我含有消除主观成见之意;就价值观而言,毋我则意味着超越小我(作为个体的我)。这二重意义上的毋我,在儒学的尔后发展中得到了进一步的阐发。正是沿循毋我的思路,朱熹反对"为我之私",力倡"大无我之公"。① 王阳明亦一再肯定:"圣人之学,以无我为本,而勇以成之。"②此所谓无我,既指拒斥一己之见,又要求不囿于个人之利。在王阳明看来,对一己之见与一己之利的双重超越,是成圣(达到理想的人格境界)的基础。不难看到,"我"在此主要被理解为意见的主体和利益的主体,"无我"则首先表现为一种认识论与价值观的要求,而与本体论的认定有所不同。

道家对于"我",也以有而无之为立场。庄子在《逍遥游》中,便提出了"无己"之说:"若夫乘天地之正,而御六气之辩,以游无穷者,彼且恶乎待哉!故曰:至人无己,神人无功,圣人无名。"道家的这种无己说,唯有联系其自然原则,才能得到较为具体的理解。相对于儒家对礼乐文明的礼赞,道家更多地表现出崇尚自然的趋向。他们以

---

① (宋)朱熹:《西铭解》,《朱子全书》第 13 册,上海古籍出版社、安徽教育出版社,2002 年,第 145 页。
② (明)王守仁:《王阳明全集》,上海古籍出版社,1991 年,第 232 页。

自然为理想的存在状态,将礼乐视为对自然的戕贼,主张由礼乐文明回归自然的状态。当庄子提出"至人无己"时,这种所谓"己",主要便是在礼乐文明中形成的"我",其特点在于有所"待",即他的存在过程依赖于一定的条件;只有超越了这种"我",才能达到合乎自然的境界(乘天地之正,而御六气之辩),从而获得自由(逍遥)。在此,无我(无己)的含义,在于摆脱礼乐文明的约束,其中似乎更多地包含着价值观的意蕴。

道家之外,佛教也以"无我"立论。在早期佛教的三法印说中,已有"无我"的提法。佛教所说的"我",包括"人我"与"法我",前者与人的存在相联系,指作为个体的"我",后者则涉及人之外的一般对象,与之相应,无我亦包含"人无我"与"法无我"二重含义。佛教的这种无我论以缘起说为其理论前提,"缘"即结果得以发生和存在的条件,"起"则是因缘而发生和形成。缘起说强调一切事物均因外部条件(外缘)而发生和存在,没有内在的自性(内在的根据和本质)。在解释无我论时,《瑜伽师地论》即指出:"补特伽罗无我(即人无我—引者)者,谓离一切缘生行外别有实我不可得故;法无我者,谓即一切缘生诸行性、非实我、是无常故。"①佛教的以上看法将自我与其他对象均视为缺乏自性的存在,这种无我论显然包含着某种本体论的意义。

就人无我而言,"无我"所否定的"我"不仅仅是意识的主体,而且更是"身"等感性存在。中国的佛学曾对所谓"佛性我"与"生死我"作了区分,在竺道生的如下论述中,便可看到这一点:"理既不从我为空,岂有我能制之哉?则无我矣。无我本无生死中我,非不有佛

---

① 《瑜伽师地论》卷九十三。

性我也。"①生死中我即作为肉体存在的我,佛性我则是与佛性为一的我;后一意义上的我已经是一种普遍的"我",而不同于作为个体的自我。竺道生以"无生死中我"为无我的具体内涵,意味着将"无我"理解为对感性存在的消解。事实上,佛教要求无情、灭欲,也以无感性之我为其前提:所谓情、欲等,乃是感性之我的属性,既无感性之我,则情、欲等亦难以存在。对"生死中我"的如上否定,同样呈现出本体论的意义。

相对于佛教,休谟对"我"的看法表现出不同的特点。在认识论上,休谟坚持经验论的立场,以为唯有直接的感觉印象才是最为可靠的。由此出发,休谟对"自我"或"我"的实在性提出质疑:"就我而言,当我真切地走进我所谓我自己时,我总是遭遇到这个或那个特殊的知觉,如冷或热、明或暗、爱或恨、痛苦或快乐等特定知觉。如果缺乏知觉,我在任何时候都无法抓住我自己,并且除了知觉,我也从来不能观察到任何其他事物。"②"当我转而反思我自己时,如果没有一个或一个以上的知觉,我就无法把握自我,同样,除了这些知觉,我也无法觉察任何东西。"③质言之,我们所能获得的只是一个一个特定的感觉印象,而无法形成作为整体的"自我"观念;既然无关于"自我"的观念,则不能确认这种自我的存在。在休谟看来,通常所谓的"自我",不过是相继的"知觉的集合体,或一束知觉",作为实体的自我只是一种"虚构"。④ 休谟对自我的以上看法,既有认识论的意义,又表现了其本体论的立场;当自我被理解为"知觉的集合"时,它便失去了本体论上的实在性。

---

① 《注维摩诘经》卷三。
② Hume, *A Treatise of Human Nature*, Oxford University Press, 1978, p. 252.
③ Ibid., p. 634.
④ Ibid., pp. 252-253, p. 254.

从毋我、无我,到质疑自我,对自我的消解和否定构成了其中共同的趋向。不过,如前所述,以上的各种无我之论,其侧重之点又各有不同。大致而言,认识论及价值观意义上的无我,主要试图解构作为意见主体、利益主体或人化主体(礼乐主体)的"我",其立场更多地表现为"有而无之",它的特点不在于否定"我"的存在,而在于消解既存之"我";在儒家的毋我说与道家的无己说中,我们不难看到这一点。相对而言,本体论意义上的无我,则对"我"的实在性予以否定或怀疑,佛教以缘起说"无我"、休谟以知觉的集合界定自我,分别表现出以上两种倾向。从本体论的层面确认"我",便不能不对基于缘起说与感觉主义的"无我"论作出回应。

缘起说以体和用、根据和条件的分离为出发点,按照其预设,经验世界中的一切存在都只是外在条件彼此作用的结果,唯有"用",而无"体",唯有条件,而无根据。然而,条件的作用本身以"体"的存在为前提,无体,则条件亦失去了作用的对象;进而言之,条件(缘)本身也有自身的体用,无其体,则其用亦无从展开。同时,就条件与根据的关系而言,条件的作用也受作为自因的根据的制约:阳光、水分、空气可以成为植物生长之缘,但它们却无法使岩石发芽,因为岩石与植物的根据不同。在体与根据之外讲缘与用,势必陷入现象主义的困境而无法达到真实的实在。以佛教自身的系统而言,若无作为体与用、根据与外缘相统一的"我",则无论进入涅槃或遭受轮回,都将失去具体的承担者,从而变得没有意义;它从一个方面表明,以缘起论证"无我",很难达到理论上的自洽。

休谟所质疑的"我",首先表现为意识的主体。休谟以为我们只能获得孤立的、个别的知觉,但无法达到统一的"我"。从体用关系看,这似乎同样是停留于用而未能达体。就特定的个体而言,其感觉活动在不同的时空域往往具有多变和多样的特点,但不管如何变化、多样,都是同一个"我"的作用,是"我"在不同时空与关系中的具体体现;同时,无论是相继的或并列的感觉,其意义唯有纳入统一的意识活动才能理解,而这种理解活动本身又是由作为意识主体的"我"完成的:没有"我",个别、特定的感觉或知觉便将仅仅分处并停留于彼此隔离的时空段而变得没有意义。休谟只承认个别的知觉而否定作为意识主体的"我",似乎将意识活动的主体与意识活动隔绝开来。

自我无疑与意识相关,不过,与休谟的理解相对,在意识的层面,"我"或自我并不是个别知觉的前后相继;按其本来形态,它首先表现为意识的统一性或整体性。康德曾从认识论的角度,对意识的综合统一作了考察。在康德那里,意识的综合统一又称为"我思"(I think)或统觉(apperception),正是通过我思,感性的杂多才能构成知识。对康德来说,意识的这种综合统一在逻辑上以"我"的存在为前提,对我思的以上理解,显然不同于休谟。不过,康德同时又从形式的角度理解我思或统觉,①并在此基础上将综合统一主要视为知识所以可能的条件。在他看来,正如我们只能接受物自体的作用,而对物自体本身却无法认识一样,作为"我思"逻辑前提的"我"也无法认识,这种看法似乎同样过于执着体与用之分。

从体与用的统一这一角度看,意识的综合统一不仅仅是功能(用),而且同时也是本体。在这里,值得注意的是黄宗羲的如下论

---

① 康德区分了经验的统觉与先验的统觉,作为知识条件的我思,主要指先验的统觉。在他看来,"经验中的现象必须受制于统觉的必然统一的条件,正如纯粹的直观必须从属于时间与空间的形式条件。只有这样,任何知识才成为可能"(Kant, *Critique of Pure Reason*, Translated by N. Smith, St. Martin's press, 1929, p. 138)。在这里,与先天的时空形式相近,先验的统觉不同于心理过程,而更多地具有逻辑的意义。

述:"心无本体,工夫所至即其本体。"①此所谓工夫,包括意识活动。按黄宗羲的看法,一方面,意识本体并不是先天的预设,它总是形成并展开于意识活动的过程;另一方面,意识的活动并不仅仅具有功能或作用的意义,它同时也是意识本体的存在方式。借用黄宗羲的表述,我们也可以说,作为自我在意识层面的表现形式,意识的综合统一本质上展开为本体与工夫的统一,这里的本体可以理解为意识的整体性或统一性,工夫则是意识的活动过程。以此为出发点,我们无需在意识的综合统一作用之外,再去寻找一个"自我"。卢文格曾指出:"组织或综合的功能不是自我以外的东西,它恰恰是自我本身。"②这一看法亦注意到了意识的综合统一功能与自我本身的统一性。

就道德领域而言,自我的统一性更多地取得了人格的形式。人格在心理结构的层面内含着知、情、意的统一,在道德意识的层面则以综合的形态表征着个体所达到的道德境界,其中渗入了自我所认同的道德理想和追求的道德目标、自我所形成的意义世界和意义视域、自我对道德规范系统的理解、自我进行道德选择和道德评价的定势和能力,等等。人格的综合统一不仅在于意识结构的内在凝聚,而且表现为时间中展开的绵延同一:它在形成之后往往具有相对稳定的性质,并不随着时间的流逝而倏忽变迁。以人格为存在的形态,自我在共时之维与历时之维都获得了统一的意义。

从意识的层面考察自我,当然并不意味着自我仅仅具有意识的规定。在这方面,胡塞尔的现象学似乎表现出某种偏向。胡塞尔提出了现象学的悬置,其特点在于将经验世界以及关于经验世界的一

---

① (清)黄宗羲:《明儒学案·序》,《黄宗羲全集》第7册,浙江古籍出版社,1985年,第3页。
② 〔美〕简·卢文格:《自我的发展》,韦子木译,浙江教育出版社,1998年,第5页。

切理论都放入括号之中。经过现象学的悬置之后,"整个世界,包括我们自己和我们的一切我思都被排除",唯一存在的,就是"现象学的剩余"或"纯粹意识",这种纯粹意识,胡塞尔称之为"纯粹自我"。①在胡塞尔看来,这种纯粹自我具有超验的性质:"如果在对世界和属于世界的经验主体实行了现象学还原之后留下了作为排除作用之剩余的纯粹自我(而且对每一体验流来说都有本质上不同的自我),那么在该自我处就呈现出一种独特的——非被构成的——超验性,一种在内在性中的超验性。"②不难看到,现象学的自我,是以理想化的方式构成的:它通过悬置一切经验的、历史的因素而获得所谓最直接的呈现,由此达到的自我,无疑具有抽象的性质。事实上,理想化的处理方式总是很难避免抽象性。

以现实而非理想化的方式考察自我,则显然不能仅仅停留于意识的层面。无论是"我思",抑或人格,自我的统一性都以个体的生命存在为其本体论的前提。就其现实形态而言,"我"总是表现为身与心的统一,而身心之间的关系,亦具有某种体用的性质(身为心之体)。身或生命存在对自我的这种意义,王夫之已经注意到了。针对所谓无我之说,王夫之指出:"或曰:圣人无我。吾不知其奚以云无也。我者,德之主,性情之所持也。"③"德"含有具体规定之意,而并不仅仅限于内在的德性,这一意义上的"我"或"己",与视听言动的主体相通:"所谓己者,则视、听、言、动是已。"④视听言动可以看作是

---

① 参见[德]胡塞尔:《纯粹现象学通论》,李幼蒸译,商务印书馆,1992年,第99页。
② 同上书,第151—152页。
③ (清)王夫之:《诗广传·大雅》,《船山全书》第3册,岳麓书社,1996年,第448页。
④ (清)王夫之:《尚书引义·大禹谟二》,《船山全书》第2册,岳麓书社,1996年,第267页。

感性活动的多方面展开,作为感性活动的主体,"我"或"己"则相应地包含了感性等规定,后者常常以身的形式表现出来。在谈到身与道、圣的关系时,王夫之指出:"汤、武身之也,谓即身而道在也。……道恶乎察? 察于天地。性恶乎著? 著于形色。有形斯以谓之身,形无有不善,身无有不善,故汤、武身之而以圣。"①在"圣人无我"说中,作为否定对象的"我"包括身,王夫之通过肯定身与道、圣的一致性,亦确认了"我"的存在理由。当然,王夫之对"我"的理解,并不限于肯定"身"等感性的规定,所谓"德之主",以"我"的多方面的统一为其题中之义,"我"作为德之主则表现为对多重规定的统摄;但他同时亦强调了身(生命存在)对于自我的某种本源性。②

身不仅构成了自我存在的本体论前提,而且也是自我直接的外部符号和表达形式;在社会交往的过程中,自我总是以身为其外在的表征。作为自我的外在符号,身往往也传达出具有伦理意义的信息。《论语》中有如下记载:"子夏问孝。子曰:色难。"③此处之"色"是指形之于外的神态和表情,孝是一种道德行为,按孔子的看法,这种行为并不仅仅在于满足父母的生活需要,而且要求自我在举手投足之间,处处表现出对父母真诚敬重的态度。在这里,"色"(敬重的神态)便可以看作是自我通过身而表达的一种道德意向。身的道德意义当然不限于外在的符号表达,它与道德实践过程同样有切近的联

---

① (清)王夫之:《尚书引义·洪范三》,《船山全书》第 2 册,岳麓书社,1996 年,第 352 页。

② 在现代哲学中,梅洛·庞蒂(M. Merleau-Ponty)、福科(M. Foucault)等亦从不同方面强调了肉体、生命存在对人的本源性。如梅洛·庞蒂对知觉、身体、感性经验等等的突出,强调人与世界的关系及人的"在世"以身体为基础,在逻辑上亦以肯定感性生命的优先性为前提。(参见 M. Merleau-Ponty, *Phenomenology of Perception*, Routledge and kegan Paul Ltd, 1962)

③ 《论语·为政》。

系,中国古典哲学所谓"身体力行",便强调了身与道德实践之间的相关性:道德自我在这里首先是通过身而确认和展示了道德的实践品格。

作为生命的存在,身无疑更多地具有个体性的品格。海德格尔曾认为,"唯有在个别化中,此在才将自身带回到最属己的存在可能(its ownmost potentiality-of-being)"①。上述意义上的个别化,同时又被置于对死的预期或向死而在的过程。这里似乎也同时涉及了生命的以上特点:生命存在对于"我"来说具有一次性与不可重复性,在死亡来临之际,"我"往往更深刻地感受到这种"个别性"。然而,就其现实的形态而言,"我"并不仅仅包含个体性的规定。C. H. 米德曾将自我区分为客我(me)与主我(I)两个方面,"'客我'体现着代表共同体中其他人的那一组态度","当个体采取了他人的态度时,他才能够使他自己成为一个自我"②。客我的特点在于从他人或社会的角度来考虑问题,他体现了自我之中社会性的规定。作为社会化的规定,客我同时表征着社会的控制:"社会控制乃是与'主我'的表现相对的'客我'的表现。"③

广而言之,自我的社会内涵包括与一定社会共同体中所占位置及所承担的角色相应的义务和权利、社会规范系统通过认同及接受而在自我中所形成的行为定势和选择、评价的内在准则、共同体成员之间的联系与互动所赋予自我的关系性规定(自我作为关系中的存在而具有的品格),等等。此外,自我的社会之维当然还涉及语言的

---

① M. Heidegger, *Being and Time*, State University of New York Press, 1996, pp. 309-310.
② 〔美〕C. H. 米德:《心灵、自我与社会》,赵月瑟译,上海译文出版社,1992年,第172—173页。
③ 同上书,第187页。

掌握和运用。语言不仅仅是一种工具,作为文化的社会历史载体,它处处渗入了知识结构、思维方式、价值观念,等等,在掌握语言的过程中,个体同时也受到蕴含于其中的社会文化传统的洗礼和塑造。语言能力所蕴含的交往潜能及语言所负载的文化内容,从社会沟通与文化传承等方面,赋予自我以社会化的性质。

不难看到,在自我的如上规定中,首先交织着天(自然)与人(社会文化)的关系。当个体刚刚来到这个世界时,他在相当程度上还是自然意义上(生物学意义上)的存在,与这一存在形态相应的天性(自然的需要、情感、欲望等),固然包含着向人化形态(包含社会文化内容的存在形态)转换的可能,但在这种转换实现以前,它显然不同于现实的社会规定。个体从自然(生物学意义上)的存在走向社会学意义上的存在,往往伴随着从天性向人化意识(包括德性)的转换。当然,社会文化层面的意识结构(包括德性)诚然表现为对天性的超越,但天性的超越并不意味着天性的泯灭。人总是有其感性的、生命的规定,这一本体论的事实决定了天性无法从人的存在中完全加以排除;停留于天性,要求"无以人灭天"(庄子),固然难以使人从自然中得到升华,但如果完全排斥天性,则容易导向对感性生命的漠视。同时,以德性而言,它固然表现为对天性的超越,但其存在方式亦并非与天性截然对立:这不仅在于它往往包含着对天性的某种顺导,而且在于它唯有化为人的第二天性(近乎习惯),才能达到从容中道之境。这样,自我的真实形态总是包含着天与人的统一。

与天人关系相涉的,是个体与社会的关系。作为现实的个体,自我总是存在于具体社会结构之中,占有特定的社会地位,并处于相应的利益、权利以及义务关系中,这种关系一方面在现实存在的维度构成了自我的规定,使之成为特定的利益主体及权利、义务的承担者,从而不同于抽象的"我",①另一方面又深刻地影响着自我的价值取向、道德理想、人生信念等,并制约着其发展方向。杜尔凯姆曾认为,"我们所企求成就的人,总是我们所处的时代及环境中的人"②。这一看法也有见于社会对个体人格追求的影响。在观念的层面,抽象地看,自我的情感、意向往往更多地呈现个体性的特征,但在现实的形态上,则即使具有个体性品格的情感、欲望、意向,每每也由于社会的价值原则、规范系统等的渗入而打上了某种社会的印记。以道德意识而言,作为自我内在形态的良心,便既非仅仅是弗洛伊德意义上的"超我"或弗洛姆所谓外在权威的内在化,也不是单纯的个体情感体验,它在总体上表现为个体意识与社会意识的融合。③

自我的具体性当然不仅仅体现于身心、天人、个体性与社会性等的统一,它亦展开于时间之维。无论在心理学的意义上,抑或社会学的论域中,自我都不是既成的、与生俱来的存在。皮亚杰在分析儿童心理发展的过程时,已指出,儿童最初并没有主客之分,尽管他往往显示出某种自身中心化的趋向,"可是这种自身中心化由于同缺乏分化相联系,因而基本上是无意识的"。基于此事实,他赞成鲍德温的

---

① 黑格尔曾指出:"道德就在于主体自觉意识到已经履行了自己的义务。"(Hegel, *Phenomenology of Spirits*, Oxford University Press, 1977, p. 391)这里已注意到了道德自我与社会义务之间的关系,其中亦蕴含着以义务关系及义务意识为道德自我(道德行为的主体)的内在规定之意。

② E. Durkheim, *Sociology and Philosophy*, Cohen & West, 1965, p. 68.

③ 王夫之曾从自我与外部世界的关系上,对"我"与"己"的涵义作了区分:"己在中也,有反循诸身之意。我者,以己加物之称;己者,置物反求之词。"[(清)王夫之:《说文广义》,《船山全书》第9册,岳麓书社,1996年,第212—213页]以己加物,侧重于自我对外部世界(包括社会群体)的判断、作用,置物反求,则是置身于外部世界(包括社会群体)的反省或反思,二者均涉及自我与外部世界的关联,但前者似乎表现为由内而外("我"作为具有自我意识的个体与外部世界[包含社会群体]发生联系,以实现社会认同),后者则具有由外而内的特点("己"作为社会群体中的一员而认同自我),现实的道德自我可以看作是上述意义上的"我"与"己"的统一。

如下论点,即"幼儿没有显示出任何自我意识"①。根据皮亚杰的研究,只有当出现符号功能和表象性智力的阶段,主客体的分化才逐渐出现,而这种分化又为自我的形成提供了前提。② 这一看法从实证研究的角度,揭示了自我形成的过程性。自我意识或自我观念的形成,当然并不意味着自我的完成,从自我意识的初步发生,到自我的进一步发展,往往要经历一个长期的过程。科尔柏克曾在道德意识发展的意义上,将自我在道德上的发展区分为三个层面、六个阶段,它从过程与阶段的统一上,进一步深化了对自我的认识。③

自我的形成与发展过程,始终渗入着天与人、个体与社会之间的相互作用。在自然(天性)的形态下,天与人的分化尚未发生,从而也不存在社会学意义上的自我,但天性之中又包含着向人性发展的可能,这种可能构成了个体形成道德自我并在道德上达到完善的内在根据。当然,天性之中所包含的可能,唯有通过人的后天作用和努力,才能向现实的道德自我转换。孟子强调"端"(道德意识的萌芽)的重要性,荀子对习(教育、学习、环境作用等)行(实践过程)的注重,分别注意到了天性之中包含的内在可能与人的后天努力在建构道德自我中的作用,但对二者的统一则似乎未能予以充分的注意。就现实的形态而言,在道德自我的形成过程中,天与人的相关性具体即体现在天性所内含的可能(根据)与后天作用之间的相互作用。从

---

① 〔瑞士〕皮亚杰:《发生认识论原理》,王宪钿等译,商务印书馆,1981年,第22—23页。

② 同上书,第24页。

③ 参见 L. Kohlberg, *Essays on Moral Development Volume 1*: *The Philosophy of Moral Development*, Harper & Row, Publishers, 1981, pp. 409-412。科尔柏克后来引入宗教的关怀,并由此探讨了道德发展的第七个阶段。(参见 L. Kohlberg, *Essays on Moral Development Volume 1*: *The Philosophy of Moral Development*, Harper & Row, Publishers, 1981, pp. 311-372)

另一方面看,这种相关性同时又交织着个体与社会的互动。人的后天习行无疑包括社会对个体的影响,但与自我的形成离不开其内在根据相应,社会影响往往是通过个体自身的选择、接受等而起作用。质言之,自我的形成与发展既不是如存在主义所理解的那样,仅仅表现为个体的筹划,也并非如本质主义所强调的,仅仅展开为社会对个体的塑造。

自我在其形成与发展的过程中,同时蕴含着时间中展开的绵延的统一。王夫之在谈到意识的流变时,曾指出:"今与昨相续,彼与此相函,克念之则有,罔念之则无亡。"①"夫念,诚不可执也。而唯克念者,斯不可执也。有已往者焉,流之源也,而谓之曰过去,不知其未尝去也。有将来者焉,流之归也,而谓之曰未来,不知其必来也。其当前者,而谓之现在者,为之名曰刹那②,不知通已往将来之在念中者,皆其现在,而非仅刹那也。"③ 个体的意识活动往往展开为时间之流,其中固然包含过去、现在、未来的不同向度,但不能截断并执着于某一时间段。不同时间向度的意识,统一于现实的"我";正是以"我"的现实存在为前提,过去、现在、未来的意识具有了内在的连续性,而意识的连续性同时也从一个方面展示了"我"的连续性。

以上分析表明,作为具体的存在,自我既以意识与人格的综合统一为特点,又以感性生命为存在的前提;既有个体性的规定,又包含着社会的内容;既经历了形成与发展的阶段,又内含着时间中的绵延同一,在总体上表现为身与心、天与人、个体性与社会性、发展阶段与

---

① (清)王夫之:《尚书引义·多方一》,《船山全书》第 2 册,岳麓书社,1996年,第 391 页。
② 自注:谓如断一丝之顷。
③ (清)王夫之:《尚书引义·多方一》,《船山全书》第 2 册,岳麓书社,1996年,第 389—390 页。

过程性的统一。① 上述理解,同时也可以看作是在一个较为形而上的层面,对"我是谁"这一伦理问题的回应。

二 自 我 之 间

自我内含的个体性与社会性规定,在社会历史的现实结构中进一步展开为自我之间及自我与社会之间的关系。以不同自我之间或自我与他人之间的互动为内容,上述关系在逻辑上既涉及自我的确认,也牵涉他人(其他自我)的定位;道德自我在其存在过程中总是面临如上二重问题。

伦理关系包含着义务和责任,个体的自我定位与个体和他人的关系,亦相应地涉及个体对自我的责任及个体对他人的责任。就个体对自我的义务和责任而言,其逻辑的前提是对个体价值的自我确认。洽澄(D. Chazan)曾将自爱(love of self)提到了重要地位,认为自爱对道德自我的形成,具有不可忽视的意义。② 这里的自爱不同于利己主义意义上的自私自利,而是具体表现为对自我内在存在价值的肯定:自我所以应当珍视,就在于他具有内在的价值。不难看到,自爱作为一种价值选择,蕴含着关于自我的本体论断定:自我的内在价值在此呈现为一种存在的规定。当康德强调人是目的时,他所确认的也是人的内在价值。

---

① 此处也许应当对自我或道德自我与理想人格作一区分,自我在这里更多地侧重于其实然的维度,即自我作为生活世界与道德实践的主体所具有的现实规定,缺乏这种规定,自我便成为抽象的存在,社会生活与道德实践亦相应地无从展开;理想人格则侧重于价值的目标,是自我所趋向、追求的境界。当然,正如现实与理想并非截然分离一样,道德自我亦可以视为本然、实然、应然的统一,在此意义上,自我与理想人格亦有互渗互涵的一面。

② D. Chazan, *The Moral Self*, Routledge, 1998, p. 12.

作为一种存在的规定,自我所具有的内在价值使自我与自身的关系首先具有肯定的意义;后者同时要求自我承担对自身的责任。孟子曾指出:"自暴者,不可与有言也;自弃者,不可与有为也。"①自暴自弃是自我对自身的一种否定,从自我与自身的责任关系而言,它意味着自我未能承担起对自我的责任。孟子对自暴自弃的批评,则以确认自我的内在价值及相关的责任为前提:反对自暴自弃,从正面看,也就是要求正视并履行对自我的责任。

与自暴自弃相对的是成就自我。从自我对自身的责任关系来看,责任无疑包含着自我对自身行为的负责,但从更本源的层面看,自我对自身的责任首先指向成就自我。个体最初只是一种可能的存在,它诚然蕴含着多方面的潜能,但潜能唯有通过培养与发展,才能转换为现实的规定,并使人真正成为自身即目的这一意义上的存在;所谓成就自我,便意味着使自我所具有的潜能得到充分的发展。儒家的"为己之学",已从一个方面注意到这一点。为己蕴含着以自我为目的,这里的目的具体即表现为自我在道德上的自我完善。广而言之,自我的成就不仅包含着从天性到德性的提升,而且也涉及个体在能力上的多方面培养,其目标则在于达到自由的人格。意识到成就自我的义务并自觉地承担起这种义务,同时也是道德自我确立的基本前提之一:只有当自我以多方面发展与完善为自身存在的目标时,道德或维特根斯坦所谓"伦理地生活"才可能成为自我的存在方式。反之,以自暴自弃的形式否定自我,则同时意味着拒绝自我在道德上的挺立并甘于沉沦。

个体既涉及面向自我的返身关系,又与他人共在。就责任与义务的层面而言,这里亦相应地存在着自我对他人的责任和义务。儒

---

① 《孟子·离娄上》。

家在肯定成己的同时,又强调成人或安人:"修己以安人。"①成人或安人在宽泛的意义上可以理解为成就他人。相对于成己,成就他人主要表现为承担对于他人的责任。如杜尔凯姆所指出的,道德总是具有为他的一面;承担对他人或社会的义务,则是为他的具体表现形式之一。如果说,成就自我主要通过潜能的发展使道德自我获得了本体论上的规定(使自我同时成为道德意义上的存在),那么,成就他人则在自我与他人的关系上展示了道德自我的存在方式。两者从不同方面体现了人是目的这一人道原则。

作为自我存在的两重关系,自我对自身的责任与自我对他人的责任具体展开为为己与为他两个向度。在日常的思维中,为己与为他常常呈现为不相容的关系:从为己出发,似乎便难以兼容为他;站在为他的立场上,则意味着导向否定自我或消解自我。然而,当为己被理解为成就自我或完善自我时,为己与为他便不能简单视为彼此相斥的两个方面。自我唯有自觉地承担对自身的义务,以自我潜能的多方面发展与自我的完善为自身的责任,才能提升到道德之境并作为道德自我而承担对他人的义务;当自我以自暴自弃的态度对待自身时,他在蔑视对自身的义务的同时,也必然拒斥一切其他的义务(包括对他人的义务):对一个自暴自弃的人来说,一切道德约束都将不复存在。另一方面,对他人尽责,则从自我与他人的关系上,构成了自我完善的一种确证。在此,为己与为他作为同一道德自我的相关行为,呈现为相辅相成的关系。②

这里,也许可以对"尊严""自尊""尊重"作一分析。尊严是一种

---

① 《论语·宪问》。
② 前一章曾论及儒家对"为己"与"为人"的辨别,所谓"为人"是指对外在赞誉等的迎合,其涵义与这里所说的"为他"不同。事实上,儒家在区分"为己"与"为人"的同时,又强调了为己与为他的统一。

存在的形态,它可以看作是人的内在价值在社会交往中的体现。不同的自我在社会地位、社会作用、社会名声等方面可以有相当大的差异,但只要不自暴自弃,则他们在具有人之为人(人不同于物)的内在价值上又是相通的,唯其如此,故即使自我的社会地位并不高,但其内在尊严并不因此而降低。孟子在谈到君臣关系时曾指出:"以位,则子,君也;我,臣也,何敢与君友也? 以德,则子事我者也,奚可以与我友?"①君臣是不同的社会角色,它所体现的主要是社会地位方面的区别;德性则展示了人的内在价值,它构成了自我尊严的根据。就社会角色而言,君无疑尊于臣,但如果臣在德性上达到更高的境界,则臣也将更深沉地显示人之为人的尊严。在此,通过彰显外在存在方式(社会地位)与内在德性之间的差异,孟子同时也确认了自我的尊严与内在存在价值之间的联系。

较之尊严的本体论意义,自尊更多地呈现为自我对自身的一种态度;具体而言,它可以看作是个体对自我内在尊严的一种肯定和维护。相形之下,尊重主要展开于自我与他人的关系之中,它常常有二重表现形式:作为自我对他人的期望,它意味着要求他人承认与肯定自我的尊严;作为自我对他人的交往原则,尊重则表现为对他人内在价值的肯定。无论是自尊,抑或尊重,其本体论的前提都是作为存在形态的尊严;换言之,个体的自尊与个体之间的相互尊重,以人的存在所具有的尊严(内在价值)为本体论的根据。

不难看到,自我之间或自我与他人的以上关系,包含着内在的性质。宽泛而言,关系的内在性或内在关系所表明的是:作为关系项的各方只能存在于关系之中,而不能存在于关系之外。存在主义固然并不否定自我之间的共在,但似乎未能注意到这种关系的内在性;他

---

① 《孟子·万章下》。

们往往试图以现象学的方法把自我之间的关系悬置起来,并以此作为达到本真之我的前提。一般而言,关系一旦被悬置,便很难避免自我的封闭化。

然而,由肯定自我之间或人我之间关系的内在性,一些哲学家往往从不同的方面倾向于将自我消解于关系。首先可以一提的是布拉德雷。作为内在关系论者,布拉德雷关注的重心是整体,在他看来,道德的目标是自我实现,而自我实现的内涵,则是与整体或关系世界(the world of relation)融合为一。在此,自我的意义似乎首先相对于整体而言。与之相近的是董仲舒。按董仲舒之见,我与义可以等而同之:"义之为言我也。"①义作为应当,表现为普遍的社会规范,义与我的同一,意味着以普遍的规范来规定自我,由此导致的结果则是外在的社会规范、律令入主自我:"我"失去了个体的品格而成为普遍大我的化身。

后期维特根斯坦从语言哲学的角度突出了自我之间或个体之间的关系。与前期的图像说相对,后期维特根斯坦将语言的意义与语言的运用联系起来,并把语言的运用理解为一个在共同体中展开的游戏过程,而这种游戏又以生活样式为背景。作为共同体中的游戏过程,语言首先被赋予公共的品格。然而,由强调语言的公共性,维特根斯坦又对主体内在精神活动的存在表示怀疑。在他那里,遵循规则(如语法规则)等自我的行为主要被理解为共同体中的实践(游戏)过程,它与内在的意识活动之间的关系则多少被置于视野之外。从伦理学的角度看,这种论点似乎将自我在关系中的外在呈现,视为自我的全部内容;由此立论,则自我的人格境界、心理定势、自我意识等内在规定,便很难得到适当的定位。

---

① (汉)董仲舒:《春秋繁露·仁义法》。

哈贝马斯以交往行动的理论备受当代哲学的瞩目。如所周知,哈贝马斯将人的行动区分为目的—理性行动与交往行动,前者主要涉及主体与对象的关系,后者则指向主体间的关系。交往理论的注重之点主要在于主体间的关系。然而,尽管哈贝马斯认为主体间的交往行动应当由互为对象转换为互为主体,但当他对交往行动的有效性和合理性的条件作出规定时,却似乎未能使主体性真正得到落实。按哈贝马斯的看法,交往行动的理性化涉及真理性、合法性、可理解性和真诚性。这里值得注意的是真诚性。所谓真诚性,是指参加交往的个体应当真实地表达自己的意向。这种真诚性的规定无疑从一个方面突出了主体间或自我之间关系的内在性,但在真诚性的形式下要求自我完全向他人敞开,同时又容易使自我本身对象化:我的内在世界被外化为他人的对象。就道德实践而言,自我向他人的这种外化,往往易于导致以成就他人抑制成就自我。

可以看到,自我固然不能离开自我之间的关系而存在,但这种内在性仅仅是自我之间关系的一个方面。作为具体的个体,自我之中总是包含着不能为关系所同化或消融的方面,与之相应,自我之间的关系也有外在的维度。后者的表现形式之一,是自我之间所存在的某种界限:"我"不能化约为"你","你"也不能等同于"我"。这种界限不仅表现在时空上("你"与"我"总是占有不同的时空位置),而且具体化为心理距离、利益差异,等等。"我"承担的某些社会角色固然可以为他人所替代,但如存在主义所指出的,"我"的个体存在却具有不可替代性。存在与角色的差异,从一个方面表现了自我不能完全为关系所同化以及自我之间关系的外在性。

就伦理领域而言,道德关系固然有其对称性:他人的存在对我来说是一种无声的命令(要求我对他履行道德义务),我的存在对他人来说也是一种命令;但另一方面,道德关系又具有非对称的一面:我对他人尽道德责任,并不要求或企望他人以同样的方式回报我,否则行为便会趋于功利化而失去其道德意义。如果说道德关系的对称性表现了自我之间关系的内在性,那么,道德关系的非对称性则展示了自我之间关系的外在性。

在成就自我与成就他人的维度上,同样可以看到自我之间关系的外在性这一面。如前所述,在避免自暴自弃、以道德自我的形成为目标这一向度上,成就自我与成就他人无疑有一致性,然而,自我的潜能本身包含着多重规定,除了化天性为德性之外,自我的完成还包括感性及理性等不同层面需要的满足、能力的多方面发展、社会角色的合理认同,等等,与之相联系的是自我之间在利益等方面的差异甚至冲突。在发展的资源、机会和社会空间相对有限的条件下,广义上的自我成就与成就他人之间,相应地也可能出现某种紧张,后者既导源于自我之间的关系的外在性,也可以看作是这种外在性的具体体现。

如何化解这种紧张?从自我这一角度看,首先无疑应当将人是目的理解为尊重与确认他人的存在价值,把成就他人放在更为优先的地位,儒家强调"修己以安人"、成己所以成物,显然也注意到了这一点,在道德冲突的背景下,这种取向往往更多地体现了道德的崇高性。当然,达到这一视域和境界,本身离不开道德自我的确立。另一方面,人是目的同时意味着每一个体都是目的,换言之,自我本身也具有目的的意义。与之相应,对社会来说,重要的便是承认每一自我都是目的性的存在,而避免将自我或个体视为整体的工具,价值观上的无我论,其问题就在于容易导向个体的工具化。总之,这里重要的是完整地理解和实现人是目的的价值原则:就自我或个体而言,在与他人交往的过程中,尤其是面临各种形式的自我间冲突时,始终将他人视为目的而不是工具,并由此形成互为目的、相互尊重的共在关系;

而就社会而言，则应注意到自我之间关系的外在性一面，确认每一自我或个体的存在价值，肯定成就自我（包括道德自我的确立）的意义，避免自我的消解。

三 自主权能与自由品格

自我之间的上述关系从社会交往等方面，较为具体地展示了自我所具有的伦理规定。作为伦理关系中的存在，自我同时承担着某种道德的责任，后者可以有不同的表现形式，就行为过程而言，道德责任的涵义即在于：自我必须对自己的行为负责。从逻辑上看，道德责任以自由为其前提；唯有当行为出于自我的自由选择，自我才应当对其负责。这样，当我们对道德自我作进一步考察时，自由、责任与自我的关系，便成为不能不加以关注的论题。

从伦理学的视域考察自由，首先似乎应当将自我与单纯的物理或自然的存在加以区分。如康德等已注意到的，物理或自然意义上的存在主要受因果等法则的制约，其中不涉及自由与否的问题。道德自我当然也包含着自然的规定，但他同时又是社会伦理领域的存在，后者构成了其区别于其他对象的更本质的特征。作为伦理的存在，自我具有价值理想并以善为其追求的目的。与因果法则主要展示关系项之间的确然联系不同，价值理想和目的更多地体现了人的意愿、要求，后者当然也有其现实根据，而不是无本之木，但它又并非限定于必然之域；就其现实的形态而言，自我的目的、意愿等往往与特殊的、偶然的规定存在多方面的联系，并相应地涉及多重的选择可能。如果说，在因果的必然关系中，个体具有被决定的一面，那么，与追求一定价值目的和价值理想相应，自我又非仅仅呈现为被机械决定的对象：作为目的领域中的存在，自我能够根据现实所提供的可能,按照自己的需要、意愿提出理想的目标,并自主地选择与理想相应的行为方式及发展的方向。

此处似乎可以对"有原因"与"被命定"作一分疏。从宽泛的意义上看,与价值理想、目的性相联系的自我权衡和抉择,也可以看作是个体行为的内在原因;进而言之,在现实的层面,理想、意愿、目的等的形成,同样也有其原因,不过,不能由此断定自我的存在完全具有命定的性质。因果法则在此并非仅仅以预定或机械决定的方式起作用,它也不应被理解为对主体自主性的消解;事实上,在揭示了相关的因果联系之后,自我往往可以更自觉地作出选择。① 黑格尔曾指出:"必然性只有在它尚未被理解时才是盲目的。"② 这里蕴含的意思是:如果把握了包括因果联系在内的必然性,则主体便可以摆脱被必然性所盲目支配的存在状态,在实践中获得自由。可以看到,肯定自我为目的领域的存在,并不意味着因果规律在道德领域不适用。毋宁说,它所强调的是:道德领域并非仅仅由单纯的因果法则所片面宰制。总之,自我能够根据现实所蕴含的必然性以确立价值理想并进行相应的选择,这方面的自由权能与因果作用并非相互排斥。

如前所述,作为具体的生命存在,自我包含着多方面的感性规定,后者以自然的欲望、本能的冲动等为其表现形式之一。自然的欲望、本能的冲动本身当然并不能简单地作负面的理解,但当个体为直接的感性欲望、冲动所支配和左右时,主要便呈现为被决定的存在:尽管此时行为似乎源于个体自身,但在单纯的感性欲望或冲动驱使

---

① 康德将现象界的对象与实践理性领域的存在作了区分,认为前者受因果必然性的制约,后者则具有自由的品格,这一看法试图将人的存在与单纯现象界的对象区别开来。然而,与现象和物自体的二分相应,康德似乎未能注意到理论理性与实践理性、因果作用与人的自由之间的相关性。
② 〔德〕黑格尔:《小逻辑》,贺麟译,商务印书馆,1980年,第307页。

下,个体实质上仅仅作为自然的存在而行动,其所作所为亦相应地受制于自然存在中的必然规定,①而缺乏真正的自主性质。与自然意义上的存在不同,道德自我的特点在于具有反省性:他能够对自身的意念,包括各种感性的欲望、要求加以反思和省察,并进而作出评判、抉择,从而不为片面的感性规定和直接的意欲冲动所支配。和目的指向一样,反省性是自我区别于其他存在的内在规定之一,它从意识结构和意识活动的层面,为道德自我超越感性欲望的直接性及其单向决定、并由此获得行为的自主性提供了可能。

在这里,也许有必要对"导致某事发生"与"做某事"的不同涵义作一考察②。导致某事发生,可以是偶然地触发某事,它往往未经主体自觉的、有意识的选择;交往过程、日常生活中不经意间引发的偶然结果或事件,便属这种类型。做某事,则是自觉地、经过自我选择的行为。黑格尔曾指出:"在我做一件事情的时候,我就规定着我自己。……它们经过了我的手,是我所造成的,它们带有我的精神的痕迹。"③从实质的层面看,规定自己意味着自觉地意识到自己在做什么,所谓"带有我的精神的痕迹",也就是强调做某事的过程总是伴随着自我的自觉意向。要而言之,"导致某事发生"具有非反思的特点,唯其未经反思,故缺乏自主的品格;"做某事"则基于反省的意识,以

---

① 马克思在谈到动物活动的特点时,曾指出:"动物只是按照它所属的那个种的尺度和需要来建造"。(〔德〕马克思:《1844年经济学哲学手稿》,人民出版社,1985年,第53页)这里所说的"所属的那个种的尺度和需要",便是指动物作为自然的存在所具有的必然规定,动物的活动无法超越这种规定。当人仅仅为自然的欲望等所左右时,他也将如同其他的自然存在,为存在中的必然规定所支配。

② I. Melden曾对"making something A happen"与"doing A"作了区分(参见 I. Melden, *Free Action*, ch. 3, Routledge & Kegan Paul Ltd, 1961),其提法具有一定的启发意义。

③ 〔德〕黑格尔:《法哲学原理》,范扬、张企泰译,商务印书馆,1982年,第13页。

自我的权衡、选择为前提,因而可以列入自主之域。"导致某事发生"的非反省性和"做某事"与反省意识的联系,从不同的方面表现了反省意识对自我成为自由存在的意义。

从总体上看,反省意识对意欲直接冲动的超越、目的性规定对单纯因果序列的扬弃,较多地从消极的意义上,展示了道德自我不同于被决定的存在这一特点。就正面而言,道德自我的自由品格,首先可以从内在意愿与评价系统的关系来加以考察。孔子曾提出"从心所欲不逾矩"之说,并以此作为自我较为完美的存在境界。[①] 从心所欲意味着出于内在的意愿,它在某种意义上构成了自由所以可能的条件之一:自我的行为如果与内在意愿相悖,便很难达到自由的形态。当然,出于内在意愿不同于任性,任性是完全听任意欲的支配、一味地跟着欲望走;在任性的形态下,自我乃是为意欲所决定的存在,它很容易导向黑格尔所说的"否定的意志",后者往往具有破坏性的消极的趋向:"这种否定的意志只有在破坏某种东西的时候,才感觉到自己的定在。"[②]作为被偶然的意欲所左右的形态,任性难以达到真正的自由,黑格尔已注意到这一点:"通常的人当他可以为所欲为时就信以为自己是自由的,但他的不自由恰好就在任性中。"[③]"从心所欲"区别于任性的重要之点,就在于它与"不逾矩"具有内在的统一性。"矩"指一般的规范、准则,不逾矩即合乎一般的规范,其中既渗入了反省的意识,又蕴含着评价的内容:内在的意愿是否合乎一般的规范,乃是通过评价的过程而判定。从评价的角度看,判定某种意愿"不逾矩"(合乎一般的准则或规范),意味着肯定这种意愿具有"善"

---

① 参见《论语·为政》。
② 〔德〕黑格尔:《法哲学原理》,范扬、张企泰译,商务印书馆,1982年,第14页。
③ 同上书,第27页。

或"对"的性质。总起来看,"从心所欲"内含着动机的趋向(想要做某事),具有评价意义的"不逾矩"则内含着善的认定(以某事为善);二者的统一,表现为动机系统与评价系统之间的一致。就自我的行为性质而言,仅仅在评价的层面认定某种行为合乎善的规范而在动机之域却缺乏做此事的意愿,或虽有行动的意愿,但在评价的意义上却未能获得肯定的判断,都难以达到自由之境。行为之真正达到自由的性质,以既愿意做,又认定其为善为必要的前提。质言之,唯有当动机系统与评价系统趋于协调,自我的行为才可能既超越单纯的任性(避免受制于直接、盲目的冲动),又无勉强之感(摆脱外在的强制),从而获得自由的品格。①

在生活实践中,自我的自由品格往往通过自主的选择而得到体现。从"应该成就什么"(what ought I to be)这一角度看,自我的人格并非预定或既定,而是具有生成的特点,这种生成过程固然受到外在社会环境等影响,但同时又始终离不开自我本身的反思、探求、选择。存在主义将个体的在世理解为一个不断自我筹划、谋划的过程,强调个体究竟成就什么,主要取决于自我本身;这一看法从一个方面注意到了自我的选择与自我的生成之间的联系。儒家的成己学说,也肯定了自我本身的抉择对成就理想人格的意义。孔子便反复指出:"为仁由己,而由人乎哉?"②"我欲仁,斯仁至矣。"③仁是人格的内在规定,"由己""欲"则体现了自我的要求和选择,在这里,自我是否达到

---

① 杜尔凯姆认为,道德行为具有二重规定,即义务性(obligatory)与可欲性(desirable),(参见 E. Durkheim, *Sociology and Philosophy*, Cohen & West, 1965, p.45)义务体现于规范,可欲则表现了与内在意愿的一致性,尽管杜尔凯姆没有从行为自主性的角度对此加以阐发,而主要以此对康德的道德哲学与功利主义作了双重扬弃,但以上理解同时亦有见于道德行为具有"从心所欲不逾矩"的特点。

② 《论语·颜渊》。

③ 《论语·述而》。

仁的品格，便以自我本身的抉择为前提。一般而言，个体的生存境遇，往往受制于各种非个体所能左右的因素，例如，他既无法选择自己的出身，也难以凭自己的意愿决定一定的社会发展状况。然而，在道德的领域，个体则具有更多的选择权能：他究竟成就何种人格，并非简单地由既定的出身、社会状况等来安排和决定；人格的形成过程始终无法与个体自身的意向、认同、选择等相分离。

人格的成就主要从自我的发展方向等方面体现了其自主选择权能，就具体的道德实践过程而言，自我选择所面对的，常常是不同的行为或行为方式。行为的选择以评价为逻辑前提，当某种行为被判定为具有正面的道德意义时，它同时即为自我的选择提供了依据；反之，当自我确认某种行为悖离道德准则时，这种评价也会成为自我作出另一种选择的出发点。在面临多重选择的情况下，如果行为的性质较为确定、善恶的界限相对清晰，则自我的选择也相应地较少疑义。不过，道德的评价本身只是为选择提供了背景，对自我而言，这里依然存在不同的可能；即使在善恶界限较为明晰的情形中，是否择善弃恶，仍需由自我本身作出决断。评价与选择相联系，但不能替代选择；评价在某种意义上为普遍的规范"立言"，选择则更多地具有个体化的性质并相应地体现为自作主宰（自我的抉择无法由他人替代）。前者表征着实践理性的裁定，后者则意味着从实践理性向实践过程的转换。正是通过个体化的行为选择，自我进而在实践的层面展示了其自主性和自由的品格。

自我的选择在道德两难中，呈现更为复杂的情形。与前文提到的善、恶的截然区分和对峙不同，道德两难的特点在于，自我所面临的，不是善、恶的对立，而是两种都具有正面价值意义的行为；换言之，他需要作出的，不是对与错、善与恶之间的取舍，而是两种善之间的选择。萨特在《存在主义是一种人道主义》中提到的法国青年所处的,便是这样一种情景:他必须在陪伴无法离开他的母亲与加入抗击法西斯的部队、为民族和国家而战这二者之间作出抉择。① 在这里,选择的两难性表现在,作为可能的选择对象,二者(陪伴无法离开他的母亲与加入抗击法西斯的部队、为民族和国家而战)都具有正面的价值意义。如何对二者加以抉择? 一般的道德原则和价值评价、理性权衡在此并未能提供现成的答案,选择最后需要由自我本身作出。作为个体的决定,这里的道德选择关涉自我的价值理想、情感体验、内在意向、生存感受等,其中固然也渗入了普遍规范的制约,而不是如萨特所认为的,与一般的规范完全无关,但同时又包含着非一般法则所能决定的因素,后者既使自我的选择呈现个体性的特点,也赋予这种选择以不同于机械决定的形态。不难看到,道德两难以悖论和困境的形式,进一步凸现了自我在道德选择过程中的自由度和自主性。

如前文所论及的,自由与责任无法分离。齐硕姆曾指出:"人的自由的形而上问题也许可以概括如下:人是一种责任的主体。"②这一看法从一个方面注意到了自由与责任的联系。不过,从逻辑的层面看,自我是否应当对其行为负责,首先以这种行为是否出于自我的自由选择为前提;当自我在某种行为领域具有自由度和自主性时,他便必须对相关的行为负责。从成就人格,到行为的选择,自我所表现出来的自主权能,同时也决定了他对自身的人格发展及日常行为都应当承担责任。就人格的发展而言,它所涉及的,是自我向何处去及自我的道德定位问题,这一问题的解决过程,总是处处关联着自我本

---

① 参见〔法〕萨特:《存在主义是一种人道主义》,周煦良、汤永宽译,上海译文出版社,1988年,第13—15页。

② R. M. Chisholm, *Human Freedom and the Self*, in *Free Will*, Edited by G Watson, Oxford University Press, 1982, p. 24.

身的抉择和努力,孟子批评"自暴自弃",其前提即是确认自我具有选择自身发展的权能,并应对这种发展负责。同样,具有道德意义的行为,亦离不开自我的抉择和决定;这种自我决定,是对行为的道德评价所以可能的前提:对自我无法支配和控制的行为,便很难作出善或恶等具有道德意义的判断,亦无法要求自我对其负责。可以看到,自由的主体与责任的主体在道德自我及其实践过程中往往合而为一。

四 自我与自律

在道德实践中,自我对行为的评价、选择,都涉及普遍的规范。当我们把注意之点转向后一方面时,往往面临如下问题:道德规范的本源是什么？自我的道德自律与普遍的规范之间呈现何种关联？如何理解道德行为的个体机制？对道德自我的进一步考察,似乎难以回避这一类问题。

康德认为,人作为自由的存在,"仅仅遵循他自己给自己颁布的法则"①。这里蕴含的前提是:自我即道德法则的立法者。按照康德的理解,在纯粹理性或理论理性的领域,人给自然立法,在实践理性的领域,则是人给自己立法。人的自我立法在康德那里主要表现为理性的作用,而立法(道德法则的形成)的过程相应地排除了一切感性的、经验的因素。理性向自我颁布的道德法则,首先以普遍性为其特点:在普遍法则的立法中,"我仅仅问自己:我的行为准则(maxim)是否能同时成为普遍的法则(universal law)"②。对康德来说,与纯粹理性中的知性范畴一样,这种普遍性并非来自经验世界,而仅仅与理

---

① Kant, *Grounding for the Metaphysics of Morals*, Hackett Publishing Company, Inc.,1993, p.41.

② Ibid., p.15.

性的先天形式相联系。这样,以自我为立法者,在逻辑上即意味着从自我的先天理性中去寻找道德法则的根源。

  康德要求将普遍的道德法则与经验的对象及自我之中的感性趋向区分开来,无疑注意到道德法则超越感性经验的一面。然而,认为道德法则源于先天的理性,则不免流于抽象。道德法则固然不能还原为感性经验,但这并不意味着这些法则与经验领域完全彼此悬隔。历史地看,人的存在总是无法摆脱经验的领域,后者涉及生活世界、具体的社会形态和历史过程,等等。道德法则作为制约人的存在的普遍规范,相应地也难以疏离具体的社会生活。从早期以习惯、风俗、禁忌等形式表现的行为规范,到尔后较为普遍的、取得自觉形态的准则系统,道德法则都与生活世界、历史过程具有内在的联系。以儒家所倡导的纲常名教而言,这无疑是一种比较自觉的规范体系,然而,它同时又以宗法制度为其存在的背景,从而并没有离开具体的历史过程。即使以康德在《道德形而上学原理》中所举的不守诺言或说谎的例子而言,同样也可以看到它与社会生活的联系。康德认为不守诺言或说谎之所以不能成为普遍的道德法则,是因为它会导致自相矛盾[①],换言之,它仅仅涉及形式的层面,而与实际的社会存在无关。事实上,不守诺言或说谎之所以为道德原则所不容,首先与信用关系及信用制度的存在相关,不说谎之成为一种道德规范,相应地在于它是信用关系及信用制度得以维护的必要条件,而并非仅仅由于它违反了形式逻辑的矛盾律或理性的先天形式。按其实质,道德法则可以理解为一种社会的立法,这种立法当然不同于法律体系的制订,它往往更多地取得了历史选择的形式:某种原则之所以成为一定

---

  ① Kant, *Grounding for the Metaphysics of Morals*, Hackett Publishing Company, Inc., 1993, pp. 14-15.

社会或一定历史时期的道德法则,在于它体现并适应了一定历史时期的社会需要,从而为历史所接受。道德原则的普遍性,也在相近的意义上关联着社会结构及过程:作为人存在的背景和条件,社会结构的运行、演化方式既有具体的、历史的内容,也往往包含着超越特定时空或特定经验境域的一面(如社会的存在与发展离不开人自身的生产与物质生活资料的生产,后者又需要一定的秩序保证,等等,这是每一社会形态都面临的问题),社会存在的这种普遍性,为道德原则的普遍性提供了某种本体论的根据。康德的自我立法在要求以理性来担保普遍性的同时,似乎忽略了道德立法的上述方面。

理性的自我立法与意志自律在康德那里常常联系在一起。按康德的看法,每一个理性存在的意志,也就是颁立普遍法则的意志。① "道德法则仅仅表达了纯粹实践理性的自律","意志自律是道德法则及与这些法则一致的义务的唯一原则"②。意志的自我决定与理性的自我立法在此似乎表现为同一个过程,换言之,道德的立法与道德自律基本上被合而为一。这一看法的前提是自律的意志或善良意志(good will)与实践理性的一致;在康德那里,自律的意志同时也以实践理性为其内容:"既然从法则中引出行为需要理性,那么意志不是别的,就是实践理性。"③意志既被理性化,则意志的自律亦可逻辑地同一于理性的立法。

不难注意到,意志自律与理性立法的合一,在理论上蕴含着相互联系的两重后果。首先是以道德法则的自我颁布,作为道德自律的

---

① Kant, *Grounding for the Metaphysics of Morals*, Hackett Publishing Company, Inc., p. 138.
② Kant, *Critique of Practical reason*, Cambridge University Press, 1997, p. 30.
③ Kant, *Grounding for the Metaphysics of Morals*, Hackett Publishing Company, Inc., 1993, p. 23.

条件,它既可以看作是在理性的先天形式中寻找道德法则根据这一理论前提的逻辑引申,又从道德行为的机制上,进一步强化了道德法则的先验性。① 另一方面,就道德行为的机制而言,意志的自律在取得理性立法的形式后,往往同时趋向于形式化。与剔除一切感性经验的要求相应,道德自律在康德那里主要被理解为一个理性化的过程。理性本质上具有普遍性的品格,理性的优先性往往意味着超越自我之中的个体性规定,②后者每每容易引向对个体情意的某种疏离。事实上,对康德而言,即使是道德的情感,在道德行为的选择中也很难找到立足之地:"出于对人的爱和仁慈的情感对人行善,或出于对秩序的爱护而作正义之事,是非常美好的;但是,这并不是我们行为真正的道德法则。……我们处于理性的约束下,在我们的一切准则中,我们都不要忘记服从理性,不要试图从理性中抽去任何东西。"③相对于理性的法则,友爱、同情、仁慈等,都不具有真正的道德意义,意志的自律就在于超越这种非理性的因素而仅仅遵循理性的法则。以理性的自我决定为内容,意志自律确乎具有形式化的特点。

康德伦理学的如上逻辑走向,从一个方面提示了将道德立法与道德自律作适当区分的必要性。尽管如后文将进一步指出的,道德立法与道德自律之间存在着理论的联系,但如果把二者简单地等而同之,则道德法则、规范的社会历史根据便往往容易被模糊,而以这些法则为先天的规定或预设则是以上等同的逻辑结果。同时,当道

---

① 费希特在这方面表现出类似康德的倾向,在他看来,"关于规律的内容所要求的无非是绝对的独立性"(〔德〕费希特:《伦理学体系》,梁志学、李理译,中国社会科学出版社,1995 年,第 56—57 页)。所谓"绝对的独立性",即意味着超越社会历史制约,这种看法既未能对道德立法与道德自律作适当区分,又表现出忽略道德法则的社会历史根据的趋向。

② 参见本书第三章。

③ Kant, *Critique of Practical reason*, Cambridge University Press, 1997, p. 70.

德自律被还原为道德立法时,自律所包含的具体、丰富的内容常常也会被抽象掉,而形式化则是其难以摆脱的理论归宿。唯有超越在道德自律的界域中考察道德立法这一思路,才能避免将道德法则的根据仅仅归结为理性的先天形式,并进而从人存在的历史过程本身去寻找道德法则的本源。同样,也唯有逸出道德自律与理性立法彼此重合这一视域,才能避免道德立法的形式化与抽象化。

从道德实践过程看,道德自我与道德自律无疑存在更为切近的关系;以道德自我为视域,便不能不对道德自律作更具体的考察。自律不同于外在的强制或外在的命令,而是以自我决定为特点。这里首先涉及自我意识。一般而言,自我意识具有反省的性质:它将自我在行为之前或行为过程中形成的意识本身作为对象,进一步加以省察,并对其作出评判。在此,"自我"并不是一种超验的实体性概念,而更多地表现为功能性的概念。自我意识的反省性,使自我能够避免为各种偶然的意念、冲动所左右,它在某种意义上构成了一种自我约束的机制。当某种欲望、意向要求向行为转化时,它首先必须经过自我意识的反思和省察,唯有经过这种反省过程,向行为的转换才成为可能。自我意识的反省趋向,从一般的意识结构上为自律提供了前提。

就行为的具体选择而言,其中无疑涉及意志的作用;当康德将道德的自律理解为意志自律时,亦从一个方面注意到道德自律与意志的关系。不过,如前所述,康德同时又存在将意志理性化的趋向,而对意志的非理性品格则未能作正面的肯定。意志当然是一种不同于理性的规定,但非理性并不意味着反理性或对理性的否定,更不能简单地归结为非道德或反道德。意志的具体形态包括意愿或意欲、意向或专一、坚毅或坚韧,等等。作为意志的欲求品格,意愿或意欲表现为自我的内在要求,道德的规范唯有为自我接受、认同以后,才能逐渐化为内在的意愿或意欲,并进而使行善成为自我的内在要求。王阳明曾指出:"'从心所欲,不逾矩',只是志到熟处。"①从心所欲亦即出于内在意愿,而行为的这一特点,又被理解为意志作用的体现,这一看法已注意到了行为的自愿性质与意志作用之间的关系。意向或专一包含着定向的功能,在意向或专一的形式下,向善往往融合于自我的心理定势,后者又进一步制约着自我的选择过程,并为行为的选择提供了导向。坚毅或坚韧具体展现为意志的力量,道德实践过程常常面临着意志软弱的问题,坚毅或坚韧为克服这种软弱提供了内在的根据。在行为之前,意志的坚毅往往构成了超越犹豫、彷徨而作出道德决断的条件;在行为过程中,意志的坚毅性则表现为不为各种可能的困难、艰险所阻,以坚韧的毅力承担和履行道德义务。不难看到,从自愿的选择,到行为的定向;从道德的决断,到坚定地行善,道德行为在不同意义上都呈现了自律的品格。

当然,道德自律并不仅仅在于出于内在意愿或意志的选择和决断。行为的选择总是涉及预测、评价、比较,等等,在面临多种可能时,往往首先需要对各种行为的可能结果作出分析、预测和评价、比较,由此作出的选择才能避免盲目性。这种评价、比较当然并不仅仅是考察行为可能给自我带来的利害得失,而是在宽泛的层面分析其社会意义,包括对他人与群体的价值意义,因此,不能将其简单地理解为个人的功利考虑。这里无疑亦包含着理性的作用,但它与意志的自我选择及行为的社会意义等方面的联系,使之不同于抽象的理性化过程,而是从自我的理性反思或反省等维度,体现了道德的自律性。

---

① (明)王守仁:《传习录上》,《王阳明全集》上,上海古籍出版社,1992年,第19页。

行为的道德性质,同时与合乎一定的道德规范相联系,孔子所谓"从心所欲不逾矩",便包含着出于内在意愿(欲)与合乎一般规范(矩)两个方面,与之相联系,道德行为也难以离开规范的引用。规范的引用不同于规范的强制。在规范的强制中,自我仅仅被动地接受和服从某种外在的道德命令,当朱熹说"仁者天之所以与我,而不可不为之理也。孝弟者,天之所以命我,而不能不然之事也"[1]时,他强调的便是"仁""孝"等规范对个体的外在命令与个体对这种命令的服从,所谓"不可不""不能不"同时也突出了这种服从的别无选择性。相形之下,规范的引用首先涉及自我的认同。[2] 从逻辑上看,自我在接受、引用某种规范之前,总是必须对"我是谁"作出确认:唯有当个体确认自身为某一共同体的成员时,他才可能接受、遵循该共同体的规范。道德规范的引用,相应地也以自我将自身确认为道德共同体的成员为前提。就最普遍的意义而言,承认自身为道德共同体中的成员,也就是承认自身为"人"(作为道德存在的人)的一员;而违背基本的道德规范,则意味着将自身从"人"之中分离出去。人们常常以"简直不是人"来谴责某些道德败坏者,这种谴责中亦蕴含对自我认同与接受规范之间关系的肯定:道德败坏者的行为表明他们已无法被归入"人"这一共同体之中;反过来,也正是由于缺乏"人"的认同,使他们不可避免地拒绝、背离人这一道德共同体中的规范。确认自身为社会共同体的成员这一意义上的自我认同,固然涉及自我与共同体的关系,但按其实质,这乃是基于反省意识的自我选择。

---

[1] (宋)朱熹:《论语或问》卷一,《朱子全书》第 6 册,上海古籍出版社、安徽教育出版社,2002 年,第 613 页。

[2] 考斯伽德曾提出"实践认同"(practical identity)的概念,其中亦涉及自我认同与规范的关系,不过,作为康德主义者,她同时又将实践认同与自我的道德立法联系起来,亦即未能注意到自我立法与自律的区分。(参见 C. M. Korsgaard, *The Sources of Normativity*, Cambridge University Press, 1996)

从另一方面看,规范的引用总是涉及自我本身对规范的理解、认同与接受:引用是在理解规范的前提下自觉地把规范作为自我选择的根据。在此,规范与选择并非呈现为彼此排斥的关系,相反,规范作为选择的依据而参与到了行为选择的过程之中。这种关系,显然不具有"不可不""不能不"所彰显的命令与被命令的性质:在外在命令的形式下,规范的要求与自我的选择之间更多地呈现内在的紧张。① 进而言之,通过规范的引用,自我的行为选择同时也将避免任意性,并进一步获得"不逾矩"的性质。规范的引用当然包含了理性的作用,但理性在这里并没有取得抽象的、无人格的形式,而是表现为自我选择、决定以及自我评价的一个环节。如果说,内在并展开于自我选择、决定、评价的过程使规范的引用获得了自律的形式,那么,规范的引用所内含的理性品格,则赋予道德自律的过程以自觉的性质。

规范的引用通常展开于具体的情景之中,并涉及具体的情景分析。所谓情景分析,既关涉自我的诸种规定,也指向自我所处的特定境遇,包括行为或可能的行为所展开的具体境域。从某种意义上说,情景的分析是连接普遍规范与自我选择和决定的中介:正是通过对情景的独特分析,普遍规范自身的超验性逐渐被扬弃,而自我则对如何以规范制约自身的特定行为(普遍规范如何引用于特定的行为)形成了具体的判断。在他律的形式下,规范与自我的关系往往呈现相

---

① 黑格尔曾指出:"法则是为自我而存在,而不是自我为法则而存在。"(Hegel, *Phenomenology of Spirits*, Oxford University Press, 1977, p.387)自我为法则而在,以法则对自我的强制为前提,法则为自我而存在,则侧重于法则通过自我的引用为自我的选择提供依据,这种引用一方面以法则非自我颁布为前提,另一方面则扬弃了法则与自我的对立。黑格尔以义务的规定为例对此作了具体说明:当义务作为普遍者而与自我分离与相对时,它便是无效的。(Ibid.)

互对峙的格局,所谓"他(理)为主,我为客"①,便表明了这一点。情景分析在道德实践中的意义在于,通过考察规范的作用条件,为自我对规范运用或变通提供依据,并进而克服普遍规范对于道德自我的外在性和异己性。具体的情景分析,总是由处于特定境遇中的道德自我完成的,通过境遇的分析以扬弃规范的外在性和异己性,也从一个方面表现了道德的自律性。

　　在道德选择与道德规范的引用等过程中,同时也包含着道德情感的作用。道德规范的引用,以自我对它的接受与认同为前提,而对规范的认同并不仅仅是一个理性层面的理解过程,其间总是渗入了道德情感。孟子以恻隐、羞恶之心为仁、义之端,②仁、义既是品格,又是规范,作为品格的仁义,可以看作是作为规范的仁义在为自我接受和认同之后的内化;恻隐、羞恶则是一种道德的情感,孟子的以上看法已注意到对道德规范的认同和接受有心理情感的基础。就道德选择和道德决定而言,其中不仅包含着意志的定向、规范的引用、情景的分析等方面,而且也受到道德情感的制约。王阳明曾指出:"人但得好善如好好色,恶恶如恶恶臭,便是圣人。"③"好"(喜欢)"恶"(憎恨、讨厌)属情感之域,好好色、恶恶臭可以视为自然的情感,其特点是率性而然,不假思为;好善恶恶则是一种道德情感。好善如好好色,意味着对善的肯定和认同,已如同自然的情感。一旦形成了如上的情感趋向,则自我对行为的选择便能超越勉强,达到从容中道的境界。在这里,自律似乎与自然相一致:道德自律已不再仅仅表现为一

---

　　① (宋)朱熹:《朱子语类》卷一,《朱子全书》第 14 册,上海古籍出版社、安徽教育出版社,2002 年,第 115 页。
　　② 参见《孟子·公孙丑上》。
　　③ (明)王守仁:《传习录下》,《王阳明全集》上,上海古籍出版社,1992 年,第 97 页。

个有意为之、勉强为善的过程,而是同时获得了自然向善的形态。自然向善当然不同于前理性(pre-rational)意义上的自发行为,它的真实意义在于善的取向已融合于自我的情感结构,成为自我的第二"自然"。

可以看到,道德自律的过程呈现出多重向度:与自我的意愿、意向、意欲相联系,它呈现自愿的特点;相应于理性的分析、评价,它内含着自觉的维度;渗入于其中的情感认同则赋予它以自然的面向。作为自觉、自愿与自然的统一,道德选择、道德决定及道德实践的过程显然不同于外在社会规范的强制及内在的理性专制,也区别于意欲的冲动及感性的僭越:在内外的强制下,自我首先呈现为被决定的存在;同样,如前文所论,当仅仅以非反省的形式直接听命于意欲及各种感性经验的要求时,自我也将受制于各种偶然冲动。与被强制、被决定的过程相对,在自觉、自愿与自然相统一的形态下,道德的选择与道德的实践在另一重意义上展开为一个自由的过程。道德自律的这种自由内蕴,同时也进一步深层面地体现了道德自我的品格。

概而论之,道德自律从不同的方面展示了自我在道德实践中的存在方式。作为道德自我及其作用的现实确证,道德自律涉及了自我本身的多重规定及自我与规范、自我与存在境遇等关系。就道德意识的层面而言,道德自律的过程展开为意志选择、理性评价、情感认同之间的相互作用,在这里,意识的综合统一构成了道德自律所以可能的前提。康德曾将实践理性的意识统一作为实践理性作用的条件,在他看来,正如在纯粹理性中,感性的杂多总是被纳入统一的意识中一样,在实践理性中,欲望的杂多(the manifold of desires)应当纳入实践理性的统一意识之中,唯有如此,实践理性的决定作用才能发生。① 这里值得注意的是对意识的综合统一作用的强调,不过,康德同时又将这种意识限定于实践理性的领域,从而相应地主要突出了理性的功能。如果借用中国哲学中的体用范畴,我们也许可以把具有统一意识的道德自我理解为"体",而将道德自律理解为其作用("用")过程。道德自我作为"体",首先展示了道德自律与自我的关系及自律过程的内在性;内含于道德自我的意识综合统一性则表明,道德自律并非如康德所理解的那样,仅仅表现为理性的作用,而是展开为理性与非理性(包括意愿、意欲、意向、情感,等等)的互动,正是道德自我内在意识的多方面统一,赋予道德自律以自觉、自愿、自然的特点。从"用"的方面看,道德自律通过展开于自我与社会的关系及具体境遇、道德实践,同时也使自我的道德意识获得了现实的规定。在体与用的统一中,道德自我的自由品格、道德自律的自由向度不断地得到了具体的确证。

---

① 参见 Kant, *Critique of Practical reason*, Cambridge University, Press, 1997, p. 56。

第五章
道德系统中的德性

作为道德的主体,自我固然包含多重规定,但其内在的人格特征往往更集中地体现于德性。在伦理学史上,德性很早已为哲学家们所关注。古希腊的亚里士多德曾以德性(arete)为核心,建构了一个被称为德性伦理的体系。先秦的哲学家尽管没有提出现代意义上的"德性"概念,但其中的不少人物同样以独特的方式对德性作了考察。近代以后,随着义务论、目的论等伦理学说的各领风骚,德性伦理在西方曾逐步走向边缘,并渐有被遗忘之势。不过,至当代,情况似乎又开始有所改观。在反思、批判近代的伦理传统之时,当代的不少伦理学家表现出了某种向德性伦理回归的趋向,麦金泰尔的《追寻美德》(After Virtue: A Study of Moral Theory),便可视为这方面的代表之作。然而,从理论的层面看,德性的内涵、德性在道德系统中的意义、德性与人的存在的关系,等等,并不是已经完全解决了的问题;伦理学的沉思,依然需要不断地指向这些对象。

一 何 为 德 性

在亚里士多德那里,德性(arete)的涵义较广,往往泛指使事物成为完美事物的特性或规定:"每一种德性(virtue)或美德(excellence)都既使具有美德的事物处于良好状态,又使其功能得到更好的施展。例如,眼睛的美德既使眼睛本身良好,也使其功能得到较好发挥;正是眼睛所具有的美德,使我们能视物清晰。同样,马的美德既使马本身成为良马,也使它在奔驰、驮人、攻击敌人等方面的作用得到良好的发挥。"①按照上述理解,德性显然并不限于道德的领域。当然,就狭义而言,德性与道德品格又有较为切近的联系,所谓正义、友爱、节制,等等,便被理解为道德意义上的品格。②

作为一个哲学范畴,德性在中国哲学史上首先以"德"这一概念形式来表示。与亚里士多德的 arete 相近,"德"在宽泛的意义上与"得"相通:"德者得也。"③在道家那里,"德"意味着由道而获得的具

---

① Aristotle, Nicomachean Ethics, *1106a*, The Basic Works of Aristotle, Randon House, Inc., 1941, p. 957.
② 关于古希腊哲学家所用的 *arete* 与中世纪拉丁文中 *virtus* 以及现代英语中 virtue 之间的同异,G. H. von Wright 及 L. T. Zagzebski 等曾作了具体的分析,可参见 G. H. von Wright, *The Varieties of Goodness*, Humanities Press,1963, p. 137, 以及 L. T. Zagzebski, *Virtues of the Mind: An Inquiry into the Nature of Virtue and the Ethical Foundation of Knowledge*, Cambridge University Press,1996, pp. 84-89。
③ 《管子·心术上》。

体规定,它构成了事物发展的现实根据,庄子所谓"物得以生谓之德"①,便表明了此点。儒家一系的张载亦认为:"德者,得也;凡有性质而可有者也。""得天下之理之谓德。"②直到王夫之,对"德"也常常作较为广义的理解:"凡行而有得者,皆可谓之德矣。"③这里的德虽然与人相联系,但却不限于道德之域。"德"的另一重涵义则主要涉及道德领域,从《尚书》的"敬德"观念,到《左传》"忠,德之正也"的界说④,直至孔子"为政以德"⑤的主张,"德"都表现为一种道德的规定。

不难看到,无论是在古希腊,抑或是中国的先秦,德性或"德"都既有本体论的内涵,又具有伦理学的意义。德性的这种原始涵义,从一个方面折射了德性与广义存在之间的联系。然而,近代以来,德性的内涵似乎有所变化,英语中的 virtue,便首先被赋予道德品格或道德气质的意义,而与 virtue 对应的德性,也相应地获得了类似的涵义;人们在谈到德性时,常常习惯于列举各种德目,诸如仁爱、正义、诚实、节制、宽容等。随着德性内涵的逐渐伦理化和德目的多元化,德性与人自身存在的关系开始呈现出不同于其原始形态的特点。作为品格,德性往往展开为多样的、特殊的规定,所谓仁爱、正义、诚实,等等,展示的都是人的不同道德特征。以特定、多元的品格为形式,德性所体现的,往往是人的某一方面的规定。与德目的多样化相应,人的存在也呈现为彼此互异的各个向度。德性向德目的如上分化,使人的存在如何整合成为不能不正视的问题。

---

① 《庄子·天地》。
② (宋)张载:《正蒙·至当》,《张载集》,中华书局,1978 年,第 32—33 页。
③ (清)王夫之:《读四书大全说》卷一,《船山全书》第 6 册,岳麓书社,1996 年,第 439 页。
④ 《左传·文公元年》。
⑤ 《论语·为政》。

人作为道德主体,固然有多方面的规定,但如前一章所论,这些规定并非彼此分离;在现实的形态下,它们往往以不同的方式,呈现为统一的结构。从人的存在这一维度看,德性同样并不仅仅表现为互不相关的品格或德目,它所表征的,同时是整个的人。德性的具体表现形式可以是多样的,但作为存在的具体形态,德性又展现为同一道德主体的相关规定。德性的这种统一性往往以人格为其存在形态。相对于内涵各异的德目,人格更多地从整体上表现了人的存在特征。就个体而言,人格的高尚或卑劣通常是衡量其道德境界的综合尺度。此所谓人格,不同于某一方面的品格,而是人的整个存在的精神体现;以人格为形式,德性统摄、制约着人的日常存在。而从本源上看,德性的整体性又以人在生活世界中存在的整体性为其本体论根据。麦金泰尔已注意到这一点:"内在于人生的德性具有统一性,理解这一点的前提在于:肯定德性的统一性体现了生活的统一特征,并把生活本身视为并评价为一个整体。"[1]这一看法在肯定德性的整体特征的同时,又强调了德性的整体性与人生的整体性之间的联系。综合起来看,德性的整体性与人生的整体性相辅相成、彼此互动,二者统一于生活世界中的历史实践。

与人的整个存在为一,决定了德性总是具有稳定的特点。和先天的秉赋有所不同,德性本质上并非与生俱来,而是获得性的品格,但德性一旦形成,便逐渐凝化为较为稳定的精神定势。这种定势在某种意义上成为人的第二天性,并相应地具有恒常的性质。人的具体境遇可以变化,但德性却往往并不随境遇的变迁而变迁;境遇的可变性与德性的相对不变性,从一个方面表现了德性的稳定趋向。变

---

[1] A. MacIntyre, *After Virtue: a Study in Moral Theory*, University of Notre Dame Press, 1981, p. 191.

或不变同时涉及时间之维,作为具体的个体,人的存在总是展开为一个历时性的过程,但不管时间如何流逝,主体总是同一个"我",此所谓"我",既是现实的生命存在,也兼及内在的人格;正如生命主体并不因为新陈代谢而终结或转换一样,内在的人格也并不因时间的流转而消解自身。人格的这种绵延同一,从德性与过程的关系上,展示了德性的相对恒常性。

康德曾认为,人的真正的完美性,"并非仿佛是人拥有德性,毋宁说,它所表明的是德性拥有人"①。所谓德性拥有人,其前提是把德性视为自我同一的形态,而非相互分离的规定。康德这一看法,似乎亦有见于德性的统一性。然而,在德性拥有人的形式下,德性本身或多或少呈现为一种超验的力量:它不再作为内在的人格表征人的整个存在,而是作为某种异己的规定与人相对。康德对德性的这种理解,表现了对普遍性原则的注重;在伦理学上,康德一再强调道德律令的普遍有效性,德性对人的超越,可以看作是道德律令超然于个体的逻辑引申。德性的这种超验化,在逻辑上蕴含着将德性与人的存在分离开来的可能。

德性一旦与人的存在相分离,其伦理意义便往往难以定位。关于德性,我们可以在理论上提出如下问题:为什么德性是善的?或者说,为什么德性是一种正面的价值?如果仅仅限于德性本身,则这一问题便无法真正得到说明。当康德强调是"德性拥有人"而非"人拥有德性"时,其前提是德性的性质并不依赖人,但超然于人的德性何以是善的?康德似乎未能对此作出回答。关于德性及其根据的追问,应当指向人的存在。"德性何以善"在逻辑上关联着"德性何以必要",后者更直接地涉及人自身的存在和发展。作为历史过程中的

---

① Kant, *The Doctrine of Virtue*, University of Pennsylvania Press, 1964, p. 67.

存在,人总是不断地追求自身多方面的完善,德性既表征着人性发展的状况,又在广义上制约着人的发展;既规定着精神的发展方向,又影响着行为的选择。质言之,作为涵摄整个主体存在的内在人格,德性构成了人的多方面发展所以可能的条件之一;正是德性与存在的这种联系,赋予德性以正面的价值或善的品格。托马斯·阿奎那曾认为,德性之所以为善,并不仅仅是因为它本身具有"善"的性质,而是因为它使拥有德性的人获得善的品格。① 这一看法也已注意到德性与人的存在之间的联系。总之,从本体论和价值论上看,人的存在具有某种本源性和优先性。

人的完善或发展,以自我与他人的关系为其背景之一。就人我关系而言,伦理学上往往面临人我之间的不对称问题(self-other asymmetry)。此所谓不对称,是指抑制自我而将他人放在一个更优先的地位上,或牺牲自我以实现他人的利益。一般所确认的道德的为他性,其核心实质上也就是人我之间的不对称。在自我与他人之间的这种不对称关系中,自我似乎多少成为被限制甚至被否定的对象,这种结果与人的完善和发展显然存在某种紧张。结果论(consequentialism)试图以追求最大限度的利益,来消解这种紧张。在结果论看来,如果肯定自我的利益能获得更大的善的结果,那么,追求自身的利益就是正当的。② 然而,这种思路也有自身的问题。从逻辑上说,既然更大的利益可以作为选择的依据,那么,自我的行为只要能带来所谓更大的利益,则即使损害某些他人也未尝不可。关于人我之间

---

① 参见 L. T. Zagzebski, *Virtues of the Mind: An Inquiry into the Nature of Virtue and the Ethical Foundation of Knowledge*, Cambridge University Press, 1996, pp. 90-91。

② 参见 *Virtue Ethics: A Critical Reader*, edited by Daniel Statman, Edinburgh University Press, 1997, pp. 130-131。

不对称性的这种解决模式,显然未能达到对人的多方面发展的完整理解。

扬弃人我之间不对称的另一种可能的思路,在于确认德性的意义。作为人的整个存在的一种表征,德性不仅超越了主体某一方面的规定,而且指向人我之间;人格的完美,既展开于存在的各个方面,也通过自我与他人之间的关系得到展示。在自我的存在这一向度上,德性的特点在于体现了主体各个方面规定的统一,与之相应,在自我与他人的关系上,德性的特点在于确认成就自我与成就他人的统一。如前所述,《中庸》将"诚"理解为成己而成物,已注意到,真正具有完美的德性,意味着既实现自我的价值,又肯定他人的价值。在这里,德性的统一由自我在品格等方面的整合,进而表现为成己与成人的互摄。自我的内在整合与人我的交相成,同时又从两个方面将德性与存在的统一具体展开了。①

作为存在的一种统一形态,德性有其自身的结构。就德性与道德实践的关系而言,德性首先表现为一种为善的意向,这种为善的意向不同于偶然的意念,而是一种稳定的精神定势(disposition)。具有真实德性的人,不管处于何种境遇,都将追求自己所认定的道德目标;在面临各种选择之际,总是择善而弃恶。即使自我独处,各种外在的约束暂时不存在,也无苟且之意。② 以德性为本源,行善(道德实践)成为人的现实定势,趋向于善取代了"勉强"行善。不难看到,此处的道德选择已不再仅仅出于外在的命令或自我的有意努力,而

---

① 麦金泰尔曾对德性下了如下定义:"德性是人的一种获得性的品质,拥有并运用这种品质将使我们获得对实践具有内在意义的利益,而缺乏这种品质则将妨碍我们获得这种利益。"(A. MacIntyre, *After Virtue: A Study in Moral Theory*, University of Notre Dame Press,1981, p. 178)这一看法已注意到德性对具有德性的自我来说并非仅仅具有否定的意义。

② 《大学》在诚意的前提下讲慎独,亦注意到了德性对于个体独处的意义。

是源自德性的内在制约。同时,从内在德性出发,行为本质上具有"为己"的性质,而不同于"为人":①当行为出于德性时,与之相随的是自我的真诚要求,而不是行为者对自身外在"道德形象"的关注;换言之,此时自我的行为完全表现为德性的真实流露而并非为了给他人或公众展示某种道德的外观。在这里,人的存在获得了趋善的定向。

为善的定势,主要体现了德性的导向性。道德实践不仅要求以善为定向,而且涉及何者为善以及如何行善等问题。如果仅仅具有行善的意向,显然难以达到现实的善。一般而言,道德实践的自觉向度首先来自对道德规范的把握;作为一定时期道德理想与道德关系的反映,规范为行为的选择和评价提供了普遍的准则。但另一方面,行为总是发生于具体的情景,而一般的规范往往无法穷尽一切具体的境遇,离开了对具体情景的分析,便很难达到行为的善:一个虽有行善意向且了解一般规范的人,若昧于境遇的真相(对所处情景未能达到正确的认识),显然难以作出合乎善的选择。同时,为善不仅涉及"做什么",而且关联着"如何做",了解普遍的规范与具体的境遇固然可以告诉我们应该做什么,但若缺乏必要的背景知识,对如何做(达到善的条件、过程、程序等)浑然无知,则行善依然只能停留在良好的愿望中。因此,具体的、现实的德性,总是蕴含着知善的能力;抽去了知善能力的所谓"德性",将流于空洞的"应该",而很难视为真实的德性。②

此处似乎有必要对某种道德现象作一分析,这种现象可以简要地概括为"好人做错事"。在现实生活中常常会出现这样的现象:善

---

① "为己"与"为人"之别,参见本书第三章及第四章。
② 参见本书第六章。

良之人或"好人",有时因为认识的失误,也会作出错误的选择,当代一些伦理学家曾以此为根据,对德性伦理提出了质疑。① 这里首先应当对日常语言中的"好人"与严格意义上有德性的人作一区分。日常语言中的"好人",更多地是就善的意向而言,具有行善意向的人,往往就被视为"好人"。相形之下,伦理学意义上的德性,便不仅仅限于善的意向,如上所述,作为一种精神结构,它同时包含道德认识的内容,只有当善的意向与善的认识融合为一时,德性才呈现为美德(excellence),而善的认识则涉及对伦理原则、具体情景等的正确把握。虽有善的意向,但同时以错误的道德认识为内容的"德性",只是片面的德性;与之相联系的行为者也许可以称为"好人",但却很难视为真正意义上有德性的人。

除了具有行善的意向、知善的能力之外,德性还包含着情感之维。在日常存在中,一个具有德性的人,对不同的行为动机、行为后果等往往会形成相异的情感反映或体验。当一种不合乎道德规范的动机萌生时,主体在反省之后将因之而自责和自谴;若自己的行为导致了某种不良的后果,主体常常会有一种内疚或悔恨感;在完成了善的行为之后,自我往往会感到自慊;对他人的善行或恶行则自然地加以认同或排拒,如此等等。自责、自谴、内疚、自慊、认同等情感,在德性中同样成为稳定的定势。某些情感本身似乎具有中性或价值无涉的特点(爱、恨等抽象地看并无善恶之分),但情感的具体体验却有正当与否的区分。对他人的不幸有同情之感,这是健全的情感反应;相反,对他人的不幸遭遇感到幸灾乐祸,这种情感体验则是不健全的。德性所内含的情感,总是表现出健全的趋向:情感的稳定性与情感的

---

① 参见 Robert B. Louden, On Some Vices of Virtue Ethics, in *Virtue Ethics: A Critical Reader*, Edinburgh University Press,1997, pp. 184-185。

正当性在德性之中合而为一。

可以看到,作为人存在的精神形式,德性在意向、情感等方面展现为确然的定势,同时又蕴含了理性辨析、认知的能力及道德认识的内容,从而形成一种相互关联的结构。这里固然亦涉及知、情、意等方面,但在德性结构中,这些规定并不仅仅具有心理学的意义。作为德性的构成,情意、理性等都包含着确定的道德内容,所谓行善的意向、知善的能力以及对善的情感认同等等,都表现为一种以善的追求为内容的精神趋向。这种内含着向善定势的结构,在某种意义上可以看作是道德实践的精神本体,它从主体存在的精神之维上,为道德实践提供了内在的根据。当然,与人的存在本身在个体之维与社会之维上的历史性相联系,作为道德实践根据的德性并不是一种先天的、永恒的规定。在其现实性上,它同样处于生成过程之中,具有历史的品格。

二 德性与规范

道德行为在本于德性的同时,又受到普遍规范的制约。如前所述,德性以主体为承担者,并相应地首先涉及人的存在。相形之下,规范并非定格于主体:作为普遍的行为准则,它更多地具有外在并超越特定主体的特点。然而,尽管德性与规范各自呈现出和主体存在的不同关系,但二者并非彼此悬隔。

前文已论及,德性往往以人格为其整体的存在形态。历史地看,在不同的文化传统中,都存在着理想的人格典范。从中国古代的圣人(尧、舜、禹,等等),到古希腊史诗中的英雄(俄底修斯、赫克托耳,等等),都曾被视为理想的人格范型。这些理想的人格尽管常常与神话传说等纠缠在一起,但同时又汇聚了多方面的道德品格,从而在某种意义上成为德性的化身。作为德性的具体化,理想的人格首先折射了一定时期的历史需要,尧以禅让(让位于既贤且德的舜而非传位于尧之子)展示了重天下甚于重一家的群体关怀意识,而群体关怀则是维系社会稳定和有序化所必需的;禹在传说的治水过程中所表现出来的坚韧不拔的精神,则反映了与天奋斗、征服自然的过程中人所必须具备的品格。同样,古希腊史诗中的英雄所表现出来的勇猛无畏,也体现了在氏族部落之间战争频繁的历史时期,骁勇善战、视死如归的英雄气概已成为生存的重要精神因素。略去其中渗入的神话传说成分,我们不难看到历史中的理想人格与历史需要本身之间的联系;不妨说,理想人格内含的德性,同时也体现了一种历史的选择:正是合乎历史需要的主体品格,在历史演进过程中不断得到确认和肯定,并逐渐凝结、汇凑于历史中的理想人格。

德性在理想人格中的具体化,从一个方面为规范的形成提供了前提。规范既反映了一定历史时期的社会需要,又体现了普遍的道德理想;这种理想以现实的社会存在为根据,同时又在圣人、英雄等理想人格中取得了具体的形态。相对于比较自觉的观念系统,与人的具体存在融合为一的理想人格似乎具有某种本体论的优先性:在抽象的行为规范出现以前,理想的人格往往已作为历史中的现实而存在;规范系统本身在一定意义亦以历史中的理想人格为其重要的本源。事实上,理想的人格同时也可以看作是一种完美的存在范型,这种范型对一般的社会成员具有定向与范导的意义,观念化的规范系统在相当程度上亦可理解为对这种范型的概括、提升。埃尔德曼认为,"品格的善在逻辑上更为基本","在道德生活中,规则是后起的"[1]。这一看法似乎已有见于此。

---

[1] H. Alderman, By Virtue of Virtue, in *Virtue Ethics*, pp. 156-157.

当然,对德性在现实人格中体现出来的本源性,不能作片面的理解。从人的存在在历史中的优先性来考察,作为德性统一形态的人格确乎具有本源或基础的性质,但这并不意味着德性完全超然于规范。历史地看,社会发展的每一时期往往存在着与该时期的社会状况相适应的行为规范,这些规范最初也许不一定取得系统的、自觉的形态,而更多地表现为某种风俗、习惯、礼仪、禁忌,等等,但它在一定时期却作为影响人们行为的实际制约因素而起着规范或准规范的作用。文明早期的理想人格固然作为历史中的现实存在而为规范提供了依据,但他们本身亦受到了当时价值原则及体现这种价值原则的社会风尚的影响,古希腊英雄的无畏精神,多少折射了当时尚武的社会价值取向;传说中的禹在治水时的自我献身品格,则反映了人类征服自然的能力相对有限的时期,集体力量及集体价值的优先性。事实上,历史中的理想人格取得如此这般的形态,也包含了某种塑造或再创造的作用:人们往往是根据自己所理解的价值原则及与之一致的规范,确认或突出理想人格的德性。在理想人格之后总是可以看到一定历史时期的价值取向及相应的规范原则。不管是就其本然形态而言,还是从它被塑造或再创造这一面看,历史中的理想人格都难以和一定的规范系统截然相分。

综而论之,德性通过凝化为人格而构成了规范的现实根据之一,规范则从社会价值趋向等方面制约着理想人格的形成与塑造,二者呈现为某种互为前提的关系。如果仅仅从静态的观点看,往往容易引出单向决定的结论,唯有着眼于历史过程,才能把握二者的真实关系:正是在历史实践的过程中,德性与规范展开为一种互动关系并不断达到具体的统一。

以上所涉及的,主要是德性与规范关系的历史之维。从逻辑的层面看,规范作为普遍的行为准则,总是超越于具体的个体,而道德行为则以个体为承担者,如何使普遍的规范化为个体的具体行为?这一问题涉及了德性与规范更内在的关系。

道德实践中的为善避恶,以善恶的分辨为逻辑前提,而善恶的分辨则表现为一个道德认识(知)的过程。道德认识意义上的"知",虽然不同于事实的认知,但就其以善恶的分辨、人伦关系的把握、规范的理解等为内容而言,似乎亦近于对"是什么"的探讨:以善恶之知而言,知善知恶所解决的,仍不外乎什么是善,什么是恶的问题。从逻辑上看,关于是什么的认识,与应当做什么的行为要求之间,并不存在蕴含的关系。如所周知,休谟早已注意到了这一点,在他看来,仅仅从"是"之中,难以推出"应当"。休谟由此将事实认知与价值评价截然分离,无疑有其问题,因为在善的认定中,也已包含了认知的内容。不过,即使以价值确认而言,它固然通过肯定什么是善而为行为的规范提供了根据,但懂得什么是善并不意味着作出行善的承诺:在知其善与行其善之间,存在着某种逻辑的距离。

规范内含着应当,以善的认定为根据,规范无疑涉及善恶的分辨:在肯定何者当为何者不当为的同时,它也确认了何者为善,何者为恶。然而,规范作为普遍的当然之则,总是具有超越并外在于个体的一面,它固然神圣而崇高,但在外在的形态下,却未必能为个体所自觉接受,并化为个体的具体行为。同时,规范作为普遍的律令,对个体来说往往具有他律的特点,仅仅以规范来约束个体,也使行为难以完全避免他律性。

如何由知其善走向行其善?如果换一种提问的方式,也就是:如何担保普遍的规范在道德实践中的有效性?这里无疑应当对德性予以特别的关注。个体的社会化往往伴随着化天性为德性的过程,德性从一个方面使人由自然意义上的存在,成为社会的存在,并进而提升为道德的主体。规范作为普遍的律令,具有无人格的特点,相对于此,德性更多地体现于个体的内在品格。作为内在的道德品格,德性在某种意义上可以看作是规范的内化。通过环境的影响、教育的引导,以及理性的体认、情感的认同和自愿的接受,外在的规范逐渐融合于自我的内在道德意识,后者又在道德实践中凝而为稳定的德性。与规范主要表现为社会对个体的外在要求有所不同,德性在行为中往往具体化为个体自身道德意识的内在呼唤。较之规范,德性与个体的存在有着更为切近的联系:它作为知情意的统一而凝化于自我的人格,并在本质上呈现为个体存在的内在形态。当行为出于德性时,个体并不表现为对外在社会要求的被动遵从,而是展示为自身的一种存在方式。在德性的形式下,知当然与行当然开始相互接近:作为同一主体的不同存在形态,知当然与行当然获得了内在的统一性。

从规范与行为者的关系看,规范在形式上表现为"你应当"(You ought to)之类的社会约束。相对于此,德性则首先以"我应当"(I ought to)为约束的形式。对行为者来说,"你应当"似乎呈现为某种外在的命令,"我应当"则源于行为者的自我要求,后者乃是基于向善的意愿、善恶的辨析与认定、好善恶恶的情感认同等精神定势,它可以看作是内在德性结构综合作用的结果。在"你应当"的形式下,行为者是被要求、被作用的对象,在"我应当"的形式下,行为者则呈现为主体。仅仅停留在"你应当"之类的命令关系中,行为显然很难完全摆脱他律的性质,唯有化"你应当"为"我应当",才能扬弃行为的他律性,并进而走向自律的道德。①

通过化外在规范为内在德性,普遍规范在道德实践中的有效性,显然也获得了某种担保。康德曾指出,德性是一种抑制非道德因素

---

① 需要指出的是,超越"你应当",并不意味着消解规范的作用,毋宁说,它所侧重的是规范作用方式的转换。事实上,在"我应当"的自我要求形式中,同样蕴含着规范的制约。详后文。

的坚韧力量,其意义之一在于控制各种感性的倾向(inclination)。①所谓抑制非道德的因素,意味着排除各种干扰,使道德律能够更自觉地得到贯彻。康德的这一思想体现了其注重义务及理性原则的倾向。尽管如前所述,康德对德性的理解存在着某种超验化的趋向,但以上看法同时亦从一个侧面注意到了德性在担保规范有效运作方面的作用。康德在伦理学史上以坚持义务论立场而著称,他对德性作用的肯定,既表现了哲学家思想的复杂性,也从一个方面表明德性对道德实践的不可或缺性:即使义务论者,也无法完全忽视德性的作用。

从逻辑上看,行为者对道德规范的遵循,有一个基本的前提,即他具有追求善或认同善的趋向。换言之,他愿意并选择做一个有道德的人。这种向善的取向,可以看作是行为者的内在承诺;唯有作出了这种承诺,道德规范才对他具有约束力。对一个无向善意愿、与社会为敌的个体来说,由于缺乏向善的自我承诺,道德规范对他便没有任何意义,他绝不会因行为不合乎规范而感到内疚或自我谴责。当P.福特肯定道德也具有假言命令的意义时,她似乎已注意到这一关系。② 在引申的意义上,我们也可以说,就规范的遵循要以向善的承诺为前提而言,道德系统呈现某种假言的性质,其逻辑形式可以概括为:如果你选择或承诺做一个有道德的人,那么,你就应当遵循道德的规范。按其实质,向善的取向体现的是德性所内含的精神定势,从而,德性的形成亦相应地构成了规范得以确认和贯彻的逻辑前提。

---

① 参见 Kant, *The Doctrine of Virtue*, University of Pennsylvania Press, 1964, p. 38, pp. 49-50。

② 参见 Philippa Foot, Morality as a System of Hypothetical Imperatives, in *Virtues and Vices and Other Essays in Moral Philosophy*, University of California Press, 1978。

当然,肯定德性为规范提供现实的担保,并不意味着否定规范本身的一般制约作用。德性作为统一的精神结构,总是包含着普遍性的规定,这种规定显然难以离开对规范的自觉认同。事实上,德性的形成过程,往往与按规范塑造自我的过程相联系。一定时期占主导地位的规范体系,既制约着人们的行为,也影响着人格的取向。李觏曾指出:"导民以学,节民以礼,而性成矣。"①礼既有制度之意,又泛指一般的规范;性则指与天性相对的德性。"导民以学,节民以礼",意味着引导人们自觉地接受、认同普遍的规范,并以此约束自己;"性成"则是由此而使天性提升到德性。张载也提出了类似的看法,强调"凡未成性,须礼以持之"②。"故知礼成性而道义出。"③这里所肯定的,亦为"知礼"(把握规范系统)与成性(从天性到德性的转换)之间的统一性。对规范的这种认同,同时亦有助于避免德性向自我中心的衍化。亚里士多德曾把公正与合乎法(lawful)联系起来,而公正又被理解为"一种完全的德性",从而,公正与合乎法(lawful)的沟通,也意味着德性与法的联系。④ "法"是一种强制性的规范,尽管它不同于道德律,但在规范性上,与道德领域的当然之则又有相通之处;而以"法"来解释德性,则从一个方面确认了德性与规范之间的联系。亚里士多德在伦理学史上被视为德性论的主要代表之一,他对德性与规范的沟通,固然在一定程度上反映了他在理论上的多向度性,但同时亦表明德性与规范并非简单地相互排斥。

广而言之,社会的凝聚和秩序的维系需要一般的规范,行为要达

---

① (宋)李觏:《李觏集》,中华书局,1981年,第66页。
② (宋)张载:《经学理窟·礼乐》,《张载集》,中华书局,1978年,第264页。
③ (宋)张载:《正蒙·至当》,《张载集》,中华书局,1978年,第37页。
④ 参见 Aristotle, Nicomachean Ethics, Book v, The Basic Works of Aristotle, Randon House, Inc., 1941。

到最低限度的正当性,也离不开普遍的当然之则。一般的规范既对行为具有普遍的范导意义,又为行为的评价提供了基本的准则,它在道德实践中往往更接近可操作的层面,因而有其不可忽视的意义。同时,德性的形成总是需要经历一个长期的过程,相对于明其规范,成其德性似乎是一种更高的要求。就行为而言,较之对规范的依循,出乎德性也无疑是一种更不易达到的境界。由此而视之,遵循规范似乎应当成为基本的、初始的要求。不过,无论从个体抑或社会的角度看,停留于依循外在规范这样一个"底线"的层面显然是不够的,这不仅在于仅此难以达到完善的道德关系,而且如前所述,当规范仅仅以外在的形式存在时,其现实的作用本身往往缺乏内在的担保。总之,行为的普遍指向与评价的普遍准则离不开一般的规范,而规范的现实有效性又与德性联系在一起。

德性与规范的统一,在规范与德目的一致中也得到了具体的展现。从历史上看,传统的规范与传统的德目往往存在着某种对应性,以儒家而言,其核心的道德理念具体表现为仁、义、礼、智、信,等等,作为行为的要求、评价的准则,这些道德理念无疑具有规范的意义。所谓"为仁""行义",即意味着在实践过程遵循仁、义的原则。但在儒家的道德系统中,仁、义等同时又被理解为内在的德性和品格,所谓"仁者",便是指具有"仁"这种德性或品格的主体。在"仁"的规范下,通过"为仁"的道德实践逐渐形成内在的德性,又以"仁"的德性为根据而展开为善去恶的道德工夫。在实践的过程中,作为规范的"仁"与作为德目的"仁"融合为一。同样,在西方伦理传统中居于核心地位的正义,也既表现为普遍的规范,又是主体的美德。

从性质上看,德性总是包含着善的倾向,无论是具体的德目,抑或整体的人格,德性都表现出向善的定势。以仁而言,具有"仁"的品格,意味着将他人视为目的,以仁爱的精神对待他人。这种向善的定势无疑显示了正面的价值意义。然而,内含善的趋向,还只是表明具有走向善的可能,它并不意味着达到现实的善。在某些情况下,德性的具体规定往往亦有导向负面结果的可能。如"仁"本来具有善的向度,但如果以"仁"的精神对待危害社会、与人民为敌者,则很难真正视为善举。要使善的趋向化为善的现实,避免德性的异化,便既应肯定德性的整体性,注重行善趋向与知善过程(包括善恶分辨、情景分析等)的统一,也应肯定社会规范的指导、调节意义,以普遍的原则引导德性的作用方向。这里同样展示了德性与规范之间的相关性。

三 德性与德行

德性既涉及规范,又制约着行为。从形式的层面看,规范显然与行为有更切近的联系:它既规定了应当做(to do)什么,又提供了评价行为的准则;相对于规范,德性似乎首先指向成就人格(to be)。然而,这并不意味着德性与行为无关。正如德性与规范之间存在彼此互融的关系一样,应当"做什么"与应当"成就什么"之间也非互不相涉。

德性作为实有诸己的品格,可以看作是一种内在的本真之我。但成于内并不意味着囿于内。"我"既以内在人格的形式存在,又有其外在展现的一面。同样,德性亦既表现为内在的精神结构,又同时体现于现实的行为过程。与化外在规范为内在德性相关联的,是化德性为德行。就其现实过程而言,成就德性与成就德行并非彼此隔绝,我们固然可以在逻辑上对二者分别加以考察,但在现实性上,二者又统一于同一自我的在世过程。从其起源看,德性的形成本身离不开德行。王夫之在对"德"加以界说时,曾指出:"德者,行焉而有得的存在的各个方面。

化德性为德行,主要侧重于扬弃德性的潜在形式并使之获得现实的确证。德性与德行的关系并不限于这一方面。德行属于广义的道德实践,它在确证德性的同时,本身又总是以德性为其内在的根据。对象世界林林总总,难以穷尽,人所处的境遇也往往变化不居,如果逐物而迁,滞泥于具体境遇或境遇中的偶言偶行,则往往不仅不胜纷劳,而且亦难以保持行为的一贯性。唯有立其本体,以德性为导向,才能使主体虽处不同境遇而始终不失其善。作为真诚的人格,德性表现了自我的内在统一,在此意义上,德性为"一";德行则是同一德性在不同社会关系与存在境遇中的多方面展现,故亦可视为"多",这样,以德性统摄德行,亦可说是以一驭多。不妨说,正是自我的内在德性,担保了主体行为在趋善这一向度上的统一性。

关于德性的作用,一些哲学家曾提出质疑。质疑之一,便是德性无法对行为提供具体的指导。罗伯特·劳旦的观点在这方面具有一定的代表性,在他看来,我们固然应当以有德性的人为榜样,但我们往往很难知道一个有德性的人处在我们的地位会如何去做,因为德性无法化为日常行为规范。同样,德性对具体的道德困境也显得无能为力,例如,德性并不能告诉我们,一个有某些缺陷的几个月胎儿是否应流产。[1] 这些质疑,在理论上涉及了德性与行为更内在的问题。

如前所述,德性作为一种精神结构,既表现为向善的定势,又包含着知善的能力。所谓知善,不仅仅是指把握普遍的道德规范,而且涉及具体的情景分析、规范与境遇的结合、对道德难题的解决,等等。

---

[1] 参见 Robert B. Louden, On Some Vices of Virtue Ethics, in *Virtue Ethics: A Critical Reader*, Edinburgh University Press, 1997, pp. 180-191。

换言之,德性不能简单地被理解为一种良好的意向,在其现实的形态上,它同时也以行为机制、评价机制为其内容。道德规范主要从普遍的层面上规定了应当做什么,但它并没有告诉人们如何将这种规范引用到具体的情景;情景的分析、定位,根据具体情景运用规范,等等,都难以离开道德主体。在道德实践中,主体的活动以德性为其内在本体,从情景的分析、规范的引用,到理性的权衡、意志的决断,都包含着德性的作用。在这里,德性表现为统一的意识结构,行善的意向、对善言善行的情感认同、评价意义上的理性与认知意义上的理性,等等,综合为现实的精神本体,后者通过道德权衡、道德选择、道德评价等制约着道德实践的过程。当主体面临具体的道德问题时,行善的定势往往规定了权衡、选择的导向(善的意向),实践理性和认知理性则将规范的引用和情景的分析结合起来,使应当行善的意向进而化为如何行善的具体结论。

可以看到,如果我们把德性理解为主体精神的整体结构,而不仅仅是某一方面的规定,那么,德性与行为关系的抽象性便可以得到扬弃。德性的整体性既表现为实践精神的综合统一,也体现在德性与人的整个存在的融合。从道德实践的角度看,基于以上双重统一,德性同时又具有本体的意义。作为精神本体,德性不仅为行为提供了一般的导向,而且通过渗入主体活动的各个方面而具体地制约着行为。

德性的以上作用,当然并未排斥规范,事实上,在解决道德问题的过程中,总是包含着规范的引用,但对具体情景的分析,又往往同时涉及原则的变通问题。中国哲学很早已开始关注这一问题,在经权之辩中,便不难看到这一点。"经"所侧重的,是原则的绝对性,"权"则含有灵活变通之意。中国哲学家在要求"反(返)经"的同时,又反对"无权",①这里已涉及规范的引用与具体情景的分析之间的关系。更值得注意的是,在中国哲学那里,经与权的互动,总是与主体及其意识系统联系在一起。王夫之的以下论述在这方面颇具代表性:"唯豫有以知其相通之理而存之,故行于此不碍于彼;当其变,必存其通,当其通,必存其变,推行之大用,合于一心之所存,此之谓神。"②王夫之的这一论述既涉及天道,也关联着人道。从后一方面(人道)看,所谓"相通之理"便包括普遍的规范,知相通之理而存之,意味着化普遍规范为内在的观念结构;通与变的统一,包含着"经"(普遍规范的制约)与"权"(基于情景分析的权变)的互动,而在王夫之看来,这种统一与互动,又以内在的观念结构为本(合于一心之所存)。尽管王夫之的以上看法并不仅限于道德实践,但其中无疑兼及这一领域;由后者(道德实践领域)视之,将"通""变"的互动与"一心之所存"联系起来,显然已注意到主体内在的精神结构在普遍规范的引用、情景分析、道德权衡以及道德选择等过程中的作用。

德性与具体情景中道德问题的关系,从一个方面表现了德性的行为向度。以道德问题的解决为中介,德性具体地展开并渗入行为过程。以中国传统哲学中的儒家而言,知行之辨是其重要的哲学论题,这一论题在相当程度上亦涉及了德性与德行的关系:与仁知统一的理论构架相联系,所谓知,首先往往指向德性之知,而知与行的互动,则既意味着在习行过程中培养德性,也蕴含着化德性为德行的要求。正是在后一意义上,王阳明强调"以成其德行为务",在阐释格物致知时,王阳明对此作了具体论述:"若鄙人所谓致知格物者,致吾心

---

① 《孟子·尽心上》《孟子·尽心下》。
② (清)王夫之:《张子正蒙注·天道篇》,《船山全书》第12册,岳麓书社,1996年,第72页。

之良知于事事物物也。吾心之良知,即所谓天理也。致吾心良知之天理于事事物物,则事事物物皆得其理矣。"①这里的事事物物,主要就道德之域而言,如人与人之间的伦理关系等,格、致则涉及道德实践。与事事物物相对的良知,既以天理(普遍的规范)为内容,又融合于吾心(个体的道德意识),因而可以视为实有诸己的内在德性。所谓致吾心之良知于事事物物,也就是将道德意识运用于道德实践(化德性为德行),而事事物物皆得其理,则是内在的德性展示并体现于伦常世界。从心与理的关系看,这一过程表现为通过心的外化而建立理性化的道德秩序;就德性与德行的关系言,它则可以看作是德性通过德行而对象化于现实的伦理关系。中国传统伦理的看法,注意到了内在德性的实践品格,同时亦肯定了人格对德行的统摄作用。对德性与德行统一性的这种确认,无疑使德性伦理进一步获得了现实的内涵。

德性对行为的制约不仅仅体现于善的定向,而且表现在赋予行为以独特的道德意义。就道德行为而言,如果行为仅仅合乎规范,则只能称之为"不错",这一层面的行为,往往还带有自发的性质;如果行为是基于对规范的理解和遵循,则可以称之为"对",这一层面的行为已具有自觉的性质,但在相当程度上,它还属于所谓"底线伦理"的范围,因为按道德规范的要求去做,是作为社会成员的个体应尽的基本义务。除了"不错"和"对"之外,道德行为还可以区分出另一种类型,即"值得赞扬"的行为;这种行为的特点在于,它已不仅仅表现为

---

① (明)王守仁:《传习录中》,《王阳明全集》上,上海古籍出版社,1992年,第45页。

合乎规范或遵循规范,而是出于主体的内在的德性。① "对"或"不错"的行为,在消极的意义上意味着可以避免受谴责或责备,在积极的意义上是指"容许"做的,相形之下,"值得赞扬"的行为则超出了免于责备(或谴责)以及简单的"可容许",而是体现了主体的人格境界,显示了德性的内在力量。"对"或"不错"首先相对于规范系统而言,表明行为与"应当"之间的一致;"值得赞扬"则以存在价值的确认为前提,体现了主体存在的崇高性。

道德行为作为一个过程,既有其特定的动机,又伴随着某种结果;无论是动机,抑或结果,都构成了道德评价的对象。道德评价不仅展开于主体之外的社会,而且常常取得主体自我反省的形式。当主体意识到动机具有善的性质或行为产生了正面结果时,他往往会形成自我肯定、自我实现的道德判断和道德体验,这种判断和体验既使他感到自慊、自信,又将在新的道德实践过程中转换为道德的激励力量。反之,当某种不良的动机萌生时,一个有德性的主体往往将产生自责的意识;面对负面的行为后果,内疚、悔恨、自遣则会在主体之中随之而生,如此等等。这种自责、自遣的意识,通常被称之为良心的谴责,它在某种意义上可以看作是一种特殊的道德制裁。以自我评价的形式实现的道德制裁,构成了道德实践过程重要的一环,它从内在的机制上,抑制了不良的动机(或偏离道德规范的动机)向现实行为的过渡和转换,并为避免因主体失误而再度产生负面行为结果

---

① 西季威克在谈到德性与义务的关系时,曾认为,德性的行为应当被理解为既包括义务行为,又包括超出了义务的行为,后者虽然往往得到我们的赞扬,但我们"并不将它们作为义务加给所有有能力做出这些行为的人"(参见〔英〕西季威克:《伦理学方法》,廖申白译,中国社会科学出版社,1993年,第239—240页)。义务行为以规范为依据,超出义务的行为则具有更高的境界,后者近于此处所说的"值得赞扬"的行为。

提供了某种担保。① 从逻辑上看,道德层面的自我评价以及与之相联系的道德激励和道德制裁,以评价的主体具有内在的德性为基本的前提。事实上,对行为动机及结果的评价,始终交织着行善的意向、善恶的辨析以及好善恶恶的情感认同。正是向善的定势,一方面使合乎规范的行为动机和结果产生道德的向心力,并相应地形成认同感和自慊感,另一方面又使非道德的行为动机和结果一开始便面临着内在的心理排拒,并引发了自责、自谴、内疚等意识和体验。可以说,德性作为综合的道德意识结构,既构成了自我评价和道德激励及道德制裁的真实主体,又为这种评价、激励、制裁提供了内在的机制。

以德性为内在根据,道德行为不仅仅呈现自觉的向度。W. D. 罗斯曾对动机与行为的关系作了分析,在他看来,行为固然受到动机的制约,但动机本身却无法由人的意志来控制;也就是说,我们无法有意地要求在行为之前产生某种动机。② W. D. 罗斯的这一论点已注意到,具体动机的形成,往往有自然之维。以孟子举过的例子来说,看到儿童即将掉到井里,一个有道德意识的人便会过去相救,这种相救的动机并不是有意强求,即不是先产生"我应当有救人的动机",然后形成相应的动机,而是面对儿童身处险境,救人的动机自然而产生。在这里,行为的动机并非形成于有意的选择,而是表现为某种向善定势的产物。一般而言,具体的行为动机很难通过有意召唤来获得,但动机与精神结构及其定势之间却存在着内在的联系:具有

---

① 罗素在谈到伦理制裁时,似乎主要着重于社会对个体的约束,对自我评价维度上的道德制裁及其道德意义,则有所忽视。(参见〔英〕罗素:《伦理学和政治学中的人类社会》,肖巍译,中国社会科学出版社,1992 年,第 148—153 页)

② 参见 W. D. Ross, *Foundation of Ethics*, Chap. VI, Oxford University Press, 1939。

某种精神结构及定势的主体在一定的情景之中往往将形成某种行为动机,而这种制约行为动机的心理定势总是随着德性的形成而得到确立。可以看到,德性所内含的心理定势,在具体的情景中引发了相应的动机,德性对动机的这种制约,赋予行为以自然向善的形式。

如前一章所论,完善的道德行为不仅具有自觉(合乎理性的规范)和自愿(出于内在意愿)的品格,而且表现出自然的向度。只有当行为不仅自觉自愿,而且同时又出乎自然,才能使行为摆脱人为的强制而真正取得自律的形式。相对于单纯的自觉或自愿,自觉、自愿与自然的统一无疑是一种更高的行为境界,而这种行为境界又以德性为其本体论前提。《中庸》已注意到了这一点:"诚者不勉而中,不思而得,从容中道,圣人也。"①诚者是指具有真诚德性的主体。不思不勉,并非完全取消理性的作用,而是指普遍的规范内化于主体的深层意识,成为人的第二天性,人的行为则由此而获得了近乎自然的性质:自然地合乎规范(中道)超越了理性的强制与人为的勉强;而这种自然之境,又以形成"诚"的德性为前提。在这里,行为境界与人格境界(德性)呈现统一的格局。

四　成　就　德　性

与成就德行相联系的是成就德性。事实上,德性在道德实践中的本源意义,也使如何形成完美的德性成为不能不予以关注的问题。

从理论上看,在如何形成德性的问题上,似乎存在着一个悖论:一方面,追求德性意味着对善的向往,它在逻辑上以主体已经具有某种德性为前提:缺乏善的德性,显然难以将善确立为追求目标;另一

---

① 《中庸·二十章》。

方面,既然主体已经具有德性(走向理想的人格之境以已具有德性为前提),那么,成就德性的努力似乎就变得多余了。这种悖论使人联想起柏拉图在《美诺》篇中借美诺之口对知识来源问题上提出的困境:一方面,认识的发生要以对所认识的对象有所知为前提,因为如果对该对象一无所知,则根本无法确定其为认识的对象;另一方面,如果所研究的对象是已经知道的东西,则认识也就变得没有必要了。① 柏拉图由此论证了认识或学习的过程只能是回忆的过程。

然而,无论是认识的悖论,抑或德性的悖论,以唤醒或回归灵魂中已有之物为解决模式,显然只能给人以思辨的满足,而难以对问题作出真正的说明。就成就德性而言,较之回忆说,中国传统的性善说与性恶说,似乎包含更具有启示意义的思路。

孔子曾提出一个著名的命题,即"性相近也,习相远也"②。从德性的培养这一角度看,所谓性相近,也就是指每一个人都有相近的本质(性),因而都具有达到理想人格的可能。孟子进而将孔子所说的性相近引申为性本善。按孟子之见,人性之所以普遍相近,是因为凡人都有先天的善端,正是这种善端,为走向理想的人格之境提供了出发点:"恻隐之心,仁之端也;羞恶之心,义之端也;辞让之心,礼之端也;是非之心,智之端也。人之有是四端也,犹其有四体也。有是四端而自谓不能者,自贼者也。"③仁义礼智是理想人格的基本规定,而这种规定一开始便以萌芽的形式(端)存在于每一个主体之中,并构成了主体自我实现的内在根据;所谓成人,无非是这种先天潜能的展开,如果主体不能完成这一过程,便是对先天潜能的自我否定(自

---

① 参见 Plato, Meno, 80e-82d, *The Collected Dialogues of Plato*, Princeton University Press,1961, pp. 363-367。
② 《论语·阳货》。
③ 《孟子·公孙丑上》。

贼)。潜能之于人,犹如源泉之于水流,它为人格的发展提供了不竭的源头。可以看出,从孔子的性相近,到孟子的性本善,与人性相联系的内在根据在成人过程中的作用得到了进一步的突出。

与性善的预设相对,中国哲学史上的另一些哲学家对人性及成人过程作了不同的考察。荀子的看法在这方面具有典型意义。按照荀子的看法,自我的本然形态并不具有善的品格,相反,它一开始便被赋予了恶的本性:"人之性恶,其善者伪也。"① 正是这种恶的禀赋,使本然的我与理想的我(理想人格)一开始即处于一种紧张、对立的关系之中。换言之,本然的我并没有为走向理想的我提供内在的根据。可以看出,在德性培养的出发点上,荀子表现了一种有别于孟子的思路。

如何化解本然的我与理想的我之间的对立与紧张?这一问题实质上也就是:如何将本然的我提升到理想的人格之境?按荀子的看法,出路在于化性起伪(改造本然之性):"故圣人化性而起伪,伪起而生礼义。""凡所贵尧、禹、君子者,能化性,能起伪。"② 伪即人为,指广义的后天作用,具体包括外在的影响与内在的努力。所谓化性起伪,也就是通过社会的影响与个体自身的作用,以改造本恶之性,使之合乎礼义,而礼义则规定着理想人格的内在德性并构成了后者的主要内容。这里蕴含着如下观念,即德性并非先天的禀赋,而是形成于后天的化性过程。就其以"恶"为人的先天本性而言,荀子似乎并未完全摆脱伦理学上的先验论,但就其以化性起伪为礼义形成的前提而言,荀子又表现出扬弃先验论的趋向。

以性善说与性恶说为理论背景反观德性的悖论,则不难看到,解

---

① 《荀子·性恶》。
② 同上。

决以上悖论的途径在于将德性的培养理解为一个过程。从过程的角度看,德性的培养并不仅仅表现为外在强加,而是有其内在的根据;但这种根据最初主要以向善的潜能等形式存在;唯有通过教育、学习及道德实践的过程,内在的潜能才能不断获得现实的内容,并成为真实的德性。二者的相互作用,在中国哲学中往往被概括为性与习或天道与人道的统一:"性者天道,习者人道。"①"人之皆可以为善者,性也;其有必不可使为善者,习也。习之于人大矣……故曰:'习与性成。'"②习包括习俗(社会环境)与习行(个体的知与行),总起来,本然之性为德性的形成提供了可能,社会环境的影响(习俗)及个体自身在知行过程中展开的努力(习行),则制约着这种可能是否转化现实的德性。

德性培养的上述过程在某种意义上具有继天成性的特点。王夫之在阐发《易传》"继之者善也,成之者性也"之说时,对此作了较为具体的论述:"甚哉,继之为功于天人乎!天以此显其成能,人以此绍其生理者也。性则因乎成矣,成则因乎继矣。不成未有性,不继不能成。天人相绍之际,存乎天者莫妙于继。然则人以达天之几,存乎人者,亦孰有要于继乎!"③这里的"继",涉及从天性到德性的转化,按王夫之的看法,唯有经过"成性"的过程,天性才能真正成为人之性("性则因乎成","不成未有性"),而成性则以"继"为前提和条件("成则因乎继","不继不能成")。作为天性向人性(德性)转化所以可能的条件,"继"并非从无开始,而是以天性为其出发点(在词源学

---

① (清)王夫之:《俟解》,《船山全书》第 12 册,岳麓书社,1996 年,第 494 页。
② (清)王夫之:《读通鉴论》卷十,《船山全书》第 10 册,岳麓书社,1996 年,第 374—375 页。
③ (清)王夫之:《周易外传》卷五,《船山全书》第 1 册,岳麓书社,1996 年,第 1007 页。

的意义上,"继"本身蕴含从既成存在出发之意),但另一方面,"继"又不同于被动地承传、延续、沿袭,而是以转换、再创造等为其题中之义,后者具体展开于社会的影响及个体自身的努力过程中。这里既涉及天人之际,又可以看到个体与社会之间的互动。

作为德性培养的出发点,以天性、潜能等为形式的内在的根据蕴含着历史的性质:主体的潜能在后天作用过程中化为现实的德性之后,本身又成为德性进一步提升的新的根据,并为德性的培养提供了更高层面的出发点;而新的实践又赋予内在根据以新的内涵。就主体都具有向善的内在潜能和根据而言,德性培养确乎以既有的"德性"为前提;就内在的潜能和根据向现实德性的转化而言,德性的培养又离不开社会作用、历史实践。作为前提和出发点的"德性"与作为结果和终点的德性不断在"天人相绍"、继天成性的过程中达到统一。

从社会学的角度看,德性培养的过程同时也是个体社会化的过程。对个体来说,化内在的潜能为现实的德性,往往与接受普遍的社会规范相联系。如前所述,按其内容,德性之中总是包含着普遍的规定,这种规定与社会的规范(首先是道德原则)具有一致性。在教育、学习等个体与社会的互动中,外在的规范逐渐为个体所接受和认同,并融合于主体意识之中,成为德性结构中的普遍内容。唯有认同了普遍的规范,个体才真正成为社会共同体中的成员;而个体对普遍规范的接受,又构成了社会交往有序化与合理化的内在担保。就此而言,德性的培养并非仅仅是一种单纯的个体行为,而是一开始就具有普遍的社会意义。

健全的情感是德性的重要方面,德性的培养同时涉及道德情感的形成过程。情感本身有不同的表现形式,从道德实践的领域看,情感往往呈现出正面价值意义与负面价值意义等不同的特点。一般说来,同情、宽容、仁慈等情感具有正面的价值意义,嫉妒、残忍、冷漠等情感则主要呈现负面的价值意义,而恐惧、愤怒、羞耻等情感也许带有价值中立的特点。在具体的道德情景中,情感的反应往往有正当与否之分。如前文所提及的,在面对他人的痛苦之际,如果产生同情、关切之心,则这种情感便是正当的,相反,如果看到他人遭受不幸而幸灾乐祸,则这种情感便是不正当的。与意向或意欲相近,情感的作用也受到德性定势的制约。对一个有德性的人来说,其情感反应往往有确然的定向:他在看到别人的不幸遭遇时,总有一种同情之心而不会暗自庆幸。

与善的意向一样,情感也可以通过教育等方式而加以培养。在宽泛的意义上,重要的首先是通过培养和发展个体正面的潜能,通过价值观、人生观等方面的正面引导,通过赞扬、肯定表现正面价值的情感和谴责、否定具有负面价值的情感,等等,培养健全的情感定势。就个体正面的潜能而言,儒家所突出的亲子之情,便是其中之一。亲子之间的情感,带有某种本源的特点;亲之于子的关切,子之于亲的爱敬,是基于亲子之间本然、原初的关系而形成的,它构成了健全情感形成和发展的重要出发点。孔子所谓"入则孝,出则弟(悌),谨而信,泛爱众""慎终追远,民德归厚矣"①,其内在的涵义即在于通过顺导、展开具有本源意义的亲子之间的情感,以形成孝悌、爱人等道德情感,并进而造就良好的社会道德风尚。儒家关注亲子关系的道德意义之一,也体现于此。个体内在的潜能与社会的教化在道德实践过程中的交互作用,不断地推动着道德情感机制的建构,并逐渐使个体在不同的道德情景中形成正当的情感反应和情感认同。

作为德性培养的方式,教育并不仅仅表现为义理的灌输或理性

---

① 《论语·学而》。

的说教,它往往取得叙事的形式。从文明的早期看,史诗便为道德教化提供了重要的素材,史诗所歌颂的英雄或其他历史人物,同时也具有道德楷模的意义。此外,在各种形式的神话、传说、寓言中,也可以看到不同类型的人物塑造,这种人物在某种意义上也可以看作是一定时期道德理想的人格化。以著名的《伊索寓言》而言,其中便包含了不少人物形象,他们通过各自的具体言行,展示了多方面的德性。即使在理论文献中,亦包含着大量叙事的内容。以儒家而言,作为儒家理想人格的圣人,往往是通过具体的历史活动或日常行为而显示其完美的德性。在《孟子》一书中,我们便可以看到大量记叙"舜"的言行的篇章,如舜之父(瞽瞍)与继母曾一再试图置舜于死地:让舜去修谷仓,等舜上了屋顶,又抽去梯子并纵火烧仓房;命舜去疏通水井,却又用土去填井,欲将其埋在井中,等等,然而,虽受到这些不近情理的对待,舜仍毫不计较,事亲至孝。在与兄弟象的关系上,舜虽遭其陷害,但仍一再忍让,并且"象忧亦忧,象喜亦喜"[①]。这种记述当然不一定是史实的介绍,但它却具有叙事的性质,正是通过上述各种具体的言行,《孟子》多方面地展示了"舜"的人格力量。同样,在道家的系统中,理想的人格与生活世界中的具体形象亦存在着切近的联系,《庄子》一书中那种无所待而与天地并生、与万物为一的至人、真人,以及形体虽然残缺,但又各足自性的诸类人物,都从不同的方面表现了庄子的道德理想,而所有这一切都以叙事为其表达形式。在西方的文献中,也可以看到类似的表达方式,从早期史诗对英雄人物的刻画,到柏拉图对苏格拉底言行的描述,都包含着叙事的模式。直至近现代,在尼采、萨特等的作品中,依然深深地带有叙事的印记。不难注意到,在展示内在品格、德性、人格形象等方面,叙事的方式具

---

① 参见《孟子·万章上》。

有不可忽视的作用。

在日常的生活世界中,以传说、史实、人物传记等为形式的具体叙事同样构成了道德教化的重要方式。从宗教领域到世俗社会,都可以看到这一现象。以宗教背景而言,释伽牟尼的慈悲、基督的受难等宗教叙事,一直为信徒所引述并影响着其行为。在世俗世界中,历史上的圣人、英雄、贤者,等等,其言行同样成为引导、说服人们从善、向善的形象资源,诸如大禹治水期间数过家门而不入、孔融让梨、文天祥宁死不降,等等,这些叙事尽管有传说与史实之别,但都包含了某种劝善的功能。直到现代,对英雄、模范人物事迹的宣传以及榜样的确立,依然是道德教育的常见形式。较之抽象的说教,叙事的方式似乎更为接近现实的生活,也更容易为一般的社会成员所理解和接受。

社会的教化与个体的学习是同一过程的两个方面。如前所述,相对于一般的规范,生活实践具有更本源的性质,这一点既体现在规范的形成过程,也表现在对规范的把握上:就个体而言,对"应当"如何的了解,首先来自生活实践。叙事中的典范与生活中的榜样常常相得益彰,为个体提供了现实的示范;与其他方面的实践过程相近,个体的道德行为往往开始于模仿。亚里士多德曾以公正和节制的德行为例对此作了阐释:"当行为与正义或节制的人所做之事相似时,它们就被称之为正义或节制的行为,但这并不是说,行为者因其做了这些事情而成为公正的和节制的,而是因为他像公正和节制的人那样做这些事情。"[①]"公正和节制的人",也就是有德性的人,按公正和节制的人去做,意味着模仿有德性的人之行为。模仿可以是外在的

---

① Aristotle, Nicomachean Ethics, 1105b, *The Basic Works of Aristotle*, Randon House, Inc., 1941, p. 956.

依仿,也可以是内在的依照,模仿有德性的人,往往会经历一个从外在依仿到实质地仿效的过程。但不管是哪一种形式的模仿,都源于生活实践。

中国传统哲学很早也已注意到榜样的示范作用及个体效法人格典范的道德意义。《老子》以自然为第一原理,由此强调"希言",所谓"希言自然"①,便表明了这一立场。"希言"本来相对于言说而言,其引申之意则包括在治国过程中反对政令苛烦、道德实践中拒斥过度的抽象说教,等等。对《老子》作者来说,过分执着于言说,往往导致负面的结果:"多言数穷。"②在道德领域,与言说相对的是榜样;道德实践所需要的,首先也是榜样:"善人者,不善人之师。"③尽管《老子》对道德意义上的善有自身的独特理解,所谓"善人"的人格意义与儒家等学派也有所不同,但我们仍不难看到人格典范或榜样(善人)在《老子》哲学中的重要地位。按《老子》的看法,人格典范在日常的生活中具有示范作用:"故圣人云:我无为,而民自化,我好静,而民自正,我无事,而民自富,我无欲而民自朴。"④此所谓"圣人",既是贤明的君主,也泛指理想的人格。在这里,人格的典范并不是以言说(抽象的说教)来要求人们如何做,而是通过自身的立身行事,对人们加以范导和影响。

类似的观点亦见于儒家,当然,儒家在确认理想人格的示范作用的同时,更注重人们对人格典范的效法,所谓"见贤思齐"⑤便表明了这一点:思齐意味着以圣贤为榜样要求自己,并在实践中努力达到贤

---

① 《老子·二十三章》。
② 《老子·五章》。
③ 《老子·二十七章》。
④ 《老子·五十七章》。
⑤ 《论语·里仁》。

者之境。孟子更具体地谈到了这一点:"舜,人也;我亦人也。舜为法于天下,可传于后世,我由未免为乡人也,是则可忧也。忧之如何?如舜而已矣。"①舜是理想人格的化身(为法于天下),同时又是人之中的一员;作为理想的人格,舜的特点在于实现了人之为人的全部潜能。与舜同类(舜与为"我"皆为人),表明圣人之境是可以达到的;舜实现了人的潜能,则决定了"我"应当以舜为榜样。在此,孟子通过肯定理想人格具有崇高性与现实性的双重品格,论证了效法人格典范的必要性与可行性。

然而,理想人格的示范作用以及模仿与效法在道德领域中的意义,与理性的教化并非彼此对立。示范与模仿具有某种直观的、形象的特点,这种道德教育与学习的方式无疑体现了与生活实践的切近联系,但同时又主要涉及经验领域。作为展开于经验领域的过程,示范、模仿显然亦有自身的限度,如果仅仅停留于此,则道德实践似乎很难摆脱自发的性质。与经验领域的示范与模仿相辅相成的,是理性层面的教化,后者包括对伦理关系的把握、对普遍规范的理解、对自由及其实现方式的认识、对道德理想的反思、对道德秩序合理性的判断,等等。从这方面看,《老子》拒斥言说的方式,显然有其片面性。值得注意的是,类似的看法亦存在于现代一些伦理学家的思考中,如R·奥迪便认为:"德性无法通过学习各种道德领域的价值观念而获得,它通常是通过模仿与社会化而形成的,如果没有榜样,它也许便无法教予人。"②在此,道德观念的学习基本上被置于德性培养的过程之外,这种看法或多或少将理论层面的教化与经验层面的模仿视为彼此对峙的两极,而对理性的反思、学习在德性培养过程中的作用

---

① 《孟子·离娄下》。

② Robert Audi, *Moral Knowledge and Ethical Character*, Oxford University Press, 1997, p. 189.

则不免有所忽视。

当然,肯定德性培养的理性化之维,并不意味着仅仅以理性的自觉为德性的内容。福特曾提到过一个道德悖论:一方面,努力地去行善,表明行为者具有德性,另一方面,如果行善尚需依靠"努力",则说明行为者在德性方面还不够完美。① 努力去做,这种行为无疑是自觉的,但同时,其中亦含有自我强制或迫使自己去做某事之意,而完美的行为显然不应当带有自我强制的性质。这里所涉及的,是德性培养过程中的天人关系(天性的人化和德性的自然化的关系)。个体刚刚来到世间之时,固然包含了各种发展的潜能,但在相当的意义上还只是自然的(或生物学层面的)存在,与个体的社会化相应,德性的培养既以已有潜能为出发点,又首先展开为一个化天性为德性(或自然的人化)的过程。然而,人化的德性本身又不能与自然相互对峙或相互隔绝;德性一旦与自然对峙或隔绝,便往往容易以"超我"的形式强制自我,从而成为异己的规定。因此,在实现自然的人化的同时,德性的培养还应当指向人的自然化,亦即使德性成为人的第二天性。亚里士多德曾肯定,德性"非反乎本性而生成",并认为人是"通过习惯而得以完善"②,德性自然化的过程,在某种意义上与化德性为习惯的过程相联系,而实现这一转换的现实前提之一,则是生活世界中道德实践的不断反复。从本体论的层面看,德性唯有取得"自然"(第二天性)的形态,才能与人的存在融合为一(成为人自身存在的内在规定),并使主体在道德实践中达到从心所欲不逾矩的境界。

概而言之,德性的培养既以个体的潜能为内在根据,又展开为一

---

① 参见 Philippa Foot, *Virtues and Vices and Other Essays in Moral Philosophy*, University of California Press, 1978, p. 10。

② Aristotle, *Nicomachean Ethics*, 1103a, *The Basic Works of Aristotle*, Randon House, Inc., 1941, p. 952.

个包含多重内容的历史过程;从内在的维度看,与德性具有结构性特征相应,德性的培养涉及行善的意向、知善的能力、向善的情感等精神定势的形成与发展,它以善为指向,而对情景之真的分析与人格之美的向往,又使善的关怀与真和美的追求彼此交融;从外在的维度看,德性的培养始终以生活实践为本源,并具体表现为叙事层面的引导与理论层面的教化、经验领域的示范和模仿与理性之维的辨析和反思等方面的统一。德性由自发到自觉、又进而走向自然之境(不勉而为、从容中道)的过程,同时交织着天(天性)与人(德性)的彼此互动。

第六章
道德与认识

德性作为道德自我的内在存在形态,既蕴含善的定向,又具有自觉的品格;后者以道德认识为其所以可能的前提。广而言之,从善的确认,到善的选择,从知善到行善,道德认识展开于道德领域的各个方面。从其起源看,道德与认识的关系,几乎与道德本身的历史一样古老。早在古希腊,苏格拉底已注意到了德性与知识的相关性,并提出了"德性是某种知识"的著名论点。① 同样,在先秦,孔子也一再确认仁与智的统一,

---

① 参见 Plato, Meno, 87c, *The Collected Dialogues of Plato*, Princeton University Press, 1989, p. 372,以及〔古希腊〕色诺芬:《回忆苏格拉底》,吴永泉译,商务印书馆,1986 年,第 116—117 页。

强调"未知,焉得仁?"(《论语·公冶长》)仁既是一种道德原则,也具有德性的意义(仁德),从而,仁与知亦涉及道德与认识的关系①。尽管苏格拉底与孔子对道德与认识的侧重有所不同(在苏格拉底那里,德性似乎被归属于知识;对孔子来说,知则构成了德性的内容),但在肯定道德与认识的联系上,无疑又有相通之处。当我们在真与善、知与行等关系上对善何以可能作进一步考察时,道德认识便成为不能不关注的问题。

一 道德规范的认识论内涵

认识的领域总是涉及"事"和"理"。事或事实属"实然",理则可以进一步区分为"必然"和"当然"。② 一般而言,科学首先指向实然(事实)和必然,相对于此,道德则更直接地牵涉当然。在道德领域中,"当然"通常以规范为其逻辑形式。作为当然的逻辑形式,规范既包含道德的概念、范畴,又往往以简约的形式凝聚着不同的陈述。儒家所说的"亲亲",是一种普遍的规范,如果加以展开,便可具体化为如下陈述:"每一个人都应当敬重、关心父母。"即使是用祈使句的方

---

① 孔子之后,在中国哲学的历史演进中,认识与道德的如上关系亦一再得到了肯定。如朱熹便将"知"规定为对当然的把握:"知,谓识其事之当然。"[(宋)朱熹:《孟子集注·万章上》,《朱子全书》第 6 册,上海古籍出版社、安徽教育出版社,2002 年,第 378 页]此所谓当然首先涉及道德领域。近人张东荪则从人生过程的角度确认了道德与认识之间的联系,在他看来,要使人生获得价值和意义,首先便必须"知",知使人超越了当下性,知之愈多,则人生便愈有价值;就此而言,"知即为生,所谓 knowing is living (to know is to live)即此义也"(张东荪:《道德哲学》,中华书局,1933 年,第 656 页)。他所说的有价值的人生亦涉及合乎道德的生活,这样,知对人生的意义也内含知对道德生活的意义。

② 朱熹在对理作界说时曾指出:"至于天下之物,则必各有所以然之故,与其所当然之则,所谓理也。"[(宋)朱熹:《大学或问上》,《朱子全书》第 6 册,上海古籍出版社、安徽教育出版社,2002 年,第 512 页]在此,理即被理解为当然与必然的统一。

式表达的规范,也常常蕴含了某种道德陈述。以"不说谎"而言,这是一种以祈使形式出现的规范,但若完整地加以理解,其内涵便是:"任何人都不应当说谎",后者无疑也具有陈述的意义。不难看到,以当然为内容,道德的规范同时交织着概念、范畴、陈述等具有认识论意义的逻辑形式。

以当然为指向的规范并不仅仅囿于形式之域,它同时具有实质的意义。由实质的层面而视之,则规范的形成便涉及多重方面。首先是价值的确认。亚里士多德曾指出:"所有技艺、所有探索,以及所有行动和追求,都旨在达到某种善。"因此,"我们必须至少大致地确定善究竟是什么"①。善是一种正面(具有肯定意义)的价值,善的确定,可以视为广义的价值确认或认定。在此,亚里士多德从实践的角度,肯定了价值确认的必要性。按其本质,道德规范的意义总是通过对行为的引导和约束而得到具体体现,所谓"当然",便意味着规定何者应当做、何者不应当做,而这种规定的前提,则是价值的认定:唯有具有正面价值的(善的)行为,才是应当做的。在这一意义上,规范的形成,无疑以价值的认定为题中应有之义。

价值存在于关系之中,它所涉及的基本关系项之一是人的需要;价值的确认,相应地离不开对人的需要的把握。人既是一种感性的生命存在,又具有社会的、理性的规定,人的需要同样展开为多重方面。马斯洛(A. H. Maslow)曾将人的需要区分为不同的层面,包括生理的需要、安全的需要、爱的需要、尊重的需要以及自我实现的需要,等等。② 这些不同的需要既体现了存在的多方面性,也制约着价

---

① Aristotle, Nicomachean Ethics, *1094a*, *The Basic Works of Aristotle*, Random House Inc, 1941, p. 935.

② 参见〔美〕马斯洛等:《人的潜能与价值》,林方主编,华夏出版社,1987年,第162—177页。

值的多样性。当感性需要被视为存在的主要规定时,价值往往便被理解为对这种需要的满足,在各种形式的快乐论中,即不难看到这一点;当人被仅仅归结为理性的存在时,理性需要的满足则常常被理解为价值的主要源头,从"谋道不谋食"到"存天理灭人欲",都在不同程度上表现出这一倾向。概而言之,对需要的片面理解,总是逻辑地导致对价值的片面认定;它同时也从一个方面表明,正确地认识人的需要,是真实地把握价值形态的前提。

与人的需要相联系的,是满足需要的对象和方式,对后者的把握构成了价值认定的另一内容。道德领域中价值认定的对象首先涉及社会化的存在,当某种社会形态、制度被认为合乎人的需要时,它往往便被赋予正面的价值(善),反之,如果一种制度被认为反乎人性,则常常成为否定的对象(恶)。北宋时期,二程等理学家之所以批评王安石的新政,缘由之一,即在于他们认为这种新政可能助长人的功利之心而不合乎人的道德提升等需要;在此,对相关对象性质的判断,即构成了价值认定的根据。同样,行为的价值意义,也总是依照其是否合乎人的需要来加以确认。对快乐论来说,凡是能满足人的感性需要的行为,即为善,而对注重精神升华的儒家来说,行为唯有与人的理性要求相一致,才具有善的性质。无论是对象性的存在,还是人的行为,它们是否具有合乎相关需要的性质,以及在多大程度上具有这种性质,都只有在道德认识的过程中才能逐渐得到确定。

可以看到,作为规范形成的前提和根据,价值的认定关联着对人的需要及相关对象的把握:对需要的不同理解,制约着不同的价值趋向;价值性质本身的确定,又以对相关对象和行为的认识为依据。价值的以上认定,构成了规范的重要本源。以"不偷盗"而言,这是存在于一定历史时期的道德规范,其意义在于维护合法的财产占有关系,而对这种财产关系的维护,又是以保证社会的有序性为前提。在这里,社会的有序性呈现为一种正面的价值,因为它合乎人生存与发展的历史需要,"不偷盗"的规范则以上述价值的确认为其根据:如果不承认社会秩序的价值,则旨在担保这种秩序的规范便失去了存在的意义。在这里,"不偷盗"这一规范形成以肯定社会秩序的正面价值为其逻辑前提,后者本身又是基于对人自身生存发展的需要及其满足条件的把握。道德规范与价值认定之间的如上关系,从一个方面表现了道德的认识向度。

道德规范所体现的"当然",同时以义务或责任为其内容。所谓你应当如何,意味着你有义务或有责任如何。在其现实的形态上,义务并不是一种先天的律令,它往往以某种方式折射了一定的社会伦理关系。个体作为社会成员,始终存在于某种伦理关系中,从生命的生产与再生产过程中的家庭,到广义社会领域中的邻里、朋友、师生、同事,等等,其间的关系总是同时包含着伦理之维。如前所述,社会的伦理关系不仅构成了人的存在方式,而且规定了人的相应义务或责任。当个体来到这个世界时,他与父母之间在构成血缘自然关系的同时,也形成了具有伦理意义的社会关系。在个体未成年时,父母对其有养育之责;而在父母年迈之际,他又有赡养父母的义务。这不仅是一种法理关系,而且亦体现为一种伦理责任。在法理关系的形式下,亲子之际的关系呈现无人格的特点,但作为伦理关系,亲子之间的义务,便具有亲慈子孝的意义。儒家所要求的父子有亲,即体现为如上的伦理义务:作为一种规范,它所反映的首先是亲子之间超越法理意义的伦理关系。

与社会系统本身的复杂性和多维性相联系,社会伦理关系也具有多方面性,后者同时规定了义务的多重性,并体现于一般的规范之中。伦理关系在这里往往制约着规范的作用范围及方式。通常所谓职业道德,其规范往往折射了相关职业领域的伦理关系,如企业中的道德规范体现了经营者与职工及职工之间的关系,商业中的道德规范涉及的主要是交易双方之间的关系,医学中的道德规范反映了医生与患者之间的关系,等等。以具体的伦理关系为背景,这些不同的规范主要被运用于各自的相关领域。相对于职业道德,超越具体职业领域的规范,常常具有更为普遍的意义。以"不说谎"而言,它对不同历史时期、不同职业领域的社会成员都具有约束的作用,这种约束意义之所以具有普遍性,即在于它体现了社会成员之间以信用等为纽带的普遍交往关系。

广义的伦理关系不仅展开于人与人、人与社会之间,而且涉及天人之际。张载曾有"民吾同胞,物吾与也"之说①,其要义在于打通人我关系与天人关系,将万物泛化为宇宙大家庭中的成员。对天人之际的这种理解已注意到,天人之间的关系除了自然性质外还蕴含着伦理的意义。当然,其中亦表现出过强的思辨哲学的倾向。相对而言,当代的生态伦理学更多地从人与自然的现实关系上,考察和规定人的伦理责任。在以平衡天人、维护生态为宗旨的各种生态伦理规范的背后,是对人与自然(天)关系的新的理解:相对于近代以来将人与自然主要视为征服与被征服、利用与被利用等单向关系,生态伦理更多地把人与自然视为相互统一的整体。"保护环境"等生态伦理意义上的规范,既反映了人与自然的整体关系,又体现了对这种关系的自觉认识。

简而言之,一定的伦理关系规定了相应的义务,道德规范在确认义务的同时,又体现了相关的伦理关系。就其体现、反映了不同的伦理关系而言,道德规范无疑内含着某种认识的内容。当然,与价值的认定一样,这种认识不一定取得个体认知的自觉形态,它往往表现为类的历史实践中形成的社会共识。道德规范的认识内容在某种意义

---

① (宋)张载:《正蒙》,《张载集》,中华书局,1978年,第62页。

上即可以看作是社会共识的沉淀和凝结。

　　道德规范作为"当然"之则,主要指向"应该",应当之事是希望或要求实现但尚未实现之事,相对于现实,它无疑包含着理想的内涵。事实上,道德规范与道德理想往往很难分离:当然的实际内容总是超越现实而指向理想,在当然的形式下,道德规范同时表现为道德理想的具体化。以"不说谎"而言,作为调节一般社会交往关系的规范,它内在地包含着建立真诚交往关系的要求,相对于与之相异的现实存在形态,这种要求无疑具有理想的性质。同样,工业化或后工业化时代"善待自然""维护生态平衡"等规范,也寄寓着天人关系上的理想要求:实现或重建天人之间的统一。

　　道德规范所体现的道德理想,并不是无本之木。理想作为应然而尚未然的蓝图,总是既融入了人的需要和价值追求,又反映了现实所提供的可能。从本体论上看,可能源于现实中存在的不同联系,而现实的联系本身又有偶然与必然之分。理想所依据的可能如果源于现实中的必然联系,便不同于空幻的梦想而呈真实、具体的性质。道德规范的普遍有效性,在相当程度上取决于它所体现的理想是否具有现实的根据。在这里,规范并不仅仅表现为一种抽象的"当然",它同时也蕴含着对"实然"("事"或现实存在)与"必然"("理"或本质的联系)的把握。事实上,前文所论及的伦理关系便既呈现为"实然"的一种具体形态,亦蕴含着必然之理。

　　当然、实然与必然的如上联系,从一个更普遍的层面展示了道德规范所内含的认识意义。它表明,道德领域的善并非与事实层面的真截然相分离;略去了道德领域中的认识内容,便难以把握道德现象的真实形态。由此出发,我们似乎很难接受实证主义的有关论点。按照实证主义的看法,道德不具有任何知识的形式,因为道德与知识无法相容:"知识并不包含任何规范成分,因此不能充当伦理学的解释。""如果德行是知识,那么伦理规条就失去了它们的命令性质。"①对道德与认识的这种理解,显然未能注意规范所融入的认识内容,它在"净化"道德规范的同时,也使之抽象化了。实证主义的以上偏向,在理论上导源于当然与实然、必然的相互隔绝。扬弃这种偏向的前提,则在于把握当然与实然、必然之间的真实关系。

二 道德知识如何可能

对道德规范的如上分析,从一个方面展示了道德与认识之间的联系。在其实质的层面,道德以善的实现为价值目标,与之相应,道德的认识意义不仅仅在于确认当然与实然、必然之间的统一,而且涉及对善本身的把握。广而言之,善的知识如何可能?这是道德领域更内在的认识论问题。

金岳霖曾对元学的态度与知识论的态度作了区分:"研究知识论我可以站在知识论底对象范围之外,我可以暂时忘记我是人,凡问题之直接牵扯到人者我可以用冷静的态度去研究它,片面地忘记我是人适所以冷静我底态度。研究元学则不然,我虽可以忘记我是人,而我不能忘记'天地与我并生,万物与我为一',我不仅在研究底对象上求理智的了解,而且在研究底结果上求情感的满足。"质言之,"知识论底裁判者是理智,而元学底裁判者是整个的人"②。金岳霖所说的元学,也就是形而上学,他认为知识论仅仅需要冷静的理智,唯有形而上学才涉及整个的人,这种看法未免将问题简单化了。就道德认识而言,其主体显然不能简单地归结为理智的化身:这里需要的同样

---

① 〔德〕赖欣巴哈:《科学哲学的兴起》,伯尼译,商务印书馆,1983年,第213—214页。

② 金岳霖:《论道》,商务印书馆,1987年,第17页。

是"整个的人"。所谓整个的人,也就是作为具体存在的人。他既有感性的规定,也有理性的面向;既渴望情感的满足,又包含着内在的意愿,如此等等。在善的追求中,理智的冷静辨析与情感的认同、意志的选择总是交织在一起,如果说,缺乏理智的辨析往往便无法对善恶作正确断定,那么,没有趋善的意向则知善的过程也将失去内在的动力;而在知善知恶的整个过程中,道德判断的形成同样离不开情感的认同。

以整个的人为主体,决定了道德认识不限于单纯的认知,而是同时具有评价的意义。认知所指向的,主要是对象本身的性质、规定;"在认知中,主体和客体的关系是外在的关系,即对象可以被看作是外在于主体的。"①一般而言,外在关系中的关系项,其性质并不相互依存:作为认知的对象,客体的物理、化学等属性并不因主体的意向、需要等而改变。与认知有所不同,评价涉及对象的性质、属性、规定与人的需要之间的关系,它所断定的,是事物相对于人的需要所具有的意义。在评价中,"主体的状况和客体所显示的功能是互为条件、互相依存的,主体的需要改变,客体的功能也显出不同"②。质言之,对象与人的需要之间的关系在评价之域具有内在性的一面。

道德领域的认识过程,无疑涉及对实践背景、行为主体、相关对象等的认知;行为的选择和评判,通常也要以这种认知活动所提供的知识为依据。然而,道德认识同时始终无法略去或忘记人本身,对某种现象、行为所具有的道德意义的断定,总是与人的需要相联系,并相应地具有评价的性质。诚然,具体的评价过程往往并不直接以人

---

① 冯契:《人的自由和真善美》,华东师范大学出版社,1996年,第66页。
② 同上书,第67页。

的需要为参照系,而更多地是以道德规范为其中介,但如前所述,道德规范本身蕴含着基于需要的价值认定,从而,以规范为准则的道德评价过程在终极的意义上也涉及人的需要。作为道德认识的两个方面,认知与评价并非彼此隔绝,评价除了涉及需要、规范等之外,还要以认知所提供的真实知识为依据;同样,认知要求的提出、认知对象的确定,等等,也受到评价的制约。认知与评价的如上统一,体现了道德主体的具体性:作为"整个的人",道德主体在现实的道德认识中展开为多重向度。

从道德认识的具体过程看,认知离不开经验事实,评价则往往关联着个体的体验;这样,以认知和评价的统一为内容,道德认识总是兼涉经验与体验。认知意义上的经验,以事实为对象,其内容可以看作是对事实的直接把握;体验则更多地指向价值,其内容涉及存在的感受,包括主体的意愿、价值的关怀、情感的认同,等等。王夫之曾对"知"与"觉"作了区分:"随见别白曰知,触心警悟曰觉。随见别白,则当然者可以名言矣。触心警悟,则所以然者微喻于己,即不能名言而已自了矣。知者,本末具鉴也。觉者,如痛痒之自省也。知或疏而觉则必亲,觉者隐而知则能显。"[①]因"见"而生的"别白",首先与经验相联系,以此为内容的"知",也相应地表现为基于经验的理解、把握;"触心警悟"则是由心灵、精神的触动、震撼而形成的自我醒悟,它不同于对象性的了解而以自我的认同为前提(我的警悟基于"我"的自觉和确认),其内容已超越了经验层面的辨析、理解,而更多地呈现为自我的存在感受。这一意义上的"觉",可以看作是道德体验的形式之一。

---

① (清)王夫之:《读四书大全说》卷二,《船山全书》第 6 册,岳麓书社,1996年,第 449 页。

作为价值层面的存在感受,体验与个体有着更切近的联系,它往往很难和个体的特定存在相分离;当王夫之强调"知或疏而觉者必亲"时,他所说的"亲"便隐喻了体验与个体存在的上述关系。《淮南子》从另一角度涉及了这一点。在谈到圣人与道的关系时,《淮南子》指出:"故圣人之道,宽而栗,严而温,柔而直,猛而仁。太刚则折,太柔则卷,圣人正在刚柔之间,乃得道之本。……故圣人以身体之。"①此处的"道"既指一般的原则,也包括运用一般原则的方式;"体"意味着体验或体认,"身"则表征着个体的具体存在,以身体之,表明对一般原则的把握以及一般原则的合理运用,总是渗入了个体的体验,而这一过程又无法离开个体的具体存在。

在"以身体之"等形式下,体验往往具有返身性的特点。孟子曾提出"尽心"之说:"尽其心者,知其性也;知其性,则知天矣。"②尽心是指向自我的过程,"天"在这里则是一种形上的原理,其中亦包括道德原则的超验根据,在孟子看来,对形上之天的把握,并不是一个向外追求的过程,它更多地借助于自身的体悟。同样,朱熹也肯定为学工夫的返身性:"不可只把做面前物事看了,须是向自身上体认教分明。"③以仁义礼智而言,"如何是礼?如何是智?须是着身己体认得"④。仁义礼智属广义的道德认识,按朱熹的理解,欲具体地把握其内涵,便离不开以反求诸己为特点的体验。这些看法已注意到:道德认识并非仅仅是对象性的辨析,作为实践理性领域中的过程,它与主体自身的情意认同、价值关怀、人生追求等无法分离。所谓反求诸

---

① 《淮南子·氾论训》。
② 《孟子·尽心上》。
③ (宋)朱熹:《朱子语类》卷八,《朱子全书》第 14 册,上海古籍出版社、安徽教育出版社,2002 年,第 290 页。
④ (宋)朱熹:《朱子语类》卷十一,《朱子全书》第 14 册,上海古籍出版社、安徽教育出版社,2002 年,第 338 页。

己,也就是以主体自身的整个精神世界为理解的背景,从而超越单向的对象性认知。

与返身性相联系,体验往往表现为自我的领悟:"反求诸己"总是逻辑地导向"实有诸己"。作为道德认识的样式,体验既是一种活动或过程,也涉及认识的成果。朱熹在谈到体认时,曾指出:"体认省察,一毫不可放过。理明学至,件件是自家物事。"①件件是自家物事,意味着通过返身体验,道德认识已融入自我的精神世界,成为实有诸己的内容。由个体的体验而达到的精神形态,可以表现为自觉的认识形式,日常语言中所谓"切身体会",便是以全身心的体认活动为前提而获得的自觉的理解。

作为实有诸己的认识,体验往往具有超乎名言的一面。庄子已注意到言与意之间的区分:"可以言论者,物之粗也;可以意致者,物之精也。"②在宽泛的意义上,这里的"意"也包括自我的体验或体认,按庄子的看法,"意"所达到的认识,非"言"所及;"意"(包括广义的自我体验)包含着超越名言的内容。明代的理学家陈献章更明确地指出了这一点:"吾或有得焉,心得而存之,口不可得而言之。"③质言之,心之所悟与口之言说之间,每每存在某种距离。当王夫之肯定与"知"相对的"觉"具有"不能名言而已自了"的特点时,他无疑也注意到了体验与名言的以上关系。当代哲学家 M. 波兰尼(Michael Polanyi)基于对个体知识(Personal knowledge)的具体考察,提出了默会之知或隐默之知(tacit knowing)的概念,默会之知或隐默之知的特点之一,在于它包含不可言传的内容:"我们所能知道的,多于我们所能表

---

① (宋)朱熹:《朱子语类》卷八,《朱子全书》第 14 册,上海古籍出版社、安徽教育出版社,2002 年,第 289 页。
② 《庄子·秋水》。
③ (明)陈献章:《陈献章集》,中华书局,1987 年,第 56 页。

述的。""默会之知首先表现为一种方式,这种方式使我们可以获得比可表述之知更多的知识。"①在某种意义上,作为道德认识形式之一的体验,也可以归入默会之知。它固然具有可表达、言传的认识内容,但其"切身"(与个体存在不可分离)性,也使之包含了超乎可表述认识的个体之知。人本主义心理学所谓"高峰体验",便是对自我某种存在状态的体认,这种体验常常具有综合性的特点(表现为自我的一种综合的精神形态),其中所包含的独特感受、对意义的领悟,以及相关存在对自我所呈现的特定意味,等等,常常便具有难以表述的一面。作为价值层面的存在体验,这里并没有任何神秘之处。

以事实为指向的经验与价值层面的体验并非彼此悬隔,在道德认识中,经验与体验往往相互联系。无论是道德规范的把握,抑或行为的选择和评价,经验与体验都构成了不可或缺的方面。以道德规范的把握而言,对其理解和接受,与确认规范在社会生活中的作用及它所呈现的意义相联系,而对规范作用与意义的确认,则既涉及日常经验(包括对规范的制约具有担保社会秩序的作用等事实的了解),也基于道德实践过程中对规范意义的真切体验;生活世界中的经验使个体具体地了解规范的作用方式以及其中包含的要求、规定,并由此扬弃规范的抽象性;自我的体验则进而使个体形成对普遍规范的认同感。

同样,道德领域中行为的评价,也既需要对行为的背景、行为的方式、相关的对象等具体事实获得经验层面的知识,亦涉及自我的领悟、感受、认同等形式的个体体验;对所涉行为的过程、结果、情景等

---

① Michael Polanyi, *The Tacit Dimension*, Doubleday & Company, Inc., 1966, p.4, pp.17-18.

事实的了解,是对其作出道德判断的经验前提之一,但单纯地从经验事实出发,显然还不足以作出道德的判断:作为评价性的断定,道德判断总是渗入了与价值关怀、情意认同等相关的自我体验。仅仅基于经验事实而没有体验等的参与,常常或者直接引向认知意义上的事实判断,或者将导致道德判断的形式化:在后一种情况下,判断虽包含"善""正当"等评价性语词,但这种判定基本上以经验事实与一般规范在逻辑层面的比较为依据,因而主要呈现形式的意义。如果说,以事实为指向的经验同时体现了对真的追求,那么,蕴含价值内容的自我体验,则更多地表现了善的取向,在这一意义上,道德认识中经验与体验的相融,也意味着真与善的统一。

然而,从另一方面看,体验等的渗入,似乎使道德认识在普遍有效性等方面受到了某种挑战。如前所述,体验与个体的存在难以分离,并相应地涉及自我的领悟、感受、认同等形式,在融入体验的条件下,如何担保道德认识的普遍有效性?康德曾在纯粹理性的意义上,提出过普遍必然的知识何以可能的问题,在他看来,感性的杂多固然构成了知识的质料,但它本身缺乏内在秩序;时空的直观形式虽然赋予感性杂多以某种秩序,但由此形成的感性经验依然不具有普遍必然性,唯有引入先天的知性范畴,知识才可能获得普遍必然的性质。康德将知性范畴视为先天形式,显然有其问题,但他从逻辑的角度规定普遍必然知识所以可能的条件,仍有其值得注意之处。从形式的层面看,道德领域知识的普遍有效性,似乎与规范的引用相联系。规范作为当然之则,总是超越了特定的行为情景而具有普遍的品格,当然,如前文所论及的,规范的普遍性本身源于现实之中的必然之理,从而不同于先天的预设。以现实中的普遍必然联系为根据,规范同时也为道德认识的普遍有效性提供了某种条件。经验与体验固然在一定意义上构成了道德认识(包括对规范本身的理解与接受)的出发点,但在融入道德认识的过程中,它们总是受到不同方式、不同程度的安排、整理,而这一整理过程往往涉及普遍规范的引用。广而言之,通过扬弃感性经验和个体体验的特殊性,规范的引用也使道德认识(包括道德判断)的普遍有效性获得了形式的担保。

同时,体验的参与,并不意味着道德认识完全游离于一般的逻辑法则。包括体验在内的道德反省、道德推理过程,始终受到逻辑法则的制约。普特南已指出:"当我们就伦理问题进行推论时,我们所使用的逻辑法则,与我们在集合论、物理学、历史学或其他领域进行推理时所使用的逻辑法则完全一样。"[1]逻辑法则具有普遍必然的性质,伦理领域中的推论过程与逻辑法则的联系,使道德认识的普遍有效性进一步在思维程序的层面得到了某种落实。

就道德认识的具体过程而言,问题常常涉及直觉。近代以来,一些哲学家在考察道德知识如何形成时,总是一再诉诸直觉。首先可以一提的是布伦坦诺(F. Brentano)。在《我们的正确与错误知识之起源》等著作中,布伦坦诺对道德知识的发生过程作了探讨。他将心理现象区分为三种,即观念、判断与情感,其中,判断与情感除了涉及某种对象或观念的直接呈现之外,还包含着指向对象的意向关系,后者分别表现为肯定与否定及爱与恨。在判断的形式下,当某种意向所肯定的内容是正确的,则该判断为真,反之则为假;在情感的形式下,如果意向关系中的爱是正确的,则所爱的对象便是善的,反之则为恶。而所谓正确,往往是不证自明的:其根据即在对象自身。[2] 布伦坦诺从意向关系入手考察道德知识的起源,与他的意向理论显然存在着联系,而他认为以意向性为特点的判断和情感具有直接呈现

---

[1] Hilary Putnam, *Words and Life*, Harvard University Press, 1994, p. 154.

[2] 参见 F. Brentano, *The Origin of Our Knowledge of Right and Wrong*, Humanities Press, 1969, pp. 13-25。

和不证自明的性质,则赋予相关的意识(包括道德知识)以直觉的形式。

与布伦坦诺引入意向有所不同,摩尔首先关注逻辑的形式。在他看来,全部伦理学最重要的问题是怎样给善下定义,但善恰恰是无法定义的。这一论点的前提是"善的"与"善的东西"的区分,善的东西具有复合性,而"善的"则是单纯概念,是不能分析的。对这种单纯而不可分析的对象,我们无法以定义等方式加以阐明:"正象决不能向一个事先不知道它的人,阐明什么是黄的一样,你不能向他阐明什么是善的。"①善的不可定义性,意味着善是自明的,后者同时也决定了奠基于其上的伦理学原理的性质:"伦理学的各基本原理必须是自明的。"按摩尔的理解,"自明"的涵义在于命题"不是除它本身以外的任何其他命题之推论","它绝对没有任何理由"②。质言之,作为自明的认识,伦理概念和命题的成立既不必通过论证,也无需提供理由或根据。

从逻辑上看,推论的知识往往与直觉相对而言,伦理学概念与命题的非推论性,从另一方面看即表明它具有直觉的特点。事实上,摩尔也明确地肯定了伦理命题的直觉性。不过,较之布伦坦诺将直觉同时理解为获得或形成伦理知识的方式,摩尔更多地强调直觉超越论证的性质:"我把这样的诸命题称为'直觉',我的意思仅仅是断言它们是不能证明的;我根本不是指我们对它们的认识的方法或来源。"③在这里,直觉主要就伦理命题的性质而言,而不涉及其形成方式。换言之,它着眼的是道德认识的结果,而不是其过程。

---

① 〔英〕摩尔:《伦理学原理》,长河译,商务印书馆,1983年,第13页,同时参见该书第11—12页、第13—23页。
② 同上书,第152页。
③ 同上书,第3页。

摩尔之后,罗斯进一步从直觉的角度,对道德现象作了考察。与摩尔首先关注善有所不同,罗斯对义务作了更多的分析。在他看来,社会领域中存在着一种显见的义务(prima facie duty),这种义务的特点在于不证自明(self-evident),它们往往直接呈现于人们之前,无需逻辑的根据即可为人们所意识。罗斯甚至将显见义务的这种不证自明性与数学公理的自明性加以类比:"它们(显见义务)之成为不证自明,一如数学公理。"① 显明性意味着无需借助推论即可直觉地达到。义务制约着行为,与肯定义务的显明性相联系,罗斯强调正当的行为之为正当,其根据必须凭直觉来把握。②

从布伦坦诺的正确与错误思想起源论,到摩尔、罗斯的元伦理学(meta-ethics),直觉在道德认识中的意义都被提到了突出的地位。当然,上述理论有关直觉的考察又有不同的侧重:对注重道德认识过程的直觉理论来说,道德认识的直觉性主要表现为这种知识的获得过程并非借助经验的积累或逻辑的推论,而主要是通过直觉的意向活动;以道德知识的逻辑形式为主要关注之点的直觉理论(元伦理学的直觉理论),则更多地指出了道德知识无法以其他的命题加以证明。二者的共同特点,在于强调道德认识的不证自明性。

从认识的层面看,道德认识无疑涉及直觉。不论是道德规范的把握,抑或具体的道德判断,显然都不能仅仅依据感性经验或自我的体验。道德认识既有社会的背景,又总是通过具体的个体而完成,在经验活动中,个体所接触的往往是特殊的个例,个例的单纯重复,并不足以达到对一般原则和规范的理解。以"遵守诺言"这一规范而

---

① W. D. Ross, *What Makes Right Acts Right?*, in *Readings in Ethical Theory*, Appleton-Century-Crofts, Inc., 1952, p. 186.
② 参见〔英〕玛丽·沃诺克:《一九〇〇年以来的伦理学》,陆晓禾译,商务印书馆,1987年,第46页。

言,个体在日常经验中所见所闻的,是各种遵守诺言的特定事例,从特定的事例,到一般的原则与规范,表现为一种认识的飞跃,而它的实现,则需要借助直觉等认识形式。同样,在具体的道德判断中,有关的经验知识固然提供了行为背景等方面的知识,但要对所涉及的行为性质作出道德的断定,便不能限于经验本身:道德的判断常常以特定事例与道德规范之间的连接(道德规范在具体事例上的引用)为形式,这种引用和连接也每每需要借助直觉。同时,对一定社会共同体中的成员而言,某些道德规范或判断常常也确乎具有显而易见的性质,如在存在个人及公共的财产所有制的社会条件下,"不偷盗"这一规范似乎无需证明:它对处于该社会条件之下的社会成员呈现为自明的律令。直觉主义强调道德认识的不证自明性,无疑有见于此。

然而,道德认识内含的直觉之维及某些道德规范的自明性,并不意味着它与经验、逻辑推论彼此隔绝。以道德规范而言,作为普遍的当然之则,它与社会生活本身存在着切近的联系,后者不仅在于规范的形成离不开社会生活,而且表现在规范形成之后,往往以教育、舆论、社会评价等为中介,逐渐影响并融入社会生活;通过对日常生活及人的日常存在的影响、通过社会文化的长期积淀以及生活方式的传承,等等,这些道德规范常常进而取得常识的形式。常识的特点之一在于显见性及自明性,它所呈现的意义每每为日常生活中的人们所当下、直接地把握,而无需借助反思或推论。当相关的道德规范在融入社会生活并在历史的演进过程中积淀为具有"常识"形式的行为准则之后,它们也相应地获得了某种不证自明的性质。进而言之,与规范取得某种常识的形式相联系,在行为中遵循相关规范往往成为习惯①,习惯成自然,行为的这种自然特性,也总是赋予规范以自明的形式。可以看到,某些道德规范之具有自明性,其根据之一便在于社会生活的历史演进过程本身。

  这里似乎可以对西季威克(H. Sigwick)有关常识与规范关系的看法作一分析。西季威克在伦理学上也具有直觉主义倾向,摩尔曾将其引为同道。② 在谈到普遍的道德命题或道德领域的"公理"时,西季威克认为,一个自明的、具有最高确定性的命题,应满足四项条件:(1)它应当以清晰而准确的词语来陈述,(2)真正是自明的,(3)不与其他任何真理相冲突,(4)充分得到"专家们一致意见"的支持。但常识的道德准则却不具备这些特征。③ 这里包含着区分以严格形式表述的道德规范与常识之意。在自觉形态的道德系统中,规范体现了理性的反思,而常识则往往具有非反思的特点,从而,规范不能简单地归结为常识,西季威克的以上看法无疑注意到了这一点。不过,规范与常识的关系同时又以社会生活的展开和演进为中介,如前所述,在规范与社会生活的融合过程中,规范又有"常识化"(取得某种常识的形式)的一面,看不到这一方面,便很难理解某些道德规范的自明性。西季威克在确认道德命题或"公理"与常识的界限的同

---

  ① 事实上,如前所述,道德(moral)与伦理(ethical)的原始涵义都与习惯等相联系。亚里士多德已通过词源的考察,指出了伦理、道德与习惯之间的相关性:"伦理德性这一名称,是通过对习惯稍加改变而构成的。"(Aristotle, Nicomachean Ethics, 1103a, *The Basic Works of Aristotle*, Random House Inc., New York, 1941, p.952)《中庸》所谓"君子之道,造端乎夫妇"(《中庸·十二章》),也确认了道德与日常行为之间的联系:君子是合乎道德理想的人格典范,君子之道,包括一般的道德原则,夫妇的活动则是最基本的日常行为,二者的这种本源关系,也隐喻了道德与日常习惯性活动之间的相关性。

  ② 参见〔英〕摩尔:《伦理学原理》,长河译,商务印书馆,1983年,第23—24页。

  ③ 参见〔英〕西季威克:《伦理学方法》,廖申白译,中国社会科学出版社,1993年,第354—359页。

时,似乎忽略了道德原则、规范在影响、渗入社会生活的长期过程中,其本身也不断向常识趋近。

  道德规范的自明性主要从知识形态上表现了道德与直觉的关系(规范的自明意味着可以被直觉地把握),而这种自明性以规范的"常识化"为前提,则从一个方面体现了道德直觉与社会生活的联系。由此作进一步的考察,便可以看到,直觉作为一种获得道德认识的方式,同样涉及生活实践。在科学研究中,作为科学发现方式的直觉,往往奠基于科学实验的反复之上。道德作为实践理性领域的现象,本质上更具有实践的品格,其认识过程也相应地与实践过程有更切近的联系。从现实的层面看,对社会生活的参与、身体力行的实践,是道德直觉所以可能的前提之一;道德规范对个体呈现自明的意义并被直觉地把握,也以个体在生活世界中不断地接触与规范相关的行为、在自身的实践中体验规范的意义等为前提。广而言之,唯有通过"众里寻他千百度"的过程,才可能达到"蓦然回首"中的发现和领悟。

  相对于逻辑推论等认识形式,直觉无疑具有直接性、顿然性、突发性等特点,但这并不意味着可以将其与逻辑思维完全分离开来。直觉不是无本之木,其发生往往需要一定的条件,这种条件固然不一定具有充分的意义(有之不一定发生),但却常常呈现为必要的前提(无之则难以发生)。就其内容而言,直觉所以可能的条件既包括生活实践及与之相关的经验和体验,也涉及逻辑思维。科学研究中对某些难题的解决,固然每每以顿悟的方式实现,但这种顿然之悟却往往以长期、反复的逻辑思维为前提;科学史上各种借助直觉作出的发现,如果追溯其根源,通常可以看到围绕某一问题展开的探索历程。同样,道德认识中直觉的形成,也总是以相当时期内思维活动的展开及思维成果的积累为其所以可能的条件之一。某些规范之获得自明的形式,固然与它在社会历史演进中趋于"常识化"相联系,但就个体与规范的关系而言,规范之对个体呈现自明的意义,则离不开个体自身的辨析、思考过程:唯有经过如上的理论准备,个体才可能将规范作为自明的当然之则来直觉地把握。

作为认识的一种形态,直觉首先表现为个体的领悟,这种领悟与体验相近,往往很难与个体相分离。换言之,在直觉的形态下,道德的认识还没有取得超越个体的普遍形式、无法在主体之间加以传递。通过直觉而获得的认识成果,唯有经过逻辑的论证,才能转换为严格意义上的知识。科学研究过程中的直觉是如此,以道德认识为内容的直觉也并不例外。这种论证不一定以机械的程序为形式,它常常更多地取得浓缩或省略的方式,但从整个认识过程看,不管逻辑的论证取得何种形式,它都是一个不可或缺的环节。在道德选择或道德评价中,当个体对某种动机加以反省时,往往会直觉地形成善或恶的断定,但这种断定要成为主体之间普遍接受的判断,则需要经过引用有关的规范、确认所涉及的动机与一般行为准则之间是否具有符合关系等环节,后者同时也构成了广义的论证过程。当然,如前所述,在形式上,它常常又并非展开为一种显性的推论,而是具有蕴含或隐性的特点。

以上的分析表明,道德认识以"整个的人"(表现为具体存在的人)为主体,作为一个过程,它既涉及事实的认知,又包含着价值的评价;既奠基于感性经验,又导源于自我体验;既借助于直觉的形式,又离不开逻辑思维。要而言之,认识主体的整体性或具体性以及与之相联系的认知与评价的相融、经验与体验的互动、直觉与逻辑思维的统一,构成了道德认识所以可能的基本前提。

三 知善与行善

作为实践理性的体现,道德认识所追求的,主要不是思辨兴趣的满足。实证主义认为知识不具有规范性,是以对主体的抽象理解及事实与价值、认知与评价的划界和分离为前提的。然而,前文的论述已表明,在道德领域中,上述方面并非互不相关。由理性的实践层面而言,事实经验与自我体验、认知与评价等统一,同时蕴含着知识与规范、知善与行善的相涉和相融。

在一般的认识论意义上,知识似乎可以区分为两种形式,其一为主体无涉(agent-neutral)的普遍的命题,其二为主体相涉(agent-relative)的陈述。"行星自身不发光",这是不涉及特定主体的普遍命题,"我相信行星自身不发光",这则是涉及主体的陈述。在主体无涉的条件下,命题固然具有普遍的逻辑形式,但作为超然于特定主体的普遍命题,它尚未融入个体的认识过程,并为主体所接受。与此有所不同,在主体相涉的条件下,命题已进入主体的思维与认识过程,成为实际的知识。对个体来说,主体无涉的命题往往表现为一种可能的或潜在的知识,唯有主体相涉的命题,才构成了实际的知识。诚然,从更广的层面看,认识之域中的"主体相涉"除了"相信"之外,还包括另一些形态,如怀疑、不信,等等,它们在认识过程中也具有各自的意义。不过,比较而言,"相信"更多地从积极或建设性的方面,展现了其在认识形成与发展过程中的意义。就此而言,"相信"似乎构成了认识过程的一个独特环节:知识的肯定形态或知识在积极意义上的实现,都涉及"相信"。当然,体现"主体相涉"的"相信"并不一定以显性的形态存在,它往往更多地取得蕴含的形式(即在思维或陈述中,"相信"这一表达形式常常被省略或隐去)。

类似的情形同样存在于道德认识的过程:在形式的层面上,道德领域的知识也可以区分为主体无涉(agent-neutral)与主体相涉(agent-relative)两种形态。以关于说谎的认识而言,"说谎是错误的",这是不涉及特定个体的普遍道德判断,"我相信说谎是错误的",这则是与个体相联系的道德断定。普遍的道德判断是一定时期的社会共识,这种共识在取得普遍判断的形式之后,往往具有超越个体的特点,所谓"超越个体",既指它先于个体而存在,也指它外在于个体。在主体相涉的形态下,超然于个体的道德概念、道德原则开始融入个体的道德意识,成为个体所认同的道德观念:当"说谎是错误的"与"我相信"相联系时,普遍判断所具有的外在性也在一定意义上被扬弃了。

在道德领域,相信既以主体相涉的形式构成了认识的内容,又为道德认识向道德实践的转化提供了某种根据。当然,与一般的认识过程相近,道德认识之域也存在怀疑、不信等形态,然而,从逻辑上看,怀疑、不信首先与消极意义上的拒斥、否定相联系,"相信"则更多地呈现了积极的意义:它构成了肯定、赞同某种道德观念、判断的前提。在道德认识的领域,相信某种道德判断,往往意味着赞同这种判断("我相信说谎是错误的"可以看作是"我赞同'说谎是错误的'这一判断"的另一种表述)。进而言之,对道德判断的赞同,本身又构成了接受该判断所蕴含的道德要求的前提。以赞同、接受等为中介,道德认识中的相信进一步转换为道德信念。信念已不仅仅是对某种具体的道德判断、道德规范的相信,而是表现为一种稳定的精神定势。普遍的道德判断所蕴含的道德要求只有通过相信、赞同、接受而化为个体的道德信念,才可能实际地影响具体的行为过程。不难看到,在道德认识向道德行为的转化中,作为认识环节的"相信"同时又从一个方面构成这种转化所以可能的内在条件。

中国古代哲学曾对德性之知与见闻之知作了区分。见闻之知首先指向经验领域中的有关事实,德性之知则涉及价值领域。在引申的意义上,我们可以将德性之知理解为道德认识与价值信念的统一。相对于经验领域的事实认知,包含价值信念的德性之知往往涉及实践的推论(practical reasoning)。实践推论的特点在于,其结论总是与行动或行动的意向相联系。例如,某人向他人承诺做某事,这首先是一种事实,对经验的知识或理论理性而言,"某人向他人承诺做某事"仅仅表现为一种事实的陈述。然而,在德性之知的领域中,从以上陈述中则可以进而推论出"他(作出承诺者)应该做某事"的结论,这种指向行为的推论,便是一种实践的推论。它不仅蕴含着事实的前提,而且也包含着价值的信念(在上述例子中,价值信念具体表现为对"遵守诺言"这一原则的确认和尊重),后者构成了伦理事实向道德行为转换的条件之一。①

以上推论以"作出诺言便应当履行"为内容,其中涉及制度化事实(履行诺言首先是一种制度化的事实)这一背景。在更深沉的意义上,实践推论的行动指向,是以德性之知所包含的行善趋向或行善定势为前提的。作为道德知识与价值信念的统一,德性之知在确认何者为善(何者具有正面或肯定的价值)的同时,也要求将这种确认化为行动。质言之,凡是具有善的意义(具有肯定价值)的,也是应该做的。从这一角度上说,德性之知内含着实践的意向,而这种实践意向又源于行善的定势(凡是善的,就是应当做的)。

王阳明曾对口耳之学与身心之学作了区分。关于口耳之学,王

---

① 马丁·路德曾提出"因信称义"(justification by faith alone)说,认为通过信仰,便可以获得正义的品格,并得到拯救。在此,信仰即构成了行为正当并达到自我新生(宗教意义上的转换)的前提。如果滤去其宗教的内涵,则其似乎亦有见于信念在一般原则向正当行为过渡中的意义。

阳明有如下论述:"今为吾所谓格物之学者,尚多流于口耳。况为口耳之学者,能反于此乎? 天理人欲,其精微必时时用力省察克治,方日渐有见。如今一说话之间,虽只讲天理,不知心中倏忽之间已有多少私欲。盖有窃发而不知者,虽用力察之,尚不易见,况徒口讲而可得尽知乎? 今只管讲天理来顿放着不循;讲人欲来顿放着不去,岂格物致知之学? 后世之学,其极至,只做得个义袭而取的工夫。"①口引申为说,耳则借喻为听,言说作为交往过程总是包含"说"与"听",言说需要听者的回应,听则是进行对话的前提。在言说过程中,说与听都首先涉及话语意义的辨析,其目标在于达到知识层面的理解。此时,主体常常耳听而口说,所谓入乎耳而出乎口;其所说所听,并未化为内在的人格。唯其如此,故虽在语义的层面能明于理欲之辨,但仍不免有私欲。质言之,外在的言说尽管能达到关于对象的知,但却不能担保内在精神世界的完善;口讲与心悟有其逻辑上的距离。可以看到,在口耳之学的层面,所谓"知"仍属于思辨意义上的认识,而不同于包含实践意向的道德认识(德性之知)。

与口耳之学相对的是身心之学:"然世之讲学者二:有讲之以身心者;有讲之以口耳者。讲之以口耳,揣摸测度,求之影响者也;讲之以身心,行著习察,实有诸己者也。"②从内涵上看,所谓身心之学包含相互联系的两个方面。其一,与入乎耳出乎口不同,它以自我的践履为自悟的前提,将心体之悟,理解为实践过程中的体认(表现为"体"与"履"的统一);其二,化行善的意向为道德实践,通过身体力行,使道德认识融合于个体的存在,从而扬弃其抽象性。王阳明将身

---

① (明)王守仁:《传习录上》,《王阳明全集》上,上海古籍出版社,1992年,第24—25页。
② (明)王守仁:《传习录中》,《王阳明全集》上,上海古籍出版社,1992年,第75页。

心之学与行著习察联系起来,无疑亦注意到了道德认识内含的实践趋向。

在具体的机制层面,从知善到行善的转换也常常涉及直觉。王阳明曾指出:"知是心之本体,心自然会知:见父自然知孝,见兄自然知弟(悌),见孺子入井自然知恻隐,此便是良知不假外求。"①此处的知,是以良知为内容的德性之知。所谓"见父""见兄""见孺子入井"等,是对具体事物和对象的把握,它在一定意义上蕴含着实然的判断(肯定某一对象为"父""兄"等);知孝、知悌等则指向应然:它意味着知道应该做什么;"自然"则含有不假思为之意。在这里,有关"实然"的认定与有关"应然"的判断似乎合而为一、同时完成,而这一过程又不假思为(有别于严密的逻辑推论),它从另一方面表现了道德认识的直觉性。王阳明将良知(道德认识内容)视为先天的本体,无疑表现了思辨哲学的倾向,但他把知实然与知应然联系起来,则注意到了直觉对于沟通道德认识与道德实践的意义。就道德领域而言,"知道什么"与"知道应该做什么"之间的联结,是知向行转化的必要前提。同时,道德规范和原则总是一般的、普遍的,而行为的情景、对象则是特殊的,普遍的原则落实于特定行为,往往要经过一个普遍原则"具体化"的过程。在不同的行为境遇中,从实然之知到应然之行、从一般规范到特定行为的转化,并不仅仅是通过程序化的推论完成的,它更多地是以当下、不假思为(自然)的判定为形式。换言之,在以上转化的实现过程中,总是渗入了道德直觉的作用。

如前所述,道德认识涉及当然或应当。从道德认识的行动指向来看,关于当然的知识,不仅需回答"应当做什么",而且要回答"应当

---

① (明)王守仁:《传习录上》,《王阳明全集》上,上海古籍出版社,1992年,第6页。

如何做?"冯友兰曾对"应该作底事"与"我们如何作"作了区分,并认为:"一个人要替社会办一件事,如果他知其是该办,他即应办,不要有别底顾虑,此是物来顺应。但如何去办这件事,这中间一定有许多知识技术问题。""此等问题,自须另有讲求,而且在平时都需要讲求。"① 宽泛而言,从知善与行善的关系看,道德行为所以可能的条件既包括对普遍规范的把握、对具体情景的分析,也涉及特定的行为方式、程序。规范作为一般的道德要求,主要原则地告诉人们应该做什么;情景的分析则为普遍规范与特定境遇的联系提供了前提,并通过普遍规范的引用而告诉人们在相关的情景中具体地应该做什么。但如前一章所提及的,懂得应该做,并不意味着知道如何做,如何做牵涉行为的方式、程序,等等,而对行为方式、程序等的选择,要以对相关对象、背景的认识为根据。逻辑地看,仅仅具有某种知识,并不一定引向善,但无知却往往会导致负面的结果(恶)。以医生的行为而言,了解医学伦理的规范固然重要,因为它可以帮助医生确定什么应该做,但若仅仅懂得应该做什么,而缺乏必要的医学知识,则不仅无法担保行为的善,而且可能对被医治者造成不必要的伤害。唯有将救死扶伤的医学伦理与精湛的医术结合起来,才能使行为真正具有善的意义。尽管从广义上看,医学的伦理规范包含在医术上精益求精的要求,但"如何做"本身却更多地涉及医学的知识。后者显然无法仅仅通过伦理的沉思来达到。

在这方面,历史上的一些哲学家似乎存在某种偏向。以心学系统的王阳明而言,在强调端正意念的同时,他对如何行善的问题却不免有所忽视。当谈到孝时,王阳明的学生曾问:"如事父一事,其间温

---

① 冯友兰:《新原人》,《三松堂全集》第4卷,河南人民出版社,1986年,第662页。

清定省之类有许多节目,不亦须讲求否?"对此,王阳明的回答是:"如何不讲求?只是有个头脑,只是就此心去人欲、存天理上讲求。就如讲求冬温,也只是要尽此心之孝,恐怕有一毫人欲间杂;讲求夏清,也只是要尽此心之孝,恐怕有一毫人欲间杂:只是讲求得此心。此心若无人欲,纯是天理,是个诚于孝亲的心,冬时自然思量父母的寒,便自然要去求一个温的道理,夏时自然思量父母的热,便自然要去求一个清的道理。"①有关温清定省节目的知识,以行为过程的具体环节、方式为对象,它所涉及的是如何做的问题。尽管王阳明在形式上也肯定这方面的知识应该讲求,但在实质的层面,却将注意之点基本上放在内在道德意识的确立。在他看来,一旦明于天理("当然"),形成孝亲之心,则温清定省等具体节目也将随之了然,从而"自然"懂得如何做。这种看法多少以"应该做什么"之知,涵盖和消解了"如何做"之知。从这一前提出发,对温清定省之类知识的讲求,往往便很难真正得到落实。事实上,在王阳明那里,相对于道德本体的承诺,知识常常被视为拒斥的对象:"此圣人之学所以至易至简,易知易从,学易能而才易成者,正以大端唯在复心体之同然,而知识技能非所与论也。"②

道德行为以自觉为其基本的品格之一,这是亚里士多德、先秦儒家等早已指出的。就其根据与来源而言,道德行为的这种自觉性质,显然与道德认识无法分离。这里所说的道德认识,既指对伦理关系的理解,对道德原则、规范的体认及相应地对应该做什么等等的洞悉,也包括对行为背景、行为方式、行为环节等的把握。孟子区分"由

---

① (明)王守仁:《传习录上》,《王阳明全集》上,上海古籍出版社,1992年,第2—3页。
② (明)王守仁:《传习录中》,《王阳明全集》上,上海古籍出版社,1992年,第55页。

仁义行"与"行仁义",要求超越"行仁义"而达到"由仁义行"①行仁义是自发的合乎仁义,由仁义行则是在把握仁义等规范的基础上,自觉地遵循这些规范。在此,道德行为的自觉品格,基本上被理解为"知当然"的逻辑结果。然而,完整地看,如果缺乏对行为过程及其相关条件的具体认识,行为同样容易导向另一种意义上的盲目性,以孝亲而言,如果不了解父母的身体状况及某种健身方式的功能,一味出于孝亲之心让父母去从事那种也许并不适合父母身体状况的健身运动,则该行为固然是"由仁义行"(合乎孝的原则),但却仍可能导致对父母有害的结果。不难看到,合理的道德行为不仅在于懂得"应该由仁义行",而且在于懂得"应该如何由仁义行";唯有二者的统一,才能扬弃自发性与盲目性而真正赋予道德行为以自觉的品格。

当然,作为一种认识形态,道德认识本身又存在如何确证的问题。这里首先涉及道德判断的验证。道德判断是一种包含多重内容的认识形式,其中往往既牵涉事实的方面,又与规范相关。就其事实内涵而言,道德判断相应地有"真""假"之分;就其规范之维而言,则这种判断所指涉的行为又有"对""错"之别。例如,"你说谎是错的",这是具体的道德判断,要对它加以检验,首先应当弄清当事者("你")是否确实说过谎,这是涉及具体事实的问题;其次,还应当将"说谎"这一行为与一般的道德规范加以比照,看它是否合乎相关的规范。如果当事者("你")确实有过说谎的行为,而"说谎"又不合乎一般的道德规范,则"你说谎是错的"这一判断便得到了确证。反之,如果当事者没有说过谎或"说谎"这种行为并不背离一般规范,则上述判断便被否证。就道德判断与事实相互关联而言,它无疑也涉及

---

① 《孟子·离娄下》。

事实层面的真理性问题;就其以道德规范为准则而言,则又涉及价值层面的评价问题。①

从另一方面看,道德认识以"整个人"为主体,包含自我体验等内容,并以德性之知为表现形态,与之相联系,道德认识的验证同时涉及自我的确证或德性的自证。冯契先生在谈到德性自证时曾指出:"这种自证是精神的'自明、自主、自得'(即主体在反观中自证其明觉的理性、自主而坚定的意志、而且还因情感的升华而有自得的情操)。"②这里的德性较多地涉及人格,因而与作为道德认识的德性之知并不完全重合,但其基于实践的反观方式,与德性之知的自我验证方式似乎亦有相通之处。以整个的人为主体,道德认识既内含对当然之则与必然之理的理性认知,又包含情意的体验,自我的确证也相应地涉及多方面的内容。日常语言中有所谓"心安理得"之说,道德认识的自我验证或德性自证也可以借用这一表述来说明。"理得"是指关于当然之则与必然之理的认识在实践过程中得到了确证;通过反观已确证之知,自我不仅达到了对理的把握,而且同时具有了更明觉的主体意识。"心安"则是自我的自慊感和满足感:当个体通过反省而自知其德性之知(包括情意体验)正当且真诚时,这种情感体验

---

① 在这一问题上,大致存在着两种偏向。其一体现于逻辑经验主义,在他们看来,伦理学的陈述都只是指令,而指令不存在真假问题。(参见[德]赖欣巴哈:《科学哲学的兴起》,伯尼译,商务印书馆,1983年,第216页)这种看法将伦理学的陈述和判断与事实界截然隔绝开来,并完全否定了其中包含的真理性之维。另一种看法则认为"合乎真理的东西"与"正当的东西"有时就是一个东西(参见[苏]科诺瓦洛娃:《道德与认识》,杨远、石毓彬译,中国社会科学出版社,1983年,第100页),这种论点似乎将道德判断中真理性的方面与评价性的方面不适当地等同起来。二者各自注意到了道德判断中某一方面的规定,但又不同程度地表现出以偏概全的倾向。

② 冯契:《认识世界和认识自己》,华东师范大学出版社,1996年,第445页。

便往往随之而形成。孟子曾有"反身而诚,乐莫大焉"[①]之说,这里的反身兼有反省、自证之意,"乐"则可以看作是伴随着"理得""心安"而达到的自慊之境。道德认识的以上确证方式,从一个方面体现了道德认识本身的多向度性及与之相应的事实认知与价值评价、理性明觉与情意体验的统一。

---

① 《孟子·尽心上》。

第七章
道德与语言

道德认识在其展开过程中,总是以不同的方式涉及名言问题。引申而言,作为内在于一定社会共同体中的现象,道德实践的过程也难以略去与语言的关系。"说"以及如何"说","说"内含何种意蕴,"说"与"在"、"言"与"行"如何相互关联,等等,这些问题渗入于道德评价和道德实践的整个过程,并制约着道德理想的实现方式。

一 道德语句的意义

语言的考察首先面临意义问题,道德语言同样涉及意义的界定。自元伦理学(meta-ethics)兴起后,道德语言的意义究竟如何理解,便成为一个聚讼纷纭的问题,直觉主义(intuitionism)、情感主义(emotivism)、规范主义(prescriptivism)等,试图从不同的方面规定道德语言的意义,并由此形成了各自的伦理学说。不难看到,对道德语言的理解,离不开对道德语言意义的分析。

首先应引入论域的,是道德语句或陈述与事实的关系。道德语句或陈述是否包含着对事实的描述(description)?在回答这一问题之前,我们不妨先考察若干例句。"偷窃是不良行为",这是以评价为内容的道德表述。从形式的层面看,它呈现为对某种对象(偷窃行为)的断定(断定既可以有肯定的形式,也可以有否定的形式),其结构包括被指称的对象(偷窃)、对象被归入的类(不良行为)、以及对二者关系的断定(以"是"肯定对象属于某一类或具有某种性质)。在这里,不良行为首先呈现为一种负面的道德价值,把偷窃归属于不良行为,无疑是一种价值的判断;但它并不意味着与事实完全无涉。这不仅在于所断定的对象(偷窃)是一种事实,而且更在于偷窃与不良行为之间的联系,本身也折射了一定历史条件下的社会现实。在社会还存在不同形态的财产所有制的前提下,对他人或群体财产的不正当占有,往往会导致社会的冲突和无序化,这是历史演进过程中已经得到确证的事实,所谓"不良行为",便可以看作是对这一事实的肯定。这里显然不仅涉及价值立场,而且也在实质的意义上,蕴含着对事实的描述。

道德语句的另一种形式,往往与义务或责任相联系,"你应当遵守诺言",便属于这一类语句。这种语句不同于对行为的评价和断定,而是表现为对主体的要求,因而与事实似乎不直接相涉。然而,进一步的分析则表明,其间的关系并非如此简单。如果以上陈述是有具体意义的(不是空泛的)语句,那么它至少蕴含着两个相关前提:

其一,"你"已许下了诺言,其二,按普遍的规范(norm)或规则(rule),作出了承诺就应当遵守。二者都属于背景性的事实:前者与个体的特定存在情景相联系,后者则表现为广义的社会文化约束。从逻辑上说,当我们对某一个体作出"你应当遵守诺言"的陈述时,我们同时也确认了如上两方面的事实。可以看到,这里同样以某种方式涉及对事实的断定。

广而言之,道德实践总是展开于一定的社会背景和生活世界之中,这一本体论的存在境遇决定了表示道德规范、评价、判断的语词和语句,无法与具体的主体存在、一定的社会伦理关系、相关的社会文化背景相互隔绝,相反,它总是在不同的意义上折射着这种具体的存在形态,并相应地蕴含着对事实的断定和描述。当然,与道德语言相关的事实,并不仅仅以物理事实等自然形态呈现,它往往取得了制度事实等形式。图尔敏曾指出:"诺言便是我们的体制(institution)之一。"①这种制度事实当然不限于遵守诺言,而是涉及社会生活的各个方面,它的特点在于已融合于社会的交往结构之中,成为一种制度化的存在。制度化或社会化的事实作为历史实践的产物虽然不同于物理事实,但在有别于单纯观念性的存在这一点上,二者无疑又有相通之处。对前者(制度化或社会化事实)的断定,相应地亦内含着事实描述的意义。

从道德认识的角度看,道德语言的描述之维,同时也使之包含了道德认知的内容;这种认知内容,是道德的概念、陈述、判断、命题可以加以理性讨论和批评,并进行理性论证的前提之一。摩尔曾批评自然主义以自然属性来定义道德范畴,他所理解的这种自然主义所

---

① S. E Toulmin, *An Examination of the Place of Reason In Ethics*, Cambridge University Press,1950, p. 170.

具有的还原论的倾向,无疑应当受到质疑;但就另一方面而言,自然主义似乎又从事实描述的层面注意到了道德语言的认知意义,这与摩尔仅仅在直觉的层面肯定道德语言的认知性质,显然又有所不同;前者对道德语言的理解,无疑更多地体现了理性主义的立场。

道德语言的描述性涉及的首先是道德主体(moral self or moral agent)与对象的关系,就道德语言与主体自身的关系而言,表达(expression)便构成了其主要的意义呈现方式。描述以对象的规定为指向,表达则侧重于主体自身的情感、意愿、态度,等等。当我们目睹了某种不文明或不道德的行为后,我们往往会对该行为者说:"你不应当这样做。"这一陈述主要不是对行为本身性质的断定,而是主体态度的表达:所谓"你不应当这样做"的内在涵义,就是"我不赞成你这样做",它所传达的,是陈述者对该行为的态度和立场。一般而言,以评价为内容的道德判断,其意义往往较多地与态度的传达相联系。[1]

情感的表达,是道德语言常常涉及的另一维度。伦理学上的情感主义对此作了较为具体的考察,在它们看来,道德陈述、道德判断的主要功能,便是表达情感。艾耶尔即认为,当我说某种行为是对的或错的时,"我仅仅是表达了某种道德情感",例如,当我说"你偷钱是错的"时,我不过是以一种特别的愤怒声调,陈述"你偷了钱"那一行为。[2] 如后文将论及的,情感主义对道德语言的看法存在着理论上的片面性,但肯定道德语言有情感表达的意义,则并非毫无所见。作为具体的存在,道德主体及其意识总是内含着情感之维,这种情感既

---

[1] 当斯蒂文森将道德陈述(statement)与态度联系起来时,显然已注意到这一点。(参见 Charles Stevenson, *Ethics and Language*, Yale University Press, 1944)诺埃尔—斯密斯也已注意到,道德语句中往往包含着应当做某事的要求。(参见 P. H. Nowell-smith, *Ethics*, Peguin Books, 1954)

[2] 参见 A. J. Ayer, *Language, Truth, and Logic*, Dover Publication, 1952, pp. 107-108。

渗入于道德实践的过程,也体现于道德陈述中。在前一过程中,道德情感可以化为内在的道德力量,在后一情景中,道德情感则通过语言的传递而形成主体间的共鸣或冲突。当然,道德情感的表达,以及对道德陈述中情感负载的解读,不同于逻辑命题的表达与理解,它具有更为复杂的特点。同一道德语词或道德陈述在说者(表达者)与听者(接受者)中,往往具有不同的情感意蕴,不同的听者或读者,对同一道德陈述也可以听出或读出不同的情感意味,并形成不同的情感反应。渗入于道德陈述中的情感认同或冲突,作为主体间相互沟通的一个方面,既制约着个体的道德倾向,也影响着社会共同体中的道德氛围和舆论,它在道德实践过程中的意义是显而易见的。

不过,道德陈述具有情感意义,并不意味着可以对其仅仅作情感的解释。在这方面,情感主义似乎走得过远。按照情感主义的看法,道德陈述除了表达情感之外,不具有事实的意义(no factual meaning),艾耶尔便认为,"在说某种行为是对的或错的时,我并没有作任何的事实陈述"。如果别人提出一个与我相反的说法,那也只是表达他的道德情感,因此,"问我们两个中哪一个对,显然是没有意义的"。由此,艾耶尔甚至断言道德句子"不是真正的命题",并相应地不存在真假问题:"如果一个句子没有作任何陈述,那么问它所说的是真的还是假的显然就没有意义。"①情感主义的另一代表斯蒂文森也持类似的观点,在他看来,伦理语句(statement)首先与态度的一致与不一致相联系,并相应地具有祈使(imperative)的意义,而祈使性的句子

---

① 参见 A. J. Ayer, *Language, Truth, and Logic*, Dover Publication, 1952, pp. 107-108. 斯塔兰克曾指出:"命题是陈述、判断、承诺、意愿与愿望(wishes and wants)、问题与回答(question and answer)的共同内容。"(R. Stalanker, Pragmatics, in *Philosophy of language*, edited by A P. Martinich, Oxford University Press, 1990, p. 179)从这一观点看,否认伦理语句的命题性质,也就意味着在语义学的层面,完全消解了伦理语句的意义载体。

是无法确证的:"它根本不向证明开放。"①质言之,伦理语句与其他的祈使性句子一样,不包含可以证明为真或否证为假的内容。

在情感主义的以上看法中,道德语言完全呈现为单一的表达意义:情感的表达消解了对事实的描述和认知。这种将道德语言的描述、认知意义与表达意义截然加以对立的论点,显然未能把握道德语言的真实性质。事实上,即使以艾耶尔所举的"你偷钱的行为是错的"这一道德语句而言,也可以看到其中包含的描述内容。首先,作为评价对象的"你偷钱"这一行为是已经发生的事实,它相应地表明了上述语句的事实指向性;同时,将"偷钱"与"错"联系起来(以"错"这一谓词来规定"偷钱"的行为),也绝非如艾耶尔所说的,是单纯的情感表达或特殊的语气,而是对一定历史时期制度事实的确认(偷钱具有不正当的性质,是一定财产关系中的一种社会化、制度化的事实),艾耶尔将以上道德判断仅仅看作为情感的宣泄,是一种无视具体社会历史背景的抽象推绎。具有某种悖论意味的是,从纯粹的理性推绎出发,往往会走向理性的反面:离开社会历史的过程、将道德陈述仅仅归结为情感的表达,在逻辑上蕴含着走向非理性主义的契机。

道德本质上是实践的,道德的实践本性也从一个方面制约着道德语言的特点;在道德语言的规范(prescription)意义上,便不难看到这一点。规范涉及对行为的指导,表现规范意义的道德语句的常见形式,是"你应当如何"。按照黑尔的看法,它(规范语句)所回答的问题是:"我应当做什么?"②广而言之,道德范畴、概念,往往都包含规范的意义,当我们用诸如"善""对"(right)等道德范畴去规定、评

---

① 参见 Charles Stevenson, *Ethics and Language*, Yale University Press, 1944, p. 26。

② R. M. Hare, *The Language of Morals*, Clarendon Press, 1952, p. 79.

价某种行为时,同时也蕴含着应当按这种要求去做之意;换言之,道德范畴的如上运用,亦具有范导行为的意义。从本源的层面看,道德语言的规范意义,总是体现了一定的道德理想,规范所蕴含的"应当"在以现实为根据的同时,又有超越于现实的一面:它的内在要求在于实现具体的道德理想。道德语言对行为的范导意义,乃是以它本身体现了道德理想为前提的。

从哲学史上看,康德对道德判断的规范意义予以相当的关注,他的实践哲学将先验的规范置于重要的地位,而他强调道德原则的命令性质,则进一步突出了道德原则的规范意义。在当代道德哲学家中,黑尔对道德语言的规范意义作了较多的考察。在《道德语言》一书中,黑尔已肯定,道德判断首先是一种规范判断,以后,在《自由与理性》中又重申并论证了这一论点。① 按黑尔的看法,道德语词的特点,在于具有"道德指导"(moral instruction)的意义:"可以简单地说,价值判断是一种行动的引导(action-guiding)。"②较之情感主义之强调道德语言的自我表达性质,黑尔的规范主义论点,显然更多地将道德陈述与行为过程联系起来。换言之,它的特点在于试图以行为为背景来揭示道德语言的规范内涵。③

---

① 参见 R. M. Hare, *Freedom and Reason*, Oxford University Press,1963, p. 4。
② Ibid., p. 23, *The language of Morals*, Clarendon Press, 1952, p. 163.
③ 当然,黑尔在解释道德语言的规范性质时,也存在某些问题。他对"告诉别人做某事"(telling someone to do something)与"使他做此事"(getting him to do it)作了严格的区分,认为道德判断或道德命令只是告诉人做什么,而并不意味着使人做什么。(参见 R. M. Hare, *The Language of Morals*, Clarendon Press, 1952, pp. 13-15)事实上,道德行为的发生总是涉及由多重动力因所构成的动力系统,而道德规范或道德命令则构成了动力系统的一个重要方面,并相应地也具有"使人做某事"的意义,黑尔将道德判断的规范意义限定于"告诉",似乎忽视了道德判断在实际地推动行为方面的作用,这种看法在逻辑上也容易导致对道德判断及其规范意义与行为之间关系的抽象理解。

以上分别从描述、表达、规范等方面对道德语句和道德陈述的意义作了简略梳理,这种考察可以看作是一种分析的说法。从道德语言的现实形态看,上述意义并不是以彼此分离的方式存在。我们不妨先具体地看一下评价性的道德判断。当我们对某一行为作出"对"或"错"、"善"或"恶"的评价时,我们往往在不同程度上同时涉及描述、表达、规范等方面。以"你偷钱是错的"而言,这是一种评价性的道德判断,如前所述,它首先涉及行为者、行为、一定历史条件下的制度事实,并包含着对相关事实的断定,即确认行为者的存在、将该行为归入"偷钱"之列(亦即以"偷钱"这一语词去指称某种相关行为)、肯定这种行为在一定社会背景下的性质;这种断定在指向事实的同时,也具有描述相关事实的意义。此外,作为一种评价,上述判断亦渗入了评价者的态度、情感。魏尔曼曾强调:"态度是评价的核心",评价的特点在于"将态度带入词中(putting attitude into words)"[1],确实,当我说"你偷钱是错的"时,我同时也表明了不赞成的态度和不满的情感。换言之,其中蕴含着表达的意义。

从另一方面看,评价性的判断,同样亦具有影响和范导行为的作用。黑尔曾指出:"当我们赞扬或谴责某事时,总是为了(至少是间接地为了)指导我们自己或他人在现在或将来对行为的选择。"[2]指导选择,可以看作是范导行为的一种方式。仍以"你偷钱是错的"为例,作为行为的评价,这一判断显然具有谴责的性质,对该行为的当事者来说,它蕴含着不应当再做类似错事的要求(既然这是错的,就不应重犯);对他人而言,它则意味着应当避免选择同样的行为。在这里,对过去(已发生)行为的评价,同时包含着规范当下或未来行为的意

---

[1] 参见 Carl Wellman, *The Language of Ethics*, Harvard University Press, 1961, p. 216, p. 219。

[2] R. M. Hare, *The Language of Morals*, Clarendon Press, 1952, p. 127.

义。可以看到,作为道德语句和道德陈述的形式之一,以评价为内容的道德判断包含着描述、表达、规范等多重内涵。

在以命令、要求等为形式的道德陈述中,可以看到同样的特点。黑尔曾认为,命令(command)是规范的"最简单的形式"。① 作为义务关系的体现,命令、要求性的语句以"你应当"或"你不应当"等为形式。前文曾提及"你应当遵守诺言",这首先是一个命令性、规范性的道德语句,然而,其中亦以直接或间接的形式涉及有关的事实,诸如存在着一个作出承诺的主体(你)、承诺行为已经在此前完成、所处的社会中信用关系已构成一种制度化的事实,等等,以上判断即以直接或蕴含的方式,确认了这些事实,其中包含着描述的成分。② 同时,作为一种正面的要求,这一语句也表示了陈述者的态度(对遵守诺言的赞成),具有表达的意义。最后,作为一种道德要求和道德命令,以上判断对行为具有更直接的定向与指导作用,它在某种意义上以强化的形式表现了道德判断的规范意义。

描述、表达与规范的统一,在总体上展示了道德语言的结构和特征。从更本源的意义上看,道德语言的以上结构,同时涉及当然、实然、必然之间的关系。当然体现了人的需要、目的、理想,后者又以实然(现实的社会存在,包括生活世界)及必然(社会历史过程中的规律性联系)为根据。在当然这一层面上,道德多方面地表现了人的理

---

① R. M. Hare, *The Language of Morals*, Clarendon Press, 1952, p. 79.

② 黑尔曾对描述判断与道德判断作了比较,认为二者都具有普遍性的特点。以描述判断而言,当我们说"这是红的"时,同时也蕴含着如下涵义,即"任何在相关方面与'这'一样的事物,都是红的"。同样,在道德判断中,当我们说某人是好人时,也意味着任何人只要在相关方面具有与该行为者相同的品格,便是好人。当然,在前一场合,判断主要遵循意义规则,而在后一情形下,陈述中内含着"某种综合的东西,即道德原则"(*Freedom and Reason*, Oxford University Press, 1963, pp. 10-11, pp. 13-15, p. 23)。这种看法从形式的层面注意到了描述判断与道德判断并非截然对峙,其间存在相通之处。

想,并具体化为相应的规范系统,而这种道德理想与规范系统又始终根植于现实的社会存在与历史过程中的必然之理。可以看到,在描述(认知)、评价、规范相互融合的道德语言结构之后,是社会历史过程中当然、实然、与必然的统一。

二 交往与对话

作为主体间交往的形式,语言的作用往往通过对话、交谈、讨论等过程而展开。从广义上看,所谓言说行为(speech acts),也总是与主体间的对话、交谈等等相联系。在语言的层面上考察道德,同样涉及广义的言说行为。哈贝马斯提出了所谓交谈伦理学(discourse ethics),以主体间的对话、交谈为伦理学的重要方面,这些看法无疑亦有见于讨论、交谈、对话在道德领域中的意义。

从具体内容看,道德领域中的对话、交谈首先涉及规范。哈贝马斯曾把通过交谈而非独语来论证规范和命令的合理性,视为交谈伦理学的基本预设之一,[①]其中亦包含着以道德规范为伦理交谈的内容之意。作为规范系统,道德的社会功能往往通过普遍规范的对社会共同体成员的制约而得到实现;行为的正当性,与行为所依据的规范的合理性和有效性具有逻辑的联系。在康德那里,道德规范的普遍有效性便已成为关注的重要之点。当然,康德主要试图从先天性与形式化的合一,来担保道德规范的普遍有效性,这种思路似乎仍带有抽象思辨的趋向。分析哲学虽然放弃了先天的预设,但对包括规范在内的道德问题,仍主要用一种逻辑的、理想化的方式来处理,其

---

① 参见 J. Habermas, *Moral Consciousness and Communicative Action*, Polity Press,1990, p. 68。

考察通常建立在一系列的个人假设之上,缺乏社会历史的维度。相形之下,将共同体中的对话、交谈、讨论引入道德领域,则意味着扬弃抽象的独语,从较为具体的社会历史层面,考察道德规范的合理性、普遍性、有效性,并在共同体中形成某种共识。

在实践领域中,普遍的规范往往通过行为者的接受过程而具体化为多样的道德行为,后者构成了道德对话和讨论另一内容。以道德规范为对象的讨论、对话主要围绕规范本身的合理性、有效性等而展开,相对于此,关于行为的讨论则更多地与评价过程相联系。这种讨论既可以针对具体时空关系中的某一特定行为,也可以指向某种在一定历史条件下带有普遍性的行为。当代西方伦理学界经常作为话题的所谓流产、安乐死是否合乎道德,等等,便属于后者。较之普遍的规范,行为更直接地体现了道德的实践品格。就其现实形态而言,规范的讨论与行为的评价,往往相互关联:行为的评价,总是以规范为一般的准则;而规范的讨论如果离开了具体的行为,也容易流于抽象。

道德行为既以普遍的规范为依据,同时又是内在人格的体现;行为的评价,也相应地涉及人格。作为道德讨论内容之一的人格品评,可以涉及具体的人物,也可以将普遍意义上的人格内涵、人格范型、人格形象等等作为对象。东汉末年至魏晋时期,作为玄学先声的清议及清谈,便将人物的品评视为重要议题,这种人物品评涵盖的面当然相当宽泛,其中包含不少言谈举止的形式特征,但亦同时兼及道德意义上的人格,对人物的臧否,往往以名教为标准。从后一方面看,这种人物的品评,也具有某种道德交谈的意义。

道德对话、交谈、讨论,既以道德本身的社会性质为根据,又与主体存在背景上的多样性和差异相联系。主体在存在背景上的差异包括:一定社会结构中所处的不同地位、所扮的不同角色;教育、文化传统方面的差异;利益的不一致,等等,这些差异和不同,同时往往导致了价值取向、道德立场等方面的区分,甚至形成所谓理想的冲突,正是这种差异、区分、冲突,等等,使旨在主体间相互沟通的对话、交谈、讨论成为道德领域和道德实践过程中一个必要的方面。

就其现实的形态而言,道德交谈、对话、讨论往往呈现多样的形式。从生活世界中的日常交谈,到理论层面的观点交流,从一定社会集团内的讨论,到以社会舆论形式出现的道德声音,广义的道德对话、讨论展开于社会生活的各个方面。这种广义理解的道德讨论包括言说行为(speech act)但又不限于狭义的言说行为:狭义的言说行为往往具有在场(presence)的特点,而道德讨论则可以展开于不同的时空。如果从逻辑的层面对道德交谈、讨论、对话作一考察,那么,它大致呈现为如下结构:讨论或交谈的对象或内容,讨论和交谈的过程往往由此而引发;讨论或交谈的参与者,以简约的形式而言,也就是说者与听者;对话与讨论的过程,它可以取得在场(言说行为)的形式,也可以超越在场,在言说行为(在场)中,它常常表现为说与听、辩与答等的互动;对话、讨论的背景,包括对话与讨论参与者在社会结构中所处地位和以往的文化历史积累、对话、讨论发生的具体语境,等等,讨论、对话既受到参与者社会身份的影响,也以特定语境、参与者的知识结构为制约因素;理解的过程,同时也是将正在说的与已有的知识、立场加以沟通、交融的过程。[①]

[①] 西韦德与缪切曾从文化心理的角度,对道德交谈中意义的把握过程作了考察,并特别指出已有知识背景在这一过程中的作用,在他们看来,道德交谈是一个自我校正(self-corrective)的过程,它具体展开于两个维度:以往知识被用以解释正在说的内容;从已说中推论出其中的未言之意,这一看法显然有见于言说过程与背景知识之间的交融和互动。(参见 Richard A. Shweder and Nancy C. Much, *Determinations of Meaning: Discourse and Moral Socialization*, in Richard A. Shweder, *Thinking through Culture-Expeditions in Cultural Psychology*, Harvard University Press, 1994, pp. 186-240)

上述交谈、对话、讨论的结构,同时涵蕴了多重意义上的关系,后者首先体现于言说与对象之间。作为讨论对象和内容的规范、行为、人格,在某种意义上可以理解为社会的存在,行为与人格都与道德实践的主体相联系,其本体论意义是显而易见的。规范则既涉及现实的社会伦理关系,又折射了一定历史条件下的制度事实,从这方面看,言说与对象的关系,无疑涉及语言与实在的关系。如前所述,言说过程则同时具有描述事实和实在的意义,后者相应地赋予道德的讨论、对话以某种认知的性质。这种认知之维在使理性的讨论成为可能的同时,也蕴含了真实地把握相关社会实在的要求。哈贝马斯曾把真实性作为理性化的交往行为所以可能的条件之一,借用哈贝马斯的论点,似乎也可以将真实地描述和把握相关社会实在视为进行合理的道德对话、讨论的前提。

作为展开于共同体中的过程,道德对话、交谈、讨论又内含着参与者之间的关系。讨论不同于个人的思考,个人的思考可以主要指向自我理解,而讨论则需要主体间的相互理解。主体间的对话、讨论,可以看作是个人的意见、观点不断外化的过程,它的有效性,离不开哈贝马斯所谓言说的可理解性。在这里,讨论的参与者应当承认语言的公共性,将私人语言排除在论域之外(如维特根斯坦所论证的,事实上不存在私人语言);遵守语言规则;注重概念的清晰性及表述的逻辑性,等等。除了可理解性之外,就每一参与者与他人的关系而言,基本的要求还包括尊重其他参与者的言说权利,以宽容、理性的态度对待他人的意见,反对独断的趋向;同时,从言说行为看,则应当坦诚地表述自己的真实意见,避免言不由衷或刻意矫饰。在交谈、讨论过程中,这种真诚性首先表现为对待听者或其它参与者的一种态度。《中庸》所谓"唯天下至诚为能化"①"是故君子诚之为贵"②,已从思辨的角度,注意到了真诚性在人我关系中的本源意义。当然,以诚相待并不意味着将自我完全外化为他人的对象,真诚的表达,是以自我的认同为前提的。《中庸》在从人己关系的角度界定诚的同时,又强调"唯天下至诚,为能尽其性"③,亦即将诚与自我的确认、反省联系起来,无疑亦有见于此。④

如前所述,道德交谈、对话、讨论的参与者不仅彼此相互关联,而且有各自具体的存在背景,后者首先展现为由习俗、规范、经济、政治、法律等方面的制度、生活样式等构成的社会结构;而个体则相应地与社会形成了多方面的联系。从道德交谈、对话、讨论的角度看,这里当然存在如何合乎以观念、制度等形式表现出来的规范系统等问题。当道德话语与一定社会结构中的规范系统发生冲突时,其合法性往往便会受到质疑。同时,为了避免过度的社会震荡,围绕一般道德原则而展开的交谈、讨论与既成的规范系统也应保持某种连续性。然而,另一方面,对既成的规范系统也不能仅仅被动地加以适应和接受,道德交谈、讨论应当同时具有批判的维度。图尔敏曾指出:"社会总是为道德家(moralist)留出了一定的位置,这些道德家的特点在于对现有的道德、体制提出批评,并推动实践向理想趋近。"⑤道德交谈、对话、讨论的参与者当然并不都是上述意义上的道德家,但

---

① 《中庸·二十三章》。
② 《中庸·二十五章》。
③ 《中庸·二十二章》。
④ 哈贝马斯已把真诚性视为主体间交往的原则,不过,在哈贝马斯那里,与强调主体间关系的内在性相联系,这种真诚性又意味着要求主体内在世界向他人敞开,后者似乎蕴含着主体被对象化的可能。详后文。
⑤ S. E. Toulmin, *An Examination of the Place of Reason in Ethics*, Cambridge University Press, 1950, p. 223.

拒绝无批判地接受现成规范系统,则是道德讨论的基本要求之一。这样,从主体与社会的关系看,道德交谈、讨论的合理展开,便涉及如何对待已有的规范系统;具体而言,即如何在认同与批判之间保持必要的张力。

前文已论及,道德交谈、对话、讨论首先以普遍的规范为对象和内容。规范既是约束行为的当然之则,又构成了普遍的评价准则。当规范被作为先天的原则或权力的标志而颁布于社会时,它往往容易蜕化为独断的教条;后者的进一步演化,则将导向外在的强制。权威主义形态下的规范系统,便常常被赋予独断的、强制的性质。在谈到仁等规范时,朱熹曾指出:"仁者天之所以与我,而不可不为之理也。孝弟者天之所以命我,而不能不然之事也。"①仁、孝悌属于当然之则,天之所命表现为一种超验的强制,不可不、不能不则意味着无法抗拒。在这里,作为当然之则的规范,被理解为一种超验存在向人单向颁布的强制性的命令,主体对此则除了服从之外别无选择。由此反观道德的交谈、讨论,则不难看到,将交谈、对话、讨论引入道德领域,首先意味着扬弃单向、独断的道德强制。道德的对话、讨论不同于外在命令,它要求参与者之间平等的交流,肯定共同体中每一主体都有权利对规范的合理性、公正性提出自己的看法,拒绝定于一尊或权威的主宰。这一意义上的对话、交谈、讨论对于避免道德独断论与权威主义的趋向,无疑可以提供某种程序上的担保。

与权威主义相反而相成的,是以个体或自我为中心的道德立场。相对于权威主义的外在强制,个体中心的道德视域更多地将道德准则的选择、行为的评价等理解为自我决定的过程。存在主义强调道

---

① (宋)朱熹:《论语或问》卷一,《朱子全书》第 6 册,上海古籍出版社、安徽教育出版社,2002 年,第 613 页。

德选择既无前例可引,又无他人的意见可以参照,在某种意义上便赋予道德原则以不可通约的性质;情感主义将道德判断仅仅视为自我情感的表达,否认其中包含主体间可以彼此传递、论证的普遍认知内容。二者角度虽不同,但都主要把道德限定在个体存在的领域。道德原则的不可通约性,意味着在道德共同体中无法展开交流、沟通,并达成共识。道德判断与自我情感表达的等同,则消解了"对"(right)、"错"(wrong)的评价依据。前者使每一个人都成为立法者,并相应地蕴含着相对主义的趋向。后者则将逻辑地导致怎么多行(anything goes),从而在容忍相对主义的同时,又向虚无主义敞开了大门。① 克服与超越上述倾向,是道德实践合理展开的前提之一,而这一过程又以扬弃自我中心的视域、从主体走向主体间为重要内容。作为主体间交往的形式之一,道德对话、交谈、讨论在解构自我的封闭世界、克服相对主义等方面,显然具有不可忽视的作用。

拒斥权威主义、独断论及超越自我中心、相对主义,等等,主要以否定的方式,展示了对话、交谈、讨论在道德领域的存在意义。从肯定的或建设性的方面看,道德对话、交谈、讨论首先与理解、沟通过程相联系。相对于理论领域的概念,实践领域中的规范往往更多地具有蕴含(implicit)的特点,布兰德姆曾指出:"规范蕴含于所做的。"就是说,规范往往缺乏理论表述所具有的明晰性。② 规范意义的明晰化,无疑要以生活实践、个体的思考等为背景,但它亦离不开主体间的讨论和互动。广而言之,实践过程的展开,本身也以主体间的交

---

① 哈曼已注意到了这一点,在《道德的本质—伦理学引论》一书中,他将情感主义称为"温和的虚无主义"。(参见 Gilbert Harman, *The Nature of Morality: An Introduction to Ethics*, Oxford University Press, 1977, pp. 27-40)

② R. B. Brandom, *Making It Explicit-Reasoning, Representing, and Discursive Commitment*, Harvard University Press, 1998, p. 30.

往、包括言说层面的交流为内容之一。对规范所含的普遍社会意蕴的把握,往往是在实践过程与主体间交往、交流的互渗、互动中实现的,而意义本身也常常是在这一过程中逐渐明晰起来的。

与上述事实相联系,理解的过程不仅指向规范意义的澄明,而且涉及主体之间相互沟通。如前所述,无论是对规范本身有效性、合理性的看法,抑或对行为、人格的评价,不同的个体每每形成彼此相异的意见,在言说、倾听、回应等过程中,道德对话、交谈、讨论使参与者之间能够相互了解他人的看法、把握对方陈述的真实涵义。同时,通过彼此的批评、辩护,讨论参与者各自的所见所蔽也不断得到呈现,而对片面性的扬弃,以及对合乎社会发展趋向、以历史的实然与必然为依据的观念之确认,又进一步为逐渐达到主体间的共识提供了可能。从社会运行的现实过程看,主体间通过对话、交谈、讨论而相互理解、沟通,并形成历史的、相对的共识,无疑又有助于社会整合的实现及道德秩序的建立。

当然,道德对话、交谈、讨论作为广义的言说过程,显然也有自身的限度,应当作适当的定位。就规范而言,从理想化的角度看,主体间似乎可以通过所谓理性化的交谈、对话、讨论过程,对行为原则的合理性、公正性加以评说、确证,并由此制定普遍有效的道德规范。但理想的模式不能简单地等同于现实的存在形态。如果考察道德演进的现实形态,则不难看到,普遍规范的形成,往往表现为一种历史的选择:一般规范或规范所具有的相关内涵,总是在不同层面上、以不同的方式折射了社会演进过程的历史需要。从某种意义上说,正是这种社会历史的现实进程,构成了道德交谈、对话、讨论所由展开的社会本体论前提。

三　独语的伦理意蕴

就广义的言说方式而言,与对话、交谈等相对的,是所谓独语。对话展开于主体之间,独语则似乎更直接地涉及主体与自我的关系。如果把道德领域放在较为具体的背景下来考察,便不难看到,道德与语言的关系并非仅仅限定于主体间的对话与交谈。在其现实的形态上,它同时亦关联着主体的独语。

这里所说的独语,首先与主体的反思过程相联系,而并不是指"一言堂"之类的单向表述。思维在某种意义上可以看作是无声的自语,道德的反思则亦可相应地理解为自我的"言说",在这种"言说"中,主体既是说者又是听者,他一再地自我追问,又不断地自我回应。这一自我言说的过程当然有其社会的背景,说者与听者在一定形态上表现为米德所谓主我(I)与客我(me),后者(客我)又以社会的大我为源,从而,自我的独语与主体间的对话并非截然隔绝。不过,作为道德反思的实现形式,独语并不以主体间言说行为所具有的公共性为指向,它所侧重的,是自我本身的思与辨。当然,这并不意味着独语是一种私人语言,相反,它可以看作是公共语言的主体运用;与之相应,独语在本质上总是包含着外化并为其他主体理解的可能性。事实上,哲学史上的不少经典文献,便是独语的外化,[①]而对它们的种种评论、批评,则是以其在主体间的可理解性为前提的。

---

① 王夫之亦注意到了这一点,在谈到个体言说的形式时,王夫之指出:"抑非必喋喋多出于口而后为言也,有所论辩而著之于简编者皆是也。"[(清)王夫之:《读四书大全说》卷七,《船山全书》第6册,岳麓书社,1996年,第870页]言说并非仅仅表现为狭义的对人"说",而且也以著书立说为形式,著述过程中的"自言"(独语),最后又可以凝结于文献(著作)之中。

普遍的规范对个体而言,首先具有外在的性质;作为社会地、历史地形成的准则,它们往往先于具体个体而在。个体在成为道德主体的过程中,往往面临着如何化普遍有效的规范为内在道德意识的问题,其中涉及个体对普遍规范的理解、接受、认同等,后者固然以主体间的交流为背景,但同样离不开以独语为形式的道德反思。主体间的言说行为以共同体为指向,其特点在于通过外在表述而使观念获得公共的性质;独语则以主体的反思过程为内容,其特点在于通过自我的思与辨,化外在的规范为内在的道德意识。

独语的以上品格,使之与道德自律形成了某种相关性。道德规范本身的普遍有效诚然需要诉诸主体间的讨论,但就道德实践过程而言,合乎普遍有效的道德规范,又是行为获得道德品格的基本前提之一。在自律的形式下,行为与规范的一致,既非出于外在强加,也不同于被动地依循规范,而是基于对道德原则的自觉理解和自愿接受。以道德原则为指向的这种理解、接受、认同,显然关联着以独语为形式的道德反思和自我"言说"。在这里,独语既呈现为理性的思与辨,又以自我要求为内容。孔子说:"我欲仁,斯仁至矣。"①此所谓"欲仁"既是一种意向,也可以看作是主体对自我的一种无声要求。就后一方面而言,仁道的原则便相应地成为自我的内在准则。可以看到,道德自律尽管并非仅仅以独语为依据,但对独语的承诺,无疑亦构成了其由以实现的前提之一。

道德自律所涉及的行为与规范的关系,在道德评价中进而具体化为对行为本身的品评。从广义上看,道德评价不仅以主体间的对话、讨论或公共舆论为其形式,而且往往展开为主体的自我评价。当主体对自我的不良行为、动机进行反省时,他常常会产生所谓耻感和

---

① 《论语·述而》。

内疚感,后者可以看作是对自我行为、观念的情感回应。道德的反省和自我的评价当然并非仅仅停留于情感的层面,它在更深刻的意义上总是涉及语言的形式,展开为自我的判断。事实上,即使在耻感、内疚感中,也蕴含着某种自我的判断:耻感与内疚感的形成,往往以对行为或动机性质的断定为其逻辑的前提。以自我评价、自我判断的形式出现的如上道德反省,同时也具有某种独语的性质。相对于以共同体中的舆论等形式展开的道德评价,这种道德独语更多地表现了自我所达到的道德境界。

　　上述道德层面的主体言说方式,可以看作是广义的主体独语的表现形式之一。然而,从哲学史上看,对作为广义言说方式之一的主体独语,一些哲学家似乎未能予以适当的关注。就当代哲学而言,首先值得一提的是维特根斯坦。如前所述,维特根斯坦在后期强调语言的公共性,并拒斥私人语言。以此为前提,他往往对主体内在精神活动的存在表示怀疑。在他看来,内在的过程总是需要外部的表征,人的形体是人的心灵的最好图像;理解并不是一个精神过程,即使言说中的遵循规则(如语法规则),也主要体现为实践过程,①而与主体自身的意识活动无关。由此出发,维特根斯坦进而将"我"(I)的语法功能区分为两种,即作为对象的用法与作为主体的用法,并认为后一意义上的"我"并没有相应的指称对象。② 这里已多少表现出悬置主体的趋向,事实上,维特根斯坦确实试图用"在思维"(It is thinking)来取代"我在思维"(I am thinking)。③这些看法在以公共的语言游戏

---

　　① 〔奥〕维特根斯坦:《哲学研究》,汤潮、范光棣译,生活・读书・新知三联书店,1992年,第580、202节,II,第4节。

　　② 参见 L. Wittgenstein, *The Blue and Brown Books*, Harper, 1958, p. 67。

　　③ 参见 S. A. Kripke, *Wittgenstein on Rules and Private Language*, Harvard University Press, 1982, p. 123。

解构主体独语的同时,也显然使主体性难以真正落实。

哈贝马斯以真理性、合法性、可理解性、真诚性为主体间交往的条件,前三者分别指向对象世界、社会体制和规范系统、主体间关系,对主体来说,它们首先具有外在的指向性。真诚性则涉及主体与自我的关系,但其实质的要求在于敞开内在的自我,后者蕴含着自我的某种对象化趋向:"我"的内在精神世界在向他人的敞开中成为他人的对象。这些看法无疑注意到了主体的关系之维,但它在强调从主体性走向主体间性的同时,对主体的自我认同似乎未能予以充分的注意。事实上,在哈贝马斯的交谈伦理学中,主体间的一致、共识,往往压倒了主体的独语、自得。中国哲学史上,《易传》曾提出"同归而殊涂(途),一致而百虑",其中既以观念的统一(一致)为目标,又确认了达到这一目标以不同主体的自我探索(百虑)为前提,尽管尔后历史的实际演进主要侧重于前者,但在逻辑上,"一致而百虑"的主张无疑蕴含着对自得、独语的肯定。相形之下,哈贝马斯似乎更多地关注以共同体中的"一致"超越个体的"百虑"。这样,一方面,一致对百虑具有最终的优先性,另一方面,自我在向他人的敞开中蕴含着对象化的趋向。二者交互融合,无疑使主体性有被架空之虞。

按其本来内容,道德实践的过程既涉及主体间的对话,也以独语为其题中应有之义。尽管我们可以用分析的方法,对二者分别加以考察,但从现实的形态看,对话与独语当然并非彼此隔绝。对话在某种意义上可以看作是独语的外化,主体间的交流,在逻辑上以主体自身的意见、观点的形成为前提之一,后者固然离不开一定的社会背景,但同时又以独语为其构成形式。对他人有所"说",是因为自己已有"言"在先,没有独语式的自我断定,则对他人的"说"只能是传声筒式的表达。同时,对话的过程本身涉及为他人所理解与理解他人两个维度,如果说,为他人理解意味着自我的意义世界向他人敞开,那么,理解他人则同时涉及与自我反思相联系的独语。另一方面,独语并不是与他人隔绝的自言自语,它必然受到包括主体间交往等存在背景的制约;主体间的对话、交谈、讨论,也往往在不同的程度上影响着个人的意见、观点,并使之不断作出相应的调整或修正。就后者而言,主体的独语在一定意义上也包含着主体间对话的内化。从语言的交流看,主体间的交往过程侧重于明其意义(meaning),主体的独语则同时涉及得其意味(significance),对同一语词、语句、陈述,具有不同生活背景、知识经验、意向期望的个体,往往会赋予或领悟出不同的意味。具体的道德意识总是表现为明其意义与得其意味的统一。主体间对话与主体独语的以上关联,在道德实践和交往中展开为一个不断互动的过程。

如前所述,道德对话、交谈、讨论可以看作是主体间交往的具体形式之一,独语则从一个方面体现了主体的自我认同。主体间关系既有内在性,又有外在性[①]。前者表明主体只能存在于关系之中,而不能独立于关系之外;后者则意味着主体总是包含着不能为主体间关系同化或消融的方面。相应于主体间关系的内在性,主体的独语无疑应当不断超越自身而走向主体间的对话,从而形成合理的公共道德空间和开放的意义世界,以扬弃封闭的自我并确认存在的主体间性。主体间关系的外在性,则决定了不能以对话解构独语,换言之,在从独语走向对话的同时,也应当在某种意义上实现从对话到独语的回归,以避免主体的消解。不难看到,在对话与独语的以上交融与互动之后,是存在的主体性与主体间性的双重确认,后者具体展示了对话与独语等道德言说形式之中所蕴含的本体论意义。

---

① 参见杨国荣:《理性与价值》,上海三联书店,1998年,第81—91页。

四 "说"与"在"

亚里士多德曾有如下名言:人是理性的动物。按照查理斯·泰勒的考查,"理性的动物"在希腊原文中是 zoon logon echon,意即"逻各斯的动物"(animal possessing logos),而不是后来拉丁文所译的 animal rationale;其中的逻各斯同时有语词(word)之意。这样,所谓"人是理性的动物",其原意中亦包含"人是运用语言的动物"[①]。根据这一解释,则亚里士多德已注意到了人的存在与语言的本源性联系。就具体的历史形态而言,人与语言的联系,既表现为人的存在离不开语言,也意味着语言本身以人的存在及其历史实践为本体论的背景。在道德领域中,同样可以看到语言与存在的这种相关性。

语言不仅仅是一种工具,它同时也是文化的载体;当个体掌握、接受一种语言时,他也相应地与凝结于其中的文化传统、知识系统、思维方式、价值观念等发生了某种联系;后者(文化传统、知识系统、价值观念等)构成了个体的存在背景。个体对语言的理解、运用,总是在不同程度上受到以上存在背景的影响。这一特点同样体现于广义的道德言说过程中。以独语而言,所"说"对象的引入,对相关问题的自我追问、自我回应,等等,与个体的生活阅历、所受教育、所浸染的文化传统、已有的知识经验等,往往发生不同形式的联系,后者既使独语区别于私人语言,也使道德语言运用过程中的明其意义与得其意味呈现出某种个体的差异。

除了文化传统,对言说过程产生影响的存在形态还包括具体的

[①] 参见 Charles Taylor, *Human Agency and Language*, Cambridge University Press, 1985, p. 217。

历史背景、社会条件,等等;在主体间的对话、交谈、讨论中,便不难看到这一点。首先,作为对话、交谈等内容的规范、行为、人格并不是抽象的对象,它们总是有其形成、发生的社会历史背景;即使是一般的规范,尽管在不同程度上包含着普遍的规定,但也难以完全脱离社会存在的历史过程。就对话、交谈过程本身而言,其展开亦以一定社会环境为前提,其话题、关注的侧重之点、涉及的人群,等等,往往受到相关社会历史条件的制约。在孔子的时代,"孝"这一规范具有何种内涵,曾是一个重要的讨论话题,《论语》一书便记载了孔子与他的同时代人有关孝的多次对话和讨论,仅其中的《为政》篇,即叙录了孔子对门生及其他人士关于孝的四次回答。然而,在近代,尤其是五四时期,对家族观念的批判反省,常常成为更引人关注的论题。这种话题和关注之点的转换,便以宗法制度的式微、伦理关系的衍化、近代价值观的冲击等时代的变迁为其具体背景。

从道德教育的角度看,对道德概念的理解,构成了其中的重要内容,而理解和掌握道德概念的过程,也同样离不开生活实践等存在形态。在儿童的道德培养中,常常涉及诸如"善""对""错"等道德概念,如果仅仅以抽象的定义、界说等为教育的方式,往往很难使儿童真正明白其中的涵义。此时,常常需要诉诸作为存在背景的生活实践,如以周围环境中助人为乐、拾金不昧、公益劳动等具体的事例,以及对儿童本身的类似行为的肯定和赞扬,帮助儿童理解什么是"善";通过批评生活过程中出现的各种具体的不良行为,来引导儿童懂得"错"的涵义,如此等等。通过这一过程的不断反复,再加上儿童自身的比较思考,上述道德概念("善""错",等等)的内涵便能逐渐被把握。道德概念的这一把握过程,从一个方面表现了道德言说与存在背景之间的联系。

道德语言与存在的相关性,不仅在于以社会环境、生活实践等为内容的存在背景构成了言说行为、意义的把握所以可能的条件,而且在于道德的言说本身展现为存在的某种状态。就独语而言,作为主体自我追问、自我回应的形式,它同时也从一个方面展示了主体内在的精神世界。语言在未进入主体的精神世界(首先是思维过程)之时,其意义只具有可能的形态;语言意义从可能的形态转化为现实形态,离不开以思维过程等为内容的意识活动。即使在对话、讨论以及所谓语言游戏(维特根斯坦)中,言说的具体意义也只有在进入参与者的精神世界之后,才能得到实现。如果"心不在焉",则往往听而不闻(这一事实也进一步表明了独语与对话在实际言说行为中的交融)。从主体存在的过程看,独语在构成精神世界具体内容的同时,无疑也展示了主体"在"世的特定形态。

人的存在既有主体性之维,也展开于主体间的交往过程。如前所述,较之独语对主体性的认同,对话、交谈、讨论更多地涉及主体间关系;对话等过程本身,也从一个方面确证了存在的关系性。历史地看,对话、交谈、讨论能否实现及如何实现,说什么与怎样说,等等,都与主体所处社会关系的变迁息息相关。在权威主义的条件下,以相互尊重言说权利为前提的主体间对话便缺乏实现的可能性。同样,在意识形态定于一尊的时代,也难以向被神圣化的价值原则、规范提出质疑。对话与言说的这种限制,可以看作是相关社会历史条件下人与人之间关系的折射。唯有当主体间建立了平等的交往关系时,理性化的对话、交谈、讨论才成为可能;而从另一角度看,后者本身又同时构成了这种主体间关系的表现形态和现实确证。

人的存在及其相互关系,本质上以实践为其实现方式。作为存在的一种表征,道德的言说与人的实践(首先是道德实践)也难以分离。中国哲学很早就开始讨论言与行的关系,言行之辩以名言与实践的关系为讨论的对象,道德言说与道德实践则是其题中应有之义。

孔子提出"听其言而观其行"①,其中的基本要求是言与行的统一。从道德实践的角度看,它既意味着根据人的行为来判断其言说的真实性,也蕴含着言说应当付诸实践之意。相对于理论领域的沉思,道德的言说更多地展开于广义的实践领域。作为言说对象之一的规范,本身以实践为其指向;行为与人格的评价,同样涉及实践的过程。质言之,道德的言说本质上既以实践为背景,又不断地引向实践过程本身。

如前所述,王阳明曾对口耳之学与身心之学作了区分,口与说相关,耳则指涉听,言说过程总是包含着听与说的互动。就道德规范的辨析而言,在口耳的这种相互作用过程中,主体固然也可以对所说规范有所了解,但这种理解往往停留在抽象的语义层面,而难以真正达到其具体性和丰富性。与之相对,身心之学则以生活实践(行著习察)为其形式,它要求在身体力行的实践过程中,把握和领悟道德规范、概念的具体涵义。或者说,以主体自身的实践为本源,深化对道德规范、概念的理解。王阳明对身心之学的强调,无疑有其值得注意之点。

道德的言说当然离不开逻辑、语义等层面的辨析,但道德的实践本性,同时也决定了道德言说与实践的相关性和切近性。与理论领域的概念活动有所不同,规范意义的具体把握,需要以基于实践的生活经验的积累为其源。黑格尔曾说,同一种宗教真理,出自儿童之口与出自老年人之口,其涵义并不完全相同,因为老年人对它的理解,是以自身的全部生活经验为基础的。② 宗教真理属于广义的价值系统,黑格尔主要以上述例子来说明绝对理念的具体性,但这里同时也

---

① 《论语·公冶长》。
② 参见〔德〕黑格尔:《小逻辑》,贺麟译,商务印书馆,1980年,第423页。

注意到把握价值、规范系统中概念、判断的全部丰富性,离不开生活实践。当然,这一过程并不仅仅是简单的认同,对道德概念、判断具体内涵的理解,也包括揭示和发现其负面的意义,并作出批判的回应。

就道德与主体的关系而言,如前所述,它涉及的不仅仅是康德所说的"我应当做什么",而且同时也是"我应当成就什么";后者所指向的,是自我的完善或自我的实现。如果以"我应当成就什么"为考察的视域,则可以进一步注意到,道德言说的目标,并不限于理解、辨析或达到主体间的共识。通过对话、交谈、讨论等所获得的言说成果,在作用于主体间相互沟通及普遍道德秩序的同时,又内含着如何引向主体自身存在的问题。质言之,它应当在身体力行的实践过程中,逐渐凝化于主体的内在人格结构,并成为实有诸己的德性。王阳明要求超越口耳之学而达到身心之学,似乎亦已有见于此。言说向人格和德性的凝化,同时也进一步展示了"说"与"在"的统一。

主体的人格、德性,可以看作是主体境界的体现。从内在的方面看,境界既蕴含了对存在的理解,又凝结着人对自身生存价值的确认,并寄托着人的"在"世理想。作为自我所达到的一种意义视域(meaning horizon),境界既在名言之域中,并相应地构成了言说的内容与对象,又有超乎言说之维。一方面,我们可以用概念、命题等来表达人所达到的某种境界,如以"物我一体"来表示超越对待的意义视域,但另一方面,主体的境界似乎又有超越言说的一面:作为与精神世界合一的意义视域,境界已在某种意义上渗入主体的整个存在之中,成为主体的一种"在"世状态;此时,我们可以说,境界即其人。不难看到,在境界这一层面,道德的言说,最后落实于人自身的存在。

第八章

形式与实质

  道德领域中的言说方式,较多地呈现形式的意义。从更内在的层面看,体现伦理关系的义务,在道德实践的历史过程中,往往亦经历了一个形式化的过程;道德规范在某种意义上便可以看作是义务的形式化:义务包含着"应当"如何的要求,而在道德规范中,履行义务的特定主体、义务所指向的具体对象,等等,常常已被略去。然而,道德实践(包括义务的实现)并不仅仅表现为一个形式化的过程,作为人的存在形态,它同时总是涉及实质的内容。如果说,普遍规范、言说方式等首先指向形式的规定,那么,价值、伦理关系、德性的道德意义则更多地体现于实质的方面。舍勒(Max Scheler)在《伦理学中的形式主义与非形式的价值伦理学》①一书中,曾对康德伦理学中的形式主义倾向予以种种批评,并由此提出了其非形式的价值伦理学。从正面看,"非形式"无疑包含着实质之意,以"非形式"质疑形式主义,相应地以理论张力的形式,突出了形式与实质之间的关系在伦理学中的重要性。如何扬弃形式与实质之间的紧张?这是对道德哲学作进一步沉思时无法回避的问题。

一 道德的形式之维

具体的道德行为总是展开于一定的时空关系中,具有特殊的形态和品格。相对于道德行为,道德原则或道德规范更多地呈现为普遍的规定:它超越特定的时空关系而制约着不同的行为。如前所述,在道德领域,普遍的原则与规范的形成过程,往往伴随着一个形式化的过程,它抽去了人伦关系的具体内容,将这种关系所规定的义务(特定的"应当"),提升为一般的道德要求。从逻辑上看,形式化是道德原则与规范超越特定的时空关系、获得普遍性品格的前提。

以形式化为条件之一的普遍性,构成了道德原则的基本规定。康德已注意到这一点,在其伦理学著作中,他反复地强调:"仅仅根据这样的准则行动,这种准则同时可以成为普遍的法则(universal law)。"这一要求往往被理解为道德的绝对命令。② 道德原则的这种普遍性,为社会成员超越个体的特殊意向、形成共同的道德选择和道德评价标准,提供了基本的依据。即使是主体的道德自律,同样也离

---

① Max Scheler, *Formalism in Ethics and Non-formal Ethics of Value*, Northwestern University Press, 1973.

② Kant, *Grounding for the Metaphysics of Morals*, Hackett Publishing Company, Inc,1993, p. 30.

不开普遍性的向度。康德在谈到道德自律时,便强调了意志的自我决定与遵循普遍法则之间的一致性。① 这种共同的行为准则和评价标准,同时又是社会道德秩序所以可能的前提。当个体仅仅以各自的偏好为选择和评价的标准时,道德怀疑论和道德相对主义便是其逻辑的结果,而社会成员间的道德冲突亦将相应地取代社会的道德秩序。在这里,道德原则的普遍性既为个体超越单纯的经验存在提供了范导,又从一个方面担保了社会共同体中的道德秩序。

与体现为道德原则和道德规范的普遍性相一致,形式之维同时涉及道德原则在逻辑上的自洽。一种行为准则能否成为普遍的原则,除了须扬弃个别性、特殊性外,从形式的层面看,还取决于它是否具有逻辑上的自洽性。康德曾以不遵守诺言及说谎为例,对此作了详尽的分析。如果有人试图许下诺言而不遵守,以实现自己的一己之利,那么,他很快便会发现,这种容许不守诺言的行为规范和准则无法获得普遍意义,因为一旦不守诺言普遍化,则社会上就不会再有守诺言的现象(任何诺言都不会有人相信),从而,不守诺言本身也变得没有任何意义。简言之,不守诺言的准则如果普遍化,便会导向对自身的否定;它在形式上蕴含着逻辑上的不自洽或逻辑上的矛盾。② 与普遍性的规定相近,逻辑形式上的自洽和无矛盾,既是道德原则所以成立的前提,也是这种原则有效作用的条件。

逻辑上的自洽和无矛盾,从另一方面看,也可以视为理性化的要求。就形式的层面而言,理性化往往还与道德决定的程序等相联系。罗尔斯在《正义论》中,便将程序的正义作为形成正义原则的前提。他首先预设了一种无知之幕(the veil of ignorance),参与正义原则探

---

① Kant, *Grounding for the Metaphysics of Morals*, Hackett Publishing Company, Inc,1993, p. 49.

② Ibid. , p. 15, p. 31.

讨的各方,都被置于这种无知之幕的背后,没有人知道自己在社会中将处于何种地位,也没有人知道自己的自然秉赋(如智力、体力等)如何。进而言之,讨论的参与者对自己所处社会特定的经济、政治、文化状况也一无所知,也不知道自己属于社会中的哪一代。按罗尔斯的看法,在这种本源的状态(original position)中,讨论的参与者可以不受特定的身份、地位、年龄、秉赋、社会环境等的影响,形成对所有社会成员都具有公正性质的原则。① 这种讨论程序,可以看作是一种逻辑的设定,尽管它所要达到的原则,已包含某种实质的内容,但就程序本身而言,其中所涉及的理性化,似乎更多地带有形式化的特点。罗尔斯确信通过这种形式化的理性程序,便可以达到正义的原则,不免过于乐观,但就其注重社会道德和政治讨论中程序的合理性而言,无疑有见于道德的形式规定及形式层面的理性化在道德决定中的意义。

哈贝马斯对道德决定的程序予以了更多的关注。以交往行动的理论为前提,哈贝马斯提出了所谓交谈伦理学(discourse ethics),并将建立对话与讨论的程序作为其重要的内容,强调正是程序性,将交谈伦理学与其他的认知主义(cognitivism)、普遍主义(universalism)等区分开来。② 为担保对话和讨论的理性化,哈贝马斯引入了若干规则,如发言者不能与自己所说的相矛盾,发言者应当表达自己相信的观点,每一个具有言说与行动能力的主体,都有权利参加讨论和对话,排斥任何内在与外在的强制,等等。在哈贝马斯看来,道德问题

---

① John Rawls, *A Theory of Justice*, Belknap Press of Harvard University Press, 1971, pp. 136-142.

② 参见 Habmeras, *Moral Consciousness and Communicative Action*, Polity Press, 1990, p. 122。

原则上都可以通过这种理性的方式来解决。① 以上视域中的交谈伦理学,并不涉及具体的价值内容,而主要从形式的层面关注道德决定的程序,在此意义上,哈贝马斯又将其理解为一种"形式主义"(formalism)的理论。② 尽管哈贝马斯对罗尔斯颇多批评,但在注重讨论的形式化的程序、试图为这种程序作出理性化的规定等方面,二者的思路似乎又有相近之处。毋庸讳言,对道德决定程序的如上理解内含着某种理想化的倾向,但通过程序的理性化来担保道德决定的理性化,显然亦有助于更具体地理解形式之维在道德实践中的作用。

哈贝马斯认为程序性的规定中不包括价值导向等方面,亦意味着对形式的规定与特殊的内容加以区分。广而言之,如前文已提及的,道德领域中的形式,往往蕴含着对感性规定的超越。康德一再要求将形式化的道德法则与感性的偏向(inclination)区分开来,并对二者作了严格的划界。感性的偏向往往基于感性的欲望③,在这一感性的层面上,人完全属于现象界,并受因果规律的支配,唯有纯粹的(形式的)道德法则,"才使我们意识到自己作为超感性存在(supersensible existence)的崇高性"④。不难看到,道德的形式之维与道德的崇高性在这里被理解为相互关联的两个方面。由此出发,康德进而将道德意志的自律规定为人性尊严(the dignity of human nature)的基础。⑤ 意志的自律从内在的方面看,即意味着摆脱感性的冲动(im-

---

① 参见 Habmeras, *Moral Consciousness and Communicative Action*, Polity Press, 1990, p. 108。
② Ibid., p. 122.
③ Kant, *Grounding for the Metaphysics of Morals*, Hackett Publishing Company, Inc, 1993, p. 24, notes3.
④ Kant, *Critique of Practical Reason*, Cambridge University Press, 1997, p. 75.
⑤ 参见 Kant, *Grounding for the Metaphysics of Morals*, Hackett Publishing Company, Inc., 1993, p. 41。

pulse)、偏向(inclination)等的影响和限制,仅仅以理性的普遍法则为道德决定的根据。康德将认同形式化的道德法则视为实现存在崇高性的主要方式,当然不免过于抽象,但通过接受扬弃了特殊经验内容的普遍法则,从单纯的感性欲求等偏向中提升出来,确乎也构成了达到人的内在尊严的一个重要方面。在感性欲望的层面,人与其他存在往往相互趋近,如果仅仅以感性欲望的满足为追求的目标,则人固然在"实质"(material)的意义上得到了肯定,但其存在的崇高性往往难以展现。在此,以理性的"形式"(普遍的道德法则),对感性的"实质"作某种扬弃,无疑构成了实现人的尊严和存在价值的前提之一。

人的尊严和道德的崇高性并不仅仅以精神的形态存在,它总是以不同的方式落实于具体的行为。如后文将进一步论及的,作为人的内在价值的体现,具体的道德行为当然有其实质的规定,然而,道德行为同时又展开于不同形态的社会结构和社会成员之中,表现为主体间的交往关系。从社会交往的角度看,道德实践的过程同时又涉及文明的行为方式。儒家较早地注意到了这一点,《礼记》已指出:"道德仁义,非礼不成。"[1]此所谓礼,广而言之,泛指行为的一般规范,其作用主要表现为两个方面,即"节"与"文":"礼者,因人之情而为之节文。"[2]"节"有约束、调节等意,所谓"礼节民心"[3],便意味着以普遍的规范来约束内在的情感、意欲等,如果不能做到这一点,那就会导致人的物化:"人生而静,天之性也;感于物而动,性之欲也,物至知知,然后好恶形焉。好恶无节于内,知诱于外,不能反躬,天理灭

---

[1] 《礼记·曲礼上》。
[2] 《礼记·坊记》。
[3] 《礼记·乐记》。

矣。夫物之感人无穷,而人之好恶无节,则是物至而人化物也。"①与之相辅相成,礼的另一重功能便是"文":"先王之制礼也,有本有文。"②相对于"节"之约束于内,"文"的作用更多地呈现于外:"礼自外作,故文。"③文有美化、修饰等意,荀子已指出了这一点:"凡礼:事生,饰欢也;送死,饰哀也;祭祀,饰敬也;师旅,饰威也。"④从事亲送终,到祭祀征战,行为过程都离不开修持文饰。作为外在规定,"文"包含着行为方式文明化的要求。如果缺乏这种文饰,则行为往往会导向"野":"敬而不中礼,谓之野。"⑤野与文相对,意指不文明、粗野等;敬本来是具有正面意义的行为,但如果不注意礼的文饰,则仍不免流于前文明的形态,从而难以成为完善的道德行为。在这里,道德的形式之维表现为行为方式的文明化和完美化,日常语言中的所谓行为美,从道德实践的角度看,也意味着肯定道德行为在形式上的完美性。

可以看到,从普遍的道德法则,到具体的道德行为,道德在不同的意义上呈现了其形式的规定。忽略了这种形式的规定,便无法达到对道德的完整理解。

二 实质的规定

以上考察在理论上蕴含着如下问题:道德是否仅仅表现为一种形式的系统?对这一问题的思考,逻辑地引向道德的另一方面。以

---

① 《礼记·乐记》。
② 《礼记·礼器》。
③ 《礼记·乐记》。
④ 《荀子·礼论》。
⑤ 《礼记·仲尼燕居》。

善何以可能为讨论的视角,我们将进一步注意到,道德理想的实现固然有其形式层面的条件,但亦离不开实质的根据;在从形式的层面分析道德现象的同时,应当对后者予以同样的关注。

如前所述,舍勒曾从"非形式"的视域责难形式主义,作为形式主义的否定,舍勒的"非形式"无疑包含着对道德的实质规定的确认。在舍勒那里,道德的实质内容首先又体现为价值:他试图建立的,是所谓"非形式的价值伦理学"。以价值的关注为出发点,舍勒对康德强调义务的优先性不以为然。从逻辑上看,义务的优先,蕴含着"应当即善"的命题,而在舍勒看来,应当与善的关系是"善蕴含应当"。由此,他提出了"理想的应当"(ideal ought)的观念,其涵义之一,便是"凡是有价值(善)的,便是应当实现的(应当做的)"①。这里值得注意的并不仅仅是舍勒对康德的批评以及他对应当与善等关系的理解,而更在于舍勒对价值的突出。作为人的"在"世的方式,道德所涉及的价值问题始终与人自身的存在息息相关。不妨说,道德领域中价值的本质内涵,便是以人为目的。从历史上看,儒家以仁道为处理人伦关系的基本原则,而仁道的核心便是"爱人"(仁者爱人),以此为前提而展开的伦理系统,则相应地表现为一种实质的体系。当康德将人是目的规定为道德的普遍法则和绝对命令(categorical imperative)时,②他也在某种意义上触及了道德的实质之维。事实上,康德本人亦将目的之引入,视为伦理学中实质的规定。③

以人为目的,其真实的意蕴首先在于将人理解为具体的存在,后

---

① Max Scheler, *Formalism in Ethics and Non-formal Ethics of Value*, Northwestern University Press, 1973, pp. 210-211.

② 参见 Kant, *Grounding for the Metaphysics of Morals*, Hackett Publishing Company, Inc., 1993, p. 36。

③ 参见 Kant, *The Metaphysics of Morals*, Cambridge University Press, 1996, p. 147。当然,康德所引入的目的范畴仍带有某种形式化的特点,详后文。

者(存在的具体性)的表现形式之一,则是人的潜能的多方面的实现。作为道德的主体,人无疑应当认同普遍的理性法则,并通过超越单纯的感性意欲和冲动以展示和确证其崇高性。然而,不能由此将人的存在过程仅仅归结为认同或重合于形式化的理性法则。停留于感性的层面固然难以将人与其他存在区别开来,但隔绝于经验的、感性的规定,亦将使人成为缺乏现实品格的抽象存在,在这两种形态下,人是目的这一价值命题都无法真正落实。

作为道德理想的承担者,人本身包含多重规定,道德理想的实现以确认存在的这种具体性为前提;如果将人仅仅理解为理性形式的化身,则道德的领域将成为远离生活世界的空幻王国。理学家以"纯乎天理"要求人,其结果往往是人格的扭曲和伪道学的泛滥,它表明,天理的纯粹形式一旦与道德主体的现实形态相脱节,则道德理想的追求便会成为背离道德的过程。康德试图通过净化一切感性的规定来担保道德的崇高性,但同时也使至善成为一种在彼岸才能实现的理想。由此进而考察道德的实质之维,则不难注意到,这种实质的规定不仅在于以人为目的,而且表现在将人理解为包含多方面规定的具体存在。①

从道德行为的主体,转向道德行为的规范系统,便涉及普遍的道德原则。如前所述,康德一再强调道德法则的普遍有效性,在他看来,道德的法则"在任何情况下"(in all cases),对一切理性的存在

---

① 舍勒批评康德将个人从属于规范,认为一旦把人视为理性的存在,就会导致个人的虚无化或超人化(impersonal or superpersonal)。在舍勒看来,真实的个人是其全部行动的具体统一。(参见 Max Scheler, *Formalism in Ethics and Non-formal Ethics of Value*, Northwestern University Press, 1973, pp. 271-273, p. 283)这一看法无疑已有见于道德的实质规定与存在的具体性之间的联系,不过,舍勒同时又将具体的个人看作是上帝观念的基础,亦即把存在的具体性最后归结到超验的存在。(同上书, pp. 397-398)就此而言,舍勒似乎又未能达到对存在具体性的真实理解。

(rational being)都具有决定作用①,所谓"任何情况",已蕴含了道德法则作用的无条件性。按照康德的看法,道德法则总是以定言命令为其形式,相对于假言命令的条件性,定言命令则以无条件性为其特点。康德所理解的条件,首先包括具体的感性欲求和功利目的,定言命令意味着排斥一切感性的、功利的考虑。然而,就其与道德法则的关系而言,条件在广义上也涉及法则本身的作用方式,康德在拒斥以条件性为特征的假言命令时,也将道德法则与其作用的条件隔绝开来。

就道德法则与经验领域的关系而言,康德所突出的是道德法则对经验的超越性。在他看来,普遍的道德法则不仅是先验地形成,而且总是先于并外在于经验而作用于人的意志和行为。以朋友间的真诚友谊而言,即使在现实的经验世界中从来没有真正出现过真诚的朋友,朋友间的真诚性仍是对每一个人的要求,因为这是一种先验的义务,它同时作为先验的根据决定着意志。② 换言之,不管经验世界中是否存在道德法则作用的条件,道德法则都将先验地决定人们的意志和行为。道德法则作为价值理想的体现及具体伦理关系的抽象,无疑具有超越特定时空中经验现象的一面,但这并不意味着这种原则是先验的预设,更不表明其作用过程可以完全与经验领域相分离,康德似乎未能对二者作必要的区分。

在考察道德自我时,我已指出,道德主体表现为由多重规定的统一而形成的具体存在。由主体存在的具体性进而考察其所处的生活世界和社会系统,则不难注意到,后者在更深刻的层面体现了存在的

---

① 参见 Kant, *Critique of Practical Reason*, Cambridge University Press, 1997, p. 23。

② 参见 Kant, *Grounding for the Metaphysics of Morals*, Hackett Publishing Company, Inc., 1993, p. 20。

具体性,这不仅在于个体规定的具体性总是无法与其存在的社会背景相分离,而且在于这种背景本身有着具体的性质。广而言之,随着历史的变迁,新旧交替的每一社会结构往往各有不同的特点,后者从宏观的历史之维显示了社会存在的具体性。从更切近的角度看,个体存在的特定境遇、个体行为过程面临的情景,常常也呈现具体的特点,而非一成不变。与个体存在的具体性一样,存在背景的这种具体性,也是一种本体论的事实,它在本源的层面制约着道德实践的过程。

存在背景的具体性,首先使道德原则如何有效作用成为无法回避的问题。作为一般的法则和规范,道德原则无疑具有普遍性的品格,但另一方面,道德原则作用的对象(主体及其道德行为),又总是存在并展开于具体的情景或境遇之中,这样,道德原则如何有效作用的问题,便往往表现为普遍的原则如何在具体境遇或情景中合理地引用。表现为行为背景的存在境遇或情景,在某种意义上可以看作是普遍原则作用的条件,而原则作用的有效性和合理性,则离不开境遇分析或情景分析。通过对行为背景的具体把握,一方面,道德原则的引用扬弃了抽象性而奠基于现实的前提,另一方面,个体的道德选择也获得了合乎特定境遇的依据。在这里,情景分析成为沟通普遍的原则与行为背景的必要环节,而道德原则与具体境遇及情景的联系,则在另一重意义上体现了道德本身的实质规定。

具体情景和境遇对普遍原则的制约,往往表现为行为规范在实践过程中的某种调整或变通。以交往的真诚性而言,从保证正常的社会互动和建立稳定的道德秩序等历史需要中,逐渐形成了"不说谎"的道德规范,后者同时作为普遍的原则,制约着人们的日常行为。然而,在某种特定的情景下,事实的陈述可能会导致灾难性的后果,此时,"不说谎"的行为规范也许就应当作必要的变通。例如,当一名歹徒试图追杀一位无辜的人士、并向知道详情的你询问后者的去向时,如果你拘守不说谎的原则而向他如实地提供有关的事实,便很可能酿成一场悲剧,而陈述与事实相反的信息,则可以避免这一后果。在这种特定的情景下,后者(提供不真实的信息)无疑是一种更合理的选择。这一类的情景,在伦理学中通常被称为道德的两难困境(moral dilemma),它以道德冲突的形式,表现了普遍原则在具体情景中运用的条件性。①

从哲学史上看,实用主义是对情景分析较为关注的学派之一。以肯定生活经验的本源性为前提,实用主义强调道德与生活不可分离,而生活又总是展开于具体的情景中。与其他的生活形式一样,道德主要是解决生活情景中面临的实际问题:"我们应该如此这般地去做,仅仅是因为既成的实际情景这样要求我们。""正确地去做,就是按照我们实际看到的情景,如实地加以对待。"②引而申之,就道德评价而言,好坏或善恶等价值意义,也只有联系具体的生活情景才能确定。③ 质言之,无论是行为方式的选择,抑或行为意义的评价,都离不开具体的生活情景。实用主义要求根据个体所处的具体情景来确定行为的方式和意义,无疑注意到了道德的实质向度。当然,在肯定情景的特殊性的同时,实用主义对普遍法则似乎未能予以适当的定位,詹姆斯以机遇或运气(chance)来解释生活现象,强调一切都是不确

---

① 从实质的层面看,上述情形中的"说谎"仍具有道德的意义:在拒绝提供真实情况以保护无辜之士的背后,是对人的存在价值的肯定。

② *The Philosophy of John Dewey*, Henry Holt and Company, 1928, p. 372.

③ 参见 J. Dewey, *Theory of Valuation*, International Encyclopedia of Unified Science, II, No. 4, The University of Chicago Press, 1939。

定的。① 杜威则认为,普遍规范的作用,仅仅在于确定环境的性质②,这种看法往往容易导致以特定情景的分析消解普遍法则。

与实用主义相近,存在主义也将个体的存在境遇提到了突出地位。从存在先于本质的命题出发,存在主义将个体的存在理解为一个自我筹划、自我选择的过程,在这一过程中,个体自身及其存在的境遇,都具有独特的、不可重复的性质。按存在主义的看法,存在境遇的这种独特性,决定了个体必须根据对情景的理解,独立地作出选择。萨特曾以道德中的两难困境为例,来说明行为选择与具体情景之间的关系,这种二难困境往往以具体而尖锐的形式,展示了特定情景在道德实践中的意义。不过,与拒斥普遍本质相应,存在主义者(如萨特)强调,个体在存在过程中的选择,既无先例可援,亦无一般原则可循,这种看法显然又由存在与本质的对峙,导向了普遍法则与具体情景的紧张;后者在某种意义上与实用主义殊途而同归。

由道德行为的背景,进而考察道德行为的内在机制,便涉及道德的动力因问题。作为主体性的行为,道德是由什么力量推动的? 康德主要从理性能力与普遍法则的关系上对此加以探讨,在他看来,普遍的道德法则同时构成了这种(道德)"行为的驱动者"(an incentive to this action),行为的动力主要来自认同道德法则:"对道德法则的尊重是唯一的、不容置疑的道德驱动力。"而这种尊重又源于实践理性。③ 即使意志的自律,所涉及的也只是与普遍法则相联系的"形式

---

① 参见 W James, *The Will to Believe and Other Essays in Popular Philosophy*, Dover Publications, New York, 1956, pp. 145-183。

② *The Philosophy of John Dewey*, Henry Holt and Company, 1928, p. 372.

③ 参见 Kant, *Critique of Practical Reason*, Cambridge University Press, 1997, p. 65, p. 67。

条件"(formal condition),①在其晚年的《道德形而上学》中,康德进而主张"通过沉思内在的纯粹理性法则的尊严及德性的实践,以增强道德的激励力量"(the moral incentive),②道德的激励力量(moral incentive)属于动力因的范畴,但康德却将沉思理性法则视为其主要的来源,这种看法,实际上是以形式因(普遍的理性法则)为道德的动力因。康德从认同普遍法则的角度追寻动力因,无疑注意到了道德动力因中的理性规定,但从总体上看,这主要还是一种形式层面的考察。

如前所述,道德行为的主体是包含多方面规定的具体存在,其中既有理性的因素,也有非理性的因素。就行为的动因而言,它不仅涉及对道德法则的理性认知和接受,而且受到主体的目的、意向、情感、意志等方面的制约,后者往往构成了行为更直接的推动力。价值目标的确立与动机的形成往往联系在一起,它在逻辑上构成了行为所以可能的前提,而目的(动机)的选择,则与主体的意向、境界等难以分离,其中交织着欲望、情感、意志等作用。道德行为的过程同时要求对行为可能导致的后果加以评价,这种评价构成了确认或拒斥该行为的根据,而评价过程则既涉及理性的权衡,也渗入了情感的认同。此外,从目的、动机向行为的过渡,以及整个行为过程,都离不开意志的决定和定向,这种意志作用并不是如康德所认为的那样,"仅仅是理性的体现",并"完全由道德法则所决定"③,作为个体的具体规定,它无疑有自身的作用机制。广而言之,道德法则本身从外在的

---

① 参见 Kant, *Grounding for the Metaphysics of Morals*, Hackett Publishing Company, Inc., p. 58。

② 参见 Kant, *The Metaphysics of Morals*, Cambridge University Press, 1996, pp. 158-159。

③ Kant, *Grounding for the Metaphysics of Morals*, Hackett Publishing Company, Inc., p. 23; *Critique of Practical Reason*, Cambridge University Press, 1997, p. 63.

他律到主体自律的转换,往往也需要通过个体的情感的认同、意志选择等环节来实现,仅仅停留于对道德法则的理性认知,而无行善的热忱和从善的意向,则法则所蕴含的"应当",常常很难化为现实的道德行为。

相对于普遍的法则,行为机制中的情感、意向、欲望等因素,与个体的具体存在显然有着更切近的关系。作为一定社会历史关系中的具体存在,个体无疑有其实质的向度,后者相应地也赋予上述因素以实质的意义。当我们从这一前提和背景考察道德的动力因时,我们同时从另一个角度切入了道德的实质层面。

在哲学史上,休谟是较早对道德行为的动力因加以探讨的哲学家之一。与康德首先关注理性的普遍法则有所不同,休谟更多地将注重之点指向情感(sentiment)、情趣(taste)等。在他看来,道德总是蕴含着某种具体的情感规定,道德决定是由情感作出的。① 他批评了以理性为道德的唯一制约因素、而不考虑情感作用的论点,认为理性是冷冰冰的、被动的,不能成为行为的动力,而情趣(taste)则使人形成赞成与反对的倾向,因而能够成为行为的动因。② 简言之,唯有情感才能"促发或阻止某种行为,理性在这方面显得无能为力"③。休谟的这些看法包含如下值得注意之点:它试图从情感这样一些直接影响行为的因素入手,具体地把握道德行为的动力机制。在如上考察中,道德的动力因也更多地从实质的层面得到了阐释和突出。

不过,休谟在强调情感等非理性因素作用的同时,对理性与道德行为的关系,显然未能地加以适当的把握。在他看来,"理性对情感

---

① Hume, *An Enquiry Concerning the Principle of Morals*, Hackett Publishing Company, 1983, pp. 74-75, p. 85.
② Ibid., p. 83, pp. 87-88.
③ Hume, *A Treatise of Human Nature*, Oxford University Press, 1978, p. 457.

与行为都没有任何影响"①,理性的作用只是发现和确定事实,在事实确定后,对事实的评价,则不属于理性的领域,而是情感的范围。② 这样,理性的认知似乎仅仅在道德决定及道德行为之前起作用,与道德实践过程本身无关。这种看法多少表现出割裂理性与道德的倾向,以此为前提,很难避免对动力因的片面理解。

从道德行为的动因,转向道德行为本身,我们首先注意的,往往是前文所提及的行为的方式。但进一步的考察则表明,行为的方式所涉及的,常常是其外在的形式的方面,在行为方式之后,是更内在层面的人格。人格是行为主体在道德品格上的综合统一,它在总体上表征着主体所达到的道德境界;相对于行为的多样性,人格往往展现为主体在时间中的绵延统一,具有相对稳定的特点。人格的这种稳定性与统一性,也从一个方面表现了主体存在的具体形态。从道德理想与道德目标看,人格的完美,总是应当在行为美中得到确证,行为美则同时可以看作是人格美的外在展现。日常语言常常将人格美或心灵美与行为美联系起来,也反映了二者的相关性。当然,人格与行为主体的存在具有本体论上的同一性(在某种意义上,人格即其人),较之行为美主要在外在方式上体现了道德的理想,人格美更多地在主体的存在形态(自我的综合统一及绵延性等)上体现了内在的德性,后者同时从道德本体的层面,彰显了道德的实质意义。

三 历史中的张力

前文的论述表明,道德按其本来意义,既有形式的方面,亦有实

---

① Hume, *A Treatise of Human Nature*, Oxford University Press, 1978, p. 457.

② 参见 Hume, *An Enquiry Concerning the Principle of Morals*, Hackett Publishing Company, 1983, pp. 85-86。

质的维度;作为道德的二重规定,形式与实质各有其存在的根据,而非彼此相斥。然而,如上文已提及的,在哲学史上,具有不同倾向的哲学家与哲学学派,往往主要强调了其中的一个侧面,由此不免导致二者的分离与紧张。较为系统地省察哲学史上的不同进路及其蕴含的问题,无疑有助于更深入地把握道德实践中形式与实质的关系。

康德在这一方面的思维趋向有其值得注意之点。从某些角度看,康德在突出道德法则的普遍形式的同时,也注意到了道德的实质内涵。首先应当一提的,便是将目的引入道德领域:在其提出的绝对命令中,便包括:"始终将你自己及他人同时作为目的、而决不仅仅作为手段来对待。"[1]以人为目的,涉及的是人的存在,其中无疑包含着某种价值的确认,后者已涉及实质的层面。以目的的引入为前提,康德还对伦理学与法权的学说作了区分,认为法权的学说主要涉及选择的形式条件(the formal condition of choice),因而无需导入目的的范畴,而伦理学则与目的相关。[2] 这一看法所指出的是如下事实:在法理关系的领域,行为只要合乎一般法规即可,而无需再追问该行为的目的;在伦理学领域,行为的性质不仅与是否合乎规范相关,而且涉及行为以什么为目的(以什么为动机)。康德特别强调了目的确立和选择的不可强制性:"任何人都可以强迫我去做我并不以之为目的的事,但他并不能迫使我把做这种事作为我自己的目的。"[3]换言之,别人可以强迫我为他的目的服务,但却不能把他的目的变成我自己的目的;主体在目的的选择上具有自由的权能。对目的与道德主体及道德行为关系的如上理解,无疑包含着对人内在存在价值的进一步

---

[1] Kant, *Grounding for the Metaphysics of Morals*, Hackett Publishing Company, Inc., p. 36.

[2] Kant, *The Metaphysics of Morals*, Cambridge University Press, 1996, p. 146.

[3] Ibid., pp. 146-147。

肯定。这种理解同时又关联着目的与形式条件的区分,从而亦与实质相联系;事实上,康德在此意义上也肯定伦理学涉及实质的层面。①

对准则(maxim)与法则(law)关系的看法,是康德哲学中另一个值得注意的方面。按康德的解释,准则可以看作是普遍的法则在主体之中的体现;在准则的形态下,法则仿佛"成了你的意志的法则",亦即取得了自我立法的形式。对法则来说,不存在"出乎意愿"的问题,但以准则为根据的行为,则可以说是"出乎意愿"的行为。② 在这里,准则似乎构成了从普遍法则到主体行为的中介,事实上,康德亦肯定,法则并不是直接向行为颁布,而是首先向准则颁布。③ 对准则的这种关注,显然也注意到了普遍法则如何在个体中具体体现和落实的问题。

康德对普遍性原则与人道原则(人是目的)的确认、对道德行为的目的之维及目的与主体自由关系的肯定、以及试图通过准则来沟通普遍法则与道德主体,等等,在某种意义上表现出对道德领域中形式与实质的双重关注。然而,如前文已提及的,在总的伦理立场上,康德的主导倾向仍是强调道德的形式之维。在他看来,德性的最高原则,乃是普遍性的法则,④而普遍性只能是形式的:"如果理性的存在能将其准则思考为实践的普遍法则,那么,他作如此思考的唯一方式就是将这些准则理解为这样的原则:它们之成为决定意志的根据,仅仅在于其形式(form),而并不在于其实质(matter)。"⑤事实上,在康德那里,普遍与先验性、形式规定往往相互重合;普遍性首先通过

---

① Kant, *The Metaphysics of Morals*, Cambridge University Press, 1996, p. 146.
② Ibid., pp. 152-153.
③ Ibid., p. 168.
④ Ibid., p. 157.
⑤ Kant, *Critique of Practical Reason*, Cambridge University Press, 1997, p. 24.

先验性与形式之维来加以担保。

就目的与道德的关系而言,康德在引入目的之时,又一再强调,这种目的同时也是义务。在他看来,伦理学"不能将个人为自己设定的目的作为出发点",与道德行为相关的目的,应当以普遍法则为依据。① 离开了普遍道德法则而考察目的,只能导致目的之技艺学说(technical doctrine of end),后者所理解的目的往往与个人的感性冲动联系在一起,从而是主观的。② 感性的冲动更多地涉及实质的内容,与之相对,以普遍道德法则为依据同时呈现为义务的目的,则具有形式化的特点:对康德来说,从义务出发,意味着为义务而履行义务,它在某种意义上表现为义务的自我同一;与这种自我同一的义务重合的目的,相应地亦体现了形式的品格。不难看到,在引入目的的同时,又通过以义务界定目的而使之形式化,构成了康德伦理学的特点之一。③

同样,关于准则(maxim),康德在肯定其与个体相关的同时,又反复地强调了其普遍性的规定,所谓"仅仅这样行动:你所遵循的准则(maxim),同时应当能够成为普遍的法则(universal law)"④,便表明了这一点。按照康德的看法,"实践领域一切合法性的基础,客观上就在于规则及普遍的形式(the form of universality)"⑤。质言之,普遍的形式构成了准则更根本的方面。总起来,康德在涉及实质的同

---

① 参见 Kant, *The Metaphysics of Morals*, Cambridge University Press, 1996, p. 147。

② Ibid. , p. 149.

③ "以人为目的"作为价值命题,本来具有实质的意义,但康德却对其作了形式化处理;技术的观点本来与工具的理性有更切近的联系,并相应地具有形式的意义,但康德却将其列入实质的层面,在这种理解中,也表现出对形式的偏重(将内在的价值首先与形式联系起来)。

④ Kant, *Grounding for the Metaphysics of Morals*, Hackett Publishing Company, Inc. , p. 30.

⑤ Ibid. , p. 38.

时,又强调形式的主导性和绝对性。

　　较之康德,以分析哲学为背景的元伦理学(meta-ethics)似乎将关注之点更直接地限定于形式本身。早在20世纪初,摩尔(G. E. Moore)就已指出,伦理学的首要任务,就是确定"善""正当""义务"等伦理谓词的涵义,而这一任务只有通过对伦理概念和范畴的逻辑分析才能完成。按照这一理解,伦理体系便不必考察人的实际行为,也无需研究道德判断的内容,而只应分析道德概念的定义及概念之间的逻辑关系。① 这种看法在后来的逻辑经验主义那里有了进一步的发展。逻辑经验主义往往将传统伦理学的命题视为无意义的陈述,在他们看来,严谨的伦理学"应当对伦理学的术语(terms)作出分析,借以表明这一切伦理表达所从属的范畴是什么"②。总之,与传统的规范伦理学不同,元伦理学主要偏重于对伦理概念、命题的语义分析。元伦理学领域的所谓直觉主义、情感主义等,所涉及的首先是对伦理概念或道德语言涵义的不同理解,如直觉主义的代表摩尔强调伦理范畴如"善"只能以直觉的方式把握,情感主义者艾耶尔则认为伦理术语(ethics terms)无非是情感的表达(emotive expressions)。道德语言的逻辑分析涉及的主要是道德的表达形式,以此作为伦理学的主要对象,显然未能超出道德的形式规定。③

---

　　① 参见〔英〕摩尔:《伦理学原理》,长河译,商务印书馆,1983年。
　　② A. J. Ayer, *Language, Truth and Logic*, Dover Publications, Inc., 1952, pp. 103-104.
　　③ 在这方面,后起的某些分析哲学家的观点已开始有所变化,其中黑尔(R. M. Hare)的看法带有一定的代表性。如第七章所述,在黑尔看来,道德语言具有评价的意义(evaluative meaning),这种评价意义甚至比描述意义(descriptive meaning)更基本。由此,他进而肯定了包含评价意义的命题与行为选择之间的关系(参见 R. M. Hare, *The Language of Morals*, Clarendon Press, 1952)。相对于情感主义之主要强调道德语言的表达功能,黑尔等似较多地注意到道德语言的规范功能,包括其对行为的指导作用(moral instruction)。(参见 Hare, *Freedom and Reason*, Oxford University Press, 1963)尽管黑尔在总体上仍被列入元伦理学之域,但他的以上论点与情感主义所代表的元伦理学显然又有所不同。

相对于康德从形而上学的角度强化道德的普遍形式、元伦理学在道德语言的层面上关注道德的逻辑形式,罗尔斯、哈贝马斯等更多地从道德讨论、道德决定的程序上,突出了道德的理性化形式。如前文已提及的,罗尔斯预设无知之幕,旨在以理想化的方式,为社会正义原则的制定提供形式的前提,在这种前提中,参与讨论的社会成员在先天秉赋(包括智力与体力等)、后天的社会地位、角色等方面的差异已被悬置起来。质言之,社会背景中的一切实质内容都被略去,"它的目的是以纯粹程序正义的概念作为理论的基础"①。纯粹的程序正义是一种形式的正义,尽管罗尔斯的正义论包含着实质的意义,但就其讨论方式而言,以纯粹的程序正义为正义理论的基础及达到公正的担保,意味着将形式置于优先的地位。②

哈贝马斯试图通过合理的交往条件,包括道德讨论,以达到某种道德的共识,如前所述,这些条件主要是形式的、程序方面的条件,在他看来,"我们只能说明理性化生活的某种形式条件(formal conditions),而无法给予实质的命令(substantive imperative)"③。他的交

---

① John Rawls, *A Theory of Justice*, Belknap Press of Harvard University Press, 1971, p. 136.

② 与后期主要转向政治领域相应,罗尔斯后来对实质的层面给予了若干关注,在《政治自由主义》一书中,罗尔斯便肯定了程序正义与实质性正义之间的联系(参见 John Rawls, *Political Liberalism*, Columbia University Press, 1996, pp. 421-433),这可以看作是罗尔斯后期思想及思考方式上的某种变化。不过,就其理论影响而言,肯定形式优先性的倾向似乎构成了更值得关注的方面。罗尔斯的学生考斯伽德(C. M. Korsgaad)在谈到准则的意义以及准则(maxim)向法则(law)转换如何可能时,即首先着眼于形式的规定:"好的准则(a good maxim)是因其内在结构而为好。这种准则的内在结构、它的形式(its form)使之适合于立为法则。"(C. M. Korsgaad, *The Sources of Normativity*, Cambridge University Press, 1996, p. 108)作为罗尔斯的学生,考斯伽德在基本的哲学立场上大致认同罗尔斯,她的上述看法,也相应地折射了罗尔斯的影响。

③ J. Habermas, Reply to My Critics, in *Habermas: Critical Debates*, Cambridge University Press, 1982, p. 262.

谈伦理学(discourse ethics)便主要指向程序:"交谈伦理学在若干前提之上建立一种程序,以保证判断过程的公正性。"①程序的理性化对于达到公共领域中的道德决定、道德评价的普遍性、通过相互沟通以化解道德的冲突,等等,无疑有其不可忽视的意义,但仅仅限定于形式的条件,则似乎无法把握道德生活的全部丰富性。

与上述道德哲学倾向相对,另一些伦理学派将道德领域中实质的方面提到了突出的地位,前文曾提及,休谟以情感为道德的第一原理,而情感又与特定个体的经验联系在一起,包含着实质的内容,就此而言,强调情感的优先性,也意味着以实质的层面为道德哲学的主要规定。在经验论立场上与休谟前后相承、但关注之点又有所不同的是功利主义。功利主义以追求最大限度的幸福,或最大多数人的最大幸福为行为的原则,与之相联系,它所指向的首先是行为的后果。对功利主义来说,行为的价值首先取决于其结果,凡是能带来最大限度幸福的,即为善(good),反之则不善。康德强调为义务而尽义务,主要试图通过义务的自我同一,以形式化的方式来担保行为的道德性质。与之相对,功利主义则力图以实质层面的结果,来确证行为的善,这里体现了伦理学中形式与实质的某种对峙。

对功利主义来说,作为行为目标的幸福,往往与快乐(pleasure)相联系,而快乐首先又表现为感性层面的满足。在边沁所列的各种快乐形态中,第一种类型就是"感官的快乐"。② 穆勒后来对边沁所理解的快乐作了某些修正,肯定快乐有质上的区分,他举的著名例子便是:"做一个欲望没有得到满足的人,要比做一头欲望得到满足的

---

① J. Habermas, *Moral Consciousness and Communicative Action*, Polity Press, 1990, p. 122.

② J. Bentham, *An Introduction to the Principle of Morals and Legislation*, Hafner Publishing Co., 1961, p. 33.

猪更好。"①质言之,人所感受到的快乐要高于动物的快乐。不过,穆勒仍确认欲望的本源性,在谈到幸福时,穆勒便认为,"幸福就是可欲的(desirable)",并认为这一点无法以理性的方式来证明,而只能诉诸个人的体验和感受:"没有理由可以解释为什么幸福就是可欲的,唯一的根据就是每一个人,就其相信幸福是可以达到的而言,都有追求幸福的欲望。"②以可欲界定幸福,又以个人的体验来解释二者之间的关系,似乎仍没有超出经验的层面。

同时,与休谟相近,穆勒一再将情感提到十分突出的地位,在他看来,"义务的内在依据(不管这种义务的标准是什么)只有一种,那就是我们心中的情感(feeling)"③。尽管穆勒所说的情感包括社会的情感(the feeling of society),但在与快乐、欲望、心理感受等的交织中,这种情感同样往往更多地呈现经验的内容,以此作为道德义务的依据,显然难以建立普遍的道德原则。

功利主义往往被归入所谓后果论或结果论(consequentialism)。帕菲特(D. Parfit)曾对后果论的主要观点作了如下概括:1. 存在着一种终极的道德目标,即形成尽可能好的结果;2. 我们每一个人所应当做的,就是使行为达到最好的结果;3. 如果某人有意地去做某种将产生不好结果的事,他的行为就是错误的;4. 我们主观上应当做的,是预期能产生最好结果的事。④ 前二者涉及的主要是外在的行为目标,后二者则侧重主体的动机,而总体上,这四个方面都是围绕结果而展开:从行为的目标,到主观的动机,都以外在的结果来加以规定。

---

① J. S. Mill, *Utilitarianism Liberty*, *Representative Goverment*, J. M. Dent & Sons Ltd, 1972, p. 9.

② Ibid., pp. 32-33.

③ Ibid., p. 26.

④ D. Parfit, *Reason and Persons*, Clarendon Press, 1984, p. 24.

在这里,作为道德目标的结果,似乎构成了道德大厦所由建立的基石。

按其性质,功利意义上的结果、作为可欲对象的幸福,以及欲望、情感,等等,首先与人在经验领域的存在相联系,属于广义的经验规定:行为的结果,往往展开于特定的时空关系中;欲望、情感则关联着内在的心理经验。作为广义的经验规定,上述因素主要从实质的层面表现了道德的内容。功利主义(以及其他形式的后果论)将结果、幸福、欲望、情感等视为道德的主导方面,则相应地意味着强化道德的实质规定。尽管穆勒等所代表的功利主义试图超越当下行为中的功利关注,将追求最大多数人的最大利益提升为规范与评价行为的普遍原则,这种功利主义因此而被称为所谓规则功利主义,然而,如康德已经指出的,以特定的结果、欲望、情感等经验层面的实质规定为道德的基础,很难达到真正的普遍性。所谓最大多数人只是一种主体无涉(agent-neutral)的理想预设,一旦进入主体相涉(agent-relative)的现实领域,则特定个体在利益(功利)、欲望等之间的冲突便将使功利主义的"最大多数人"和"最大利益"(最好的结果)成为水中之月。以实质的经验结果为出发点,似乎难以超越特殊与普遍的紧张。

较之功利主义及后果论,舍勒对实质的考察更多地具有形而上的意义。如前所述,舍勒不满于康德的形式主义倾向,并由此提出了"非形式的价值伦理学",试图在形式主义之外另辟蹊径。从价值的关怀出发,舍勒将伦理学与价值的实现过程联系起来,强调价值蕴含"应当",行为的选择、评价应以价值关系为依据。以此为前提,舍勒批评了康德对动力因的狭隘理解,肯定道德的动力因与价值的追求不可分离。① 在舍勒看来,作为价值追求的主体,个体的存在总是呈现出具体的品格,他不仅仅是理性的抽象化身,而首先是一种现实的生命存在。② 与确认个体存在的具体性相应,舍勒肯定道德榜样或道德典范(moral model)在道德教育及道德实践中的作用,③相对于普遍的规范形式,道德榜样更具有形象的、实质的意义。由个体的价值追求进而考察个体存在的社会条件,便涉及个体所处的环境(milieu),舍勒特别从行为的驱动系统(drive-constellation)与环境的关系方面,分析了环境在道德实践中的作用④,这种分析在某种意义上同时蕴含了对情景或境遇的关注。

舍勒的上述论点以价值本体及人的价值追求为主要关注之点,从不同的方面对道德领域作了实质的考察,它对于扬弃伦理学中的形式主义倾向并更具体地理解道德现象,无疑具有引人思考的理论意义。然而,在关注道德的实质规定的同时,舍勒似乎对道德的形式的方面未能予以必要的注意,尽管其非形式的价值伦理学并非完全不涉及形式的方面,但从逻辑上看,在"非形式"的概念框架中,形式的方面显然难以得到真正的落实。这里,我们再一次看到了伦理学中形式与实质的某种张力。

四 一种可能的合题

如何超越伦理学中形式与实质之间的紧张? 换言之,如何对形

---

① Max Scheler, *Formalism in Ethics and the Non-formal Ethics of Values: A New attempt Toward the foundation of an ethical Personalism*, Northwestern University Press, 1973, p. 973, pp. 158-159.

② Ibid., p. 159.

③ Ibid., p. 581.

④ Ibid., pp. 157-158.

式的规定与实质的规定作合理的定位?从理论的层面看,以上所论及的不同论点,无疑各自触及了道德现象的某一方面,从而各有其所见;但同时又偏执一端,从而不免又有所蔽。就这一前提而言,超越二者的紧张与对峙,同时亦意味着扬弃各自的片面性。在这方面,中国哲学的某些思考也许具有启示意义。

早在先秦,儒家已提出了仁与礼及仁与义相统一的观点。一方面,礼并不仅仅体现为外在的形式:"礼云礼云,玉帛云乎哉?"①礼的确立应当以仁为其根据和内容,离开了仁,则礼便无法落实:"人而不仁,如礼何?"②另一方面,仁的实现,亦需以合乎礼为条件:"不以礼节之,亦不可行也。"③"克己复礼为仁。"④仁的核心是爱人,亦即对人的存在价值的肯定;礼则既涉及制度的层面,又有一般行为规范的意义。以仁而言,仁与礼的统一,意味着仁道的观念应当成为具有普遍意义的规范。就礼而言,二者的统一,则意味着普遍的规范应当以确认人的存在价值为内容。

上述关系的进一步展开,便表现为仁与义的统一:"仁,人之安宅也,义,人之正路也。旷安宅而弗居,舍正路而不由,哀哉!"⑤义与宜相通(义者,宜也),含有"应当"之意,引申为一般的准则和规范。较之礼与制度等实质内容的交错,义似乎更多地呈现形式的意义。"安宅"象征着基础与根据,"正路"则喻指正确的方向。在这里,以确认人的存在价值为内容的仁道,构成了道德系统的基础,而以"应当"这样的规范形式表现出来的"义",则显示了其行为导向的作用。

---

① 《论语·阳货》。
② 《论语·八佾》。
③ 《论语·学而》。
④ 《论语·颜渊》。
⑤ 《孟子·离娄上》。

不难注意到,就道德哲学的角度而言,仁与礼、仁与义统一所蕴含,是如下观念:一般的规范应以仁道观念为根据;仁道观念本身则又应通过普遍化为行为规范而为行为提供导向。如前所述,仁道观念的基本要求,是对人的存在价值的确认,以仁道观念为道德规范的根据,意味着道德原则应当体现人的存在价值,并以实现这种价值为实质的内容。在个体的维度上,它所指向的是自我的完善,在群体的层面上,它则以社会的发展为目标。另一方面,对人的存在价值的肯定,又往往需要通过普遍的规范形式来加以担保,唯有在普遍的形式下,具体的存在才能扬弃个体差异而形成共同的行为导向,在任何条件下都既肯定自我的内在价值,又彼此承认和尊重各自的存在价值。同时,从共同体成员间的交往、对话、沟通等方面看,合理共识的形成,也离不开程序等具有普遍意义的形式条件。

儒家的仁道观念与舍勒价值优先的理论在若干方面无疑蕴含着彼此契合的取向,如果以此扬弃康德对人是目的命题的形式化理解,并进而引入马克思关于人的解放与人的全面发展等思想,那么我们将在更深刻的层面达到实质意义上的人道原则。对应于仁的"义",在超越特定时空和个体而展现为一般的规范这一点上,与康德所侧重的法则显然有相近之处;如康德反复强调的,就形式的层面而言,这种规范系统所内含的,首先是普遍性的原则,①广而言之,后者与程序的合理性所蕴含的目标,也存在某种一致性。以此为前提考察伦理学中实质与形式的关系,则可以进一步看到,二者统一的真正内涵,在于人道原则与普遍性原则的统一。

---

① "义"在宽泛的意义上也有实质的涵义,如"义之实,从兄是也"(《孟子·离娄上》);"敬长,义也"(《孟子·尽心上》),此所谓义,便涉及具体的内容。但即使在这里,"义"亦蕴含普遍的规范意义(凡人都"应当"从兄、凡人都"应当"敬长),并相应地兼及形式层面的内涵。

在中国传统哲学中,由道德原则的形式向度与实质内容,进而考察道德原则本身的作用方式,便往往涉及所谓经与权的关系:"明乎经变之事,然后知轻重之分,可与适权矣。"①"经"突出的,是道德原则的普遍性、绝对性,"权"则有因时变通之意。儒家首先强调了道德原则的绝对性,以仁道而言,其基本要求即是:"君子无终食之间违仁。造次必于是,颠沛必于是。"②质言之,仁道作为普遍的原则,不能随意偏离。但同时,儒家又反对执一而无权:"执中无权,犹执一也。所恶执一者,为其贼道也,举一而废百也。"③执一,即拘守某种规范而不知变通,与之相对的"权",则意味着通过对特定条件的分析,对原则的作用方式作相应的调整。孟子曾举例作了解释:"男女授受不亲,礼也;嫂溺援之以手者,权也。"④按当时的普遍规范(礼),男女之间不能直接以手接触,但在某些特定的情景之下(如嫂不慎落水),则可以不受这一规定的限制。在这里,具体的情景分析,即构成了对规范作变通、调整的根据。经与权的如上关系,往往被简要地概括为"以义应变"⑤。"义"体现了规范的普遍要求(个体应当履行的义务),变则是权变或变通。一方面,具体境遇中的权变不能完全无视普遍的原则,另一方面,普遍规范的作用方式,又往往受到情景分析的制约。

上述关系在"理一分殊"说中,得到另一重意义的体现。"理一分殊"是宋明时期的重要哲学命题,与后来的理学家主要从本体论的角度阐发理一分殊的思想有所不同,早期理学对理一分殊的理解往

---

① (汉)董仲舒:《春秋繁露·玉英》。
② 《论语·里仁》。
③ 《孟子·尽心上》。
④ 《孟子·离娄上》。
⑤ 《荀子·不苟》。

往同时着眼于道德领域。程颐在谈到张载的《西铭》时,曾指出:"《西铭》明理一而分殊,墨氏则二本而无分(老幼及人,理一也,爱无差等,本二也——原注)。分殊之蔽,私胜而失仁;无分之罪,兼爱而无义。分立而推理一,以止私胜之流,仁之方也。无别而迷兼爱,至于无父之极,义之贼也。"①张载在《西铭》中提出了民胞物与(民吾同胞,物吾与也)的著名论点,按程颐的看法,其中既包含着普遍的伦理原则,又体现了爱有差等的思想;前者(普遍的伦理原则)可以视为理一,后者(爱有差等)则含有分殊之意。如果执着于分殊而忽略理一,则不免陷于各自的私利而忘却或偏离普遍的原则;反之,如果无视分殊,则又容易导致不顾具体情景和对象的区别和差异而抽象地运用一般原则。此处值得注意的当然不是程颐对墨家的批评(这种批评往往渗入了道统的先见),而是对理一与分殊之间统一性的肯定。作为一般的原则,"理一"着重的是普遍性与共性;与之相对的"分殊"则更多地关注于特殊与差别。在这里,理一与分殊统一的伦理涵义在于:一方面,应当注重并坚持一般的伦理原则,另一方面又必须根据特定的情景和对象,以不同的方式具体地运用一般的原则。②

以确定性、稳定性为特点,"经"或"理一"主要从形式的方面体现了原则的普遍规范作用;与具体的境遇相联系,"权"或"分殊"则更多地从实质的层面涉及了规范作用的条件性。可以看到,经与权、

---

① (宋)程颢、程颐:《答杨时论〈西铭〉书》,《二程集》,中华书局,1981年,第609页。

② 理学在其尔后的发展中,往往较多地强调了"理一",事实上,在二程那里,已开始表现出这一倾向,如他们一再强调"万物皆只是一个天理"[(宋)程颢、程颐:《遗书》卷二上(元丰己未吕与叔东见二先生语),《二程集》,中华书局,1981年,第30页]、"理则天下只是一个理"(同上书,第38页),如此等等。不过,作为一个哲学命题,理一分殊却以"理一"与"分殊"的统一为其题中之义。在此似乎应当将哲学命题本身的逻辑内涵与哲学家可能对它作的不同引申加以区分。

理一与分殊的统一通过普遍原则与情景分析的双重肯定,从另一个侧面达到了形式与实质的统一。按其理论内涵,作为形式与实质关系的具体体现,普遍规范与情景分析的统一蕴含着理念与境遇,或理念伦理与境遇伦理的统一。理念以超越特定时空关系的一般本质和普遍关系为其根据,康德的实践理性即着重从形式的层面,突出了道德法则的这种普遍性品格;境遇则反映了存在的历史性、特殊性,实用主义、存在主义等在关注具体情景的同时,也无疑注意到了存在的这种相对性。理念及"理一"的承诺,构成了拒斥各种形式的道德虚无主义、道德相对主义以及道德怀疑论的前提;境遇及"分殊"的确认,则要求抑制伦理学中的形式主义、绝对主义以及独断论。

从道德行为展开的背景,转向道德行为本身,行为的动力系统便成为不能不加以关注的问题。中国哲学史上的所谓理欲之辩,在某些方面已涉及行为的动力问题。天理可以看作是规范的形而上化,人欲则与人的感性存在相联系,它在广义上亦包括情意等内容。《礼记·乐记》已提出了理与欲之分,经过宋明时期理欲之间的紧张与对峙,至明清之际,哲学家开始更多地从相容、互动的角度来理解二者的关系。王夫之指出:"故终不离人而别有天,终不离欲而别有理也。""离欲而别为理,其唯释氏为然。盖厌弃物则,而废人之大伦矣。"[①]"厌弃物则"意味着远离现实的生活世界,"废人伦"则是否定道德关系和道德实践,而在王夫之看来,这正是理与欲分离的必然导致的结果。在这里,扬弃理与欲的对峙,被理解为道德实践得以落实的必要条件。戴震同样肯定了理与欲、情的统一:"人伦日用,圣人以

---

① (清)王夫之:《读四书大全说》卷八,《船山全书》第 6 册,岳麓书社,1996年,第 911 页。

通天下之情,遂天下之欲,权之而分理不爽,是谓理。"①以此为前提,戴震进一步分析了"欲"在个体生活实践中的作用:"然使其无此欲,则于天下之人,生道穷促,亦将漠然视之,己不必遂其生,而遂人之生,无是情也。"②"生道穷促",意味着缺乏生活的热情、兴趣和动力,在戴震看来,一旦无条件的抑制人之欲,则生命的追求、人生的活力也就失去了源头。

生活过程是如此,道德实践也不例外:"已知怀生而畏死,故休惕于孺子之危、恻隐于孺子之死,使无怀生畏死之心,又焉有休惕恻隐之心?推之羞恶辞让是非亦然。使饮食男女与夫感于物而动者脱然无之,以归于静,归于一,又焉有羞恶、有辞让、有是非?此可以明仁义礼智非他,不过怀生畏死,饮食男女,与夫感于物而动者皆不可脱然无之,以归于静,归于一,而恃人之心知异于禽兽,能不惑乎所行,即为懿德耳。古贤圣所谓仁义礼智,不求于所谓欲之外,不离乎血气知。"③从怀生畏死到感于物者,都属于广义的"欲",其中亦包括一般的情意;羞恶、辞让、是非则是道德的情感和观念。在戴震看来,正是从感于物的广义情意中,逐渐萌生了道德的情感,这种道德的情感与异于禽兽的理性心知相结合,即促发了合乎仁义礼智的道德行为。

理作为超验的规范,也就是"所当然之则"④,它以普遍的形式,规定了道德主体应当承担的一般义务;欲首先与生活世界中的存在相联系,并涉及广义的情、意,等等。以合乎理为要求,主要表现为以义务的承诺为行为的推动力(为完成道德原则所规定的义务而选择

---

① (清)戴震:《孟子字义疏证》,《戴震集》,上海古籍出版社,1980年,第323页。
② 同上书,第273页。
③ 同上书,第296页。
④ (宋)朱熹:《大学或问上》,《朱子全书》第6册,上海古籍出版社、安徽教育出版社,2002年,第512页。

某种行为);从生活世界中的一般需要、欲望及情、意进而提升为道德的情感、意向等,并由此承担某种行为,则意味着将行为的动力因与生活世界中的具体存在联系起来。二者的交融,在某种意义上触及了道德动力系统中形式的方面与实质的方面及其相互关系。

从理论上看,在认同道德原则的前提下承担普遍的义务,其深层的涵义在于:以人的本质规定的实现和境界的提升为行为的内在根源。当个体从义务出发选择某种行为时,他常常也自觉地意识到了作为道德主体的内在价值,并努力通过所选择的行为来确证其中蕴含的本质力量和尊严,这种意识和追求,往往构成了道德实践的重要动因;康德将为义务而义务作为道德行为的基本要求,无疑已注意到以义务的自我同一为特点的形式因在推动道德行为中的作用。另一方面,存在于生活世界中的个体并不是理性的抽象化身,生活世界本身的丰富性也规定了个体存在的具体性。除了对道德本质的理性自觉之外,个体的道德追求每每通过具体的欲望、意向、情感等而得到体现,这种情感、意向等并不仅仅是负面的规定,它同样可以通过升华获得道德的内涵,并在实质的层面构成道德行为的动力因,在这方面,休谟、戴震等的分析,显然不无所见。不难看到,理欲统一的原则与康德以普遍原则及义务承诺来担保道德行为的方向和秩序、与休谟以情感认同为道德的内在推动力量等见解加以辩证整合,逻辑地指向了形式因与动力因的统一。从更广的背景上看,这种统一同时又涉及普遍义务的承诺与生活世界的关注、理性本质的认同与情意规定的确认等关系,它意味着化解以上诸方面之间的紧张,使之从对峙走向一致。

形式因与动力因的统一,主要关涉道德行为的动力系统。就行为本身而言,它在某种意义上又可以看作是主体人格和德性的外在展现,其中相应地涉及外在的表现形式与内在根据(人格)之间的关系。前文曾提及,中国传统哲学已较早地从"节"与"文"两个方面对礼的作用作了考察,"节"首先表现为对内在人格系统的约束与规范,所谓"礼节民心"①,便指出了这一点。这里的前提是:道德行为总是以人格为其本体和根据,因而行为的制约应当通过内在道德意识的约束来实现。与"节"相对的"文",有美化、修饰等意,引申为行为方式的文明修持。在道德领域,所谓文明修持,既意味着行为合乎一定时代的礼仪规范,也包括行为的诚敬有度。孔子在谈到涉及亲子关系的行为时,曾指出:"今之孝者,是谓能养,至于犬马,皆能有养。不敬,何以别乎?"②这里所说的"敬",既是指内在(动机层面)的真切关心,也包括行为方式上的敬重。《论语》在这方面有如下记载:"子夏问孝。子曰:色难。"③此所谓"色",即行为过程中形之于外的表情、态度,在孔子看来,孝的内在品格,应当通过诚敬的态度、举止得到体现,而真正要做到这一点并不容易,"色难"即指出了这方面的困难性。儒家在后来进而追求"圣人气象",这种气象可以看作是完美人格的外在展现,它体现于行为方式,同时又是人格修养的形象显示,展现了人格、形象、与行为的完美统一。

行为方式上的文明修持及人格形象上的完美性,主要从形式的方面表现了道德实践及实践主体的特点;德性和人格的完美,则更多地从实质的层面确证了道德实践主体的内在规定。在道德本体的层面上,真实的德性和人格,总是融入了主体存在的整个结构,它既作为向善、择善、行善等精神定势构成了主体存在的一个现实维度,又具体地展开于主体"在"世的过程之中,并在主体实践中不断得到确证。主体在德性与人格上的不同境界,往往也规定了其存在形态(包

---

① 《礼记·乐记》。
② 《论语·为政》。
③ 同上。

括行为方式等)的差异,在这一意义上,主体的德性、人格不仅与主体存在(being of the agent)具有同一性,而且呈现为主体自身之"在"(existence of the agent)的内在根据。以此为前提定位行为与人格的关系,则二者的协调同时又意味着在道德领域中,主体的存在方式与存在根据的统一。后者进一步从本体论层面,展示了伦理学中形式与实质统一的深沉意义。

可以看到,伦理学中形式与实质的定位,始终与人自身的存在相联系。如前文一再提到的,作为道德实践的主体,人总是包含多方面的规定,他既以自身即目的的形态展示了内在的价值,又是普遍义务的承担者;既包含社会及类的本质,又是特定的个体;既以理性为普遍的规定,又有感性及情意等非理性的维度;既受一般社会法则的制约,又不断面临独特的存在境遇,如此等等。以本体论与伦理学的统一为视域,便不难注意到,正是存在的这种具体性,构成了伦理学中形式与实质的统一的本体论前提。

第九章

幸福

从实质的意义上看,善的追求总是内含着对幸福的向往。略去或疏离了幸福,存在的完善便不免流于抽象化和虚幻化。当理性从实践的层面关注整个人生时,便不能不涉及幸福的问题。从古希腊、先秦到近代,幸福一再成为实践理性的论题,而幸福问题的引入,也使伦理学落实到了一个更具体的层面。

一　幸福感与幸福境遇

在主体存在的精神维度上,幸福往往与体验或感受相联系。当某人说他感到很幸福时,这种幸福总是渗入了言说者对生活的感受或对存在的体验。这一意义上的幸福，相应地首先表现为一种幸福感。作为主体的具体感受，幸福以自我对生活的满意为内容；康德已把幸福理解为"对自身状况的满意"①。这里所说的自身状况，并不是自我的一时或某一方面的境遇，而主要是指其所处的整个生活状况。所谓幸福或幸福感，则意味着对整个生活状况的满意。

作为幸福感的表现形式，满意不仅蕴含着对生活状况的认知，而且在更深层的意义上涉及对相关生活状况的评价。唯有当主体对所处生活状况作出了肯定的判断，幸福感的形成才成为可能。就其实际内容而言，对生活状况的这种评价过程，总是受到价值观念和价值原则的内在制约：价值观念和原则在相当程度上构成了评价的准则。当生活状况合乎主体的价值期望或价值追求时，主体往往会对其作出肯定的评价，并相应地形成满意和幸福之感。不难看到，这里同时涉及了生活手段与生活目标的关系：生活的状况包含着生存过程得以实现的手段和条件，价值观念则规定着生活的目标和生活的理想。生活手段和条件的意义，往往与生活目标很难分离；不同的生活目标既对生活手段提出了不同的要求，也赋予生活手段以不同的意义。从另一方面看，同样的生活手段和生活状况能否使不同的个体产生满意之感和幸福之感，则与个体所具有的价值观念及相应的生活目标相联系。

价值观念和生活目标的具体内容往往呈现多样的形态，从普遍的方面看，首先应当注意的是快乐论及与之相关的价值观念。快乐论以快乐规定幸福，认为幸福即在于快乐（pleasure），所谓快乐，往往主要被理解为感性欲求的满足。张湛在解释"生之所乐"时，曾指出：

---

① Kant, *The Metaphysics of Morals*, Cambridge University Press, 1996, p. 151.

"夫生者,一气之暂聚,一物之暂灵。暂聚者终散,暂灵者归虚。而好逸恶劳,物之常性。故当生之所乐者,厚味、美服、好色、音声而已耳。而复不能肆性情之所安,耳目之所娱,以仁义为关键,用礼教为衿带,自枯槁于当年,求余名于后世者,是不达乎生生之趣也。"[1]声、色、味等所对应的,主要是感性的需要,在这里,快乐首先被规定为耳目等感官与声色等属性之间的关系,而这种关系同时又被视为"物之常性"的体现。对"乐"的如上理解,意味着确认感性欲望的满足在价值追求中的优先性,而幸福感则相应地被还原为感性欲求的满足。

与幸福感向感性的快乐还原相对,另一些哲学家更多地将幸福感与理性的追求联系起来,儒家对"乐"的理解,在这方面似乎具有一定的代表性。孔子曾对其人生态度作了如下概述:"饭疏食饮水,曲肱而枕之,乐亦在其中矣。不义而富且贵,于我如浮云。"[2]从同样的人生观出发,孔子一再表示了对其学生颜回的赞赏:"贤哉,回也!一箪食,一瓢饮,在陋巷,人不堪其忧,回也不改其乐。"[3]这里所说的"乐",显然不仅仅是指狭义的快乐(pleasure),它在更深层的意义上指向幸福(happiness)。饮食、住所等生活要素所满足的,主要是人的感性的需要。对一般的人来说,幸福与否往往取决于满足感性需要的生活状况,当所处生活条件未能如意时,他们往往便缺乏幸福感("不堪其忧")。但在孔子看来,幸福(作为 happiness 的乐)并不在于感性需要和欲望的满足程度,即使实际的生活状况不如人意,也可以有幸福之感("乐在其中""不改其乐")。孔子在这里所描述的"乐",也就是后来儒家(尤其是宋明新儒家)所追求的"孔颜之乐",

---

[1] 《〈列子·杨朱〉注》。
[2] 《论语·述而》。
[3] 《论语·雍也》。

它的具体内容在于超越感性的欲求,以"谋道不谋食"①为原则,不断追求理想的境界,在理性的升华中,达到精神的满足和愉悦。相对于快乐论,"孔颜之乐"将理性需要的满足置于更为优先的地位,它同时也从一个方面展示了价值观念与价值原则与幸福感之间的联系:具有不同价值观念的个体,在同样的生活状况("一箪食,一瓢饮,在陋巷",等等)中,可以形成不幸(不堪其忧)或幸福(不改其乐)等不同的感受。

儒家与快乐论尽管对幸福的具体内容的理解存在着重要的差异,但在将幸福与个体的感受联系起来这一点上,却有其相似之处。然而,按其本来形态,幸福并不仅仅限于主体的感受,它总是在实质的层面涉及实际的生活境遇。亚里士多德曾指出:"有人以为,只要道德上不失其善,则即使受酷刑或遭受极大的不幸,也依然是幸福的。这种说法是毫无意义的。"②受酷刑或遭到不幸,关联着人的实际生活境遇,认为在受酷刑之下仍能达到幸福,其意在于强调幸福可以与生活的实际境遇相分离。亚里士多德对以上论点的批评,以否定的方式,确认了幸福与实际生活境遇的联系:在某种条件下(例如遭受酷刑),幸福便很难成为现实。

酷刑意味着通过肉体的摧残以否定人的生命存在,亚里士多德的以上看法已注意到,幸福离不开人的生命存在。从逻辑上看,生命存在是生活实践的必要前提,而幸福又总是在生活实践的过程中实现的,这一关系从本源性的层面,展示了生活实践或生活境遇对幸福

---

① 《论语·卫灵公》。

② Aristotle, Nicomachean Ethics, 1153b, *The Basic Works of Aristotle*, Randon House, Inc., 1941, p. 1055.

的意义。① 生命意义的肯定首先体现了对个体存在的确认,在这一层面之上,是社会领域中个体间关系或主体间关系;后者构成了生活境遇更深沉的内容。亚里士多德在谈到友谊与幸福的关系时,曾指出:"朋友能提供你自己所无法提供者,因为他是另一个你自己(he is another yourself)。""在给幸福的人以各种美好的东西时,不使他获得朋友似乎是荒唐的,因为拥有朋友是最大的外在的善(the greatest external good)。"②朋友间的关系是主体间具有肯定或正面意义的关系,在亚里士多德看来,幸福的达到,即离不开朋友及朋友间的友谊。作为主体间的关系,朋友之间的交往显然已超出了主体的感受,而更多地展现为现实的社会关系。

就人生过程而言,价值观念首先制约着生活的目标;对人生的满意与否,往往与不同的价值观念及与之相关的人生目标相联系。《老子》曾指出:"罪莫大于可欲,祸莫大于不知足,咎莫大于欲得,故知足之足,常足矣。"③知足意味着将欲望限制在一定的范围之内,或者说,把生活的目标限定在适当的层面,由此避免因欲望不断膨胀而可能导致的各种冲突(包括化解欲望的无限性与欲望满足程度的有限性之间的紧张)。日常语言中的所谓"知足常乐",可以看作是《老子》以上观念的引申,它的内在含义在于将幸福(乐)与适度的生活目标(知足)联系起来。

---

① 这里似乎应当对幸福与悲壮加以区分。历史上的仁人志士往往为了正义和真理而献身,尽管他们在作出这种选择时,也可以具有某种幸福感,但在总体上,此处所体现的,主要是一种崇高的人生信念。通过崇高的信念与现实的存在形态之间的张力,上述选择更多地展示了存在的悲壮性,后者有别于作为幸福感与现实幸福境遇统一的幸福。

② Aristotle, Nicomachean Ethics, 1169b, *The Basic Works of Aristotle*, Randon House, Inc., 1941, p. 1088.

③ 《老子·四十六章》。

相对于价值观念对生活目标的规定,生活境遇首先涉及生活的手段和条件。不同的生活目标,使人在相同或相近的生活境遇中往往产生不同的感受;当生活的境遇合乎一定的生活目标时,人们往往会有幸福之感。另一方面,生活境遇又构成了达到幸福的必要条件,从个体的生命存在及维护生命存在所必须的生活要素、个体发展的文化精神资源,到家庭成员、朋友之间等社会关系及政治、经济等状况,生活的实际境遇从不同的方面制约着幸福的内容及其实现方式。生活目标的达到总是以一定的生活手段为前提,生活目标的实现程度,也总是以一定的生活境遇为比较的参照系:理想的价值目标(或生活目标)与现实之间的一致或二者间的距离,是相对于实际的生活境遇而言的,离开了生活的实际境遇,幸福与否的感受便失去了根据。①

生活境遇作为幸福的现实条件与基础,无疑有其相对的、历史的一面。从历史的角度看,在不同的历史时期,幸福借以实现的生活境遇常常具有不同的内容,当人类的劳动时间主要用于满足基本生活需要时,幸福的实现往往较多地或更直接地与可支配的基本生活资料及其获得方式相联系。随着用于基本生活需要的劳动时间的减少,作为幸福外在条件的生活境遇,逐渐展开为满足广义社会需要(包括文化、精神方面的需要)的多样手段。就同一社会历史时期而言,不同的社会集团、阶层、群体,其幸福的实现所要求的生活境遇,往往也存在多方面的差异。进而言之,对同一社会集团或群体中的

---

① 牟宗三认为:"心意知遍润而创生一切存在同时亦函着吾人之依心意知之自律天理而行之德行之纯亦不已,而其所润生的一切存在必然地随心意知而转,此即是福———一切存在之状态随心转,事事如意而无所谓不如意,这便是福。"(牟宗三:《圆善论》,学生书局,1985年,第325页)在这种思辨的表述中,幸福主要被理解为与心、意等的一致,而其实际境遇义则被置于视野之外,对幸福的如上规定不免疏离于实际的生活过程,从而显得空洞而抽象。

不同成员来说,达到幸福的实际生活境遇也并非整齐划一,其中包含着某种个体的差异。然而,在肯定生活境遇历史差异与社会差异的同时,亦不能不看到与幸福相关的生活境遇有其相对确定的一面。无论是主体的生存条件,抑或满足多方面社会需要的手段,一定历史时期的生活境遇都有普遍之维。就生存条件而言,幸福的底线在于对生命的维护和担保;就社会需要而言,幸福所涉及的生活境遇则应当包括满足这种需要的最低限度的手段。因价值观念及生活目标的差异而导致的幸福感受的不同,在某种意义上是以上述基本的实际生活境遇为前提的。

以主体的感受和实际的境遇为不同表现形式的幸福,在日常的道德陈述和判断中,也得到了某种体现。有关具体个人是否幸福的判断,通常可以区分为两种,即作为第一人称的"我很幸福"与作为第三人称的"他很幸福"。当某人说"我很幸福"时,这一判断乃是以其价值原则或价值观念及与之相应的生活目标为依据,它表明,判断的主体所处的生活境遇合乎其价值理想,而此所谓"幸福",则相应地呈现为判断的主体对生活的一种满意感。与之不同,当人们说"他很幸福"时,则可能有两种情形:其一,相对于评判对象(他)的价值追求和生活目标,他所处的生活境遇应当使他感到幸福;其二,评判对象所达到的生活状况,是一种实际的幸福之境,换言之,任何人处于该境遇,都将是幸福的。后者所依据的,是生活的实际条件和境遇。如果仅仅执着于第一人称的判断形式(即主体自身的评价),而无视幸福的实际境遇,则所谓幸福往往将流于抽象的精神受用;反之,单纯地关注第三人称的判断形式,忽略因价值观念的不同而导致的主体感受的差异,则意味着将幸福简单地等同于外在的生活境遇。

孟子曾对"在我者"与"在外者"作了区分:"求者得之,舍则失之,是求有益于得也,求在我者也。求之有道,得之有命,是求无益于得也,求在外者也。"① 孟子所说的"在我者"主要指内在的意识和品格,"在外者"则包括外在的生活境遇;他认为主体对生活境遇完全无能为力,显然有其局限性,但对二者加以区分,却并非毫无所见。借用孟子的表述,我们可以将幸福感视为"在我者",而把幸福的实际境遇理解为"在外者"。如前所述,幸福无疑涉及主体内在的价值观念及与之相应的人生追求,正是价值观念和人生目标上的差异,使不同的主体在相同或相近的生活境遇中形成幸福或不幸福等相异的感受。缺乏个体的自我评判和自我认定,便唯有对象性的存在,而无主体的幸福。另一方面,离开了外在的生活境遇,则幸福便失去了现实的内容。不难看到,无论是"在我者"意义上的幸福,抑或"在外者"意义上的幸福,在仅仅执着于一端的形式下,都具有片面的性质。对幸福的完整理解,在于达到"在我者"与"在外者"的统一。

二　存在过程中的幸福

从人的存在过程看,尽管对幸福的具体内容有着不同的理解,但以幸福为追求目标,往往构成了存在的共同趋向。亚里士多德曾指出:"较之其他对象,幸福更多地表现为一种终极的目的;我们总是因为幸福本身,而不是因其他任何理由而选择幸福。它不同于荣誉、智力、美德:对于后者,我们有时为了其本身,有时则为了幸福而选择它们。"② 宽泛而言,自身即目的这一意义上的幸福,可以视为存在的完美性,正如进化过程总是趋向于物种生存状态的完善一样,幸福的本体论意义也难以离开人自身的存在。

---

① 《孟子·尽心上》。
② Aristotle, Nicomachean Ethics, 1097b, *The Basic Works of Aristotle*, Random House, Inc., 1941, pp. 941-942.

以存在的完美为指向，幸福意味着人自身潜能的充分展开以及人自身多方面的发展；所谓存在的完美或完善，其真实的内涵即在于人的全面发展。人的潜能包括人自身潜在的创造能力、人不同于物的本质规定，等等。孟子曾指出："人之所以异于禽兽者几希，庶民去之，君子存之。"①这里的君子，是孟子心目中的理想人格；在孟子看来，每一个人都内在地包含着不同于动物的潜能，但对于这种潜能，往往有"去"与"存"之别，唯有对其不断加以培养和发展，才能使人达到理想的存在之境。作为一个历史过程，人的潜能的展开及人自身的多方面的、全面的发展，无疑需要外在的社会条件，后者涉及人与物（包括人与自然）、人与社会、人与人等关系，具体包括基本的生存手段、满足文化、精神需要的资源、社会正义的制度担保、主体间合理交往的形式，等等，这些条件构成了广义的生活境遇。人的多方面发展的社会条件或广义的生活境遇当然是一个历史的范畴，就社会或类的维度而言，在不同的历史时期和社会发展阶段，它有着不同的历史内容，与之相应，人的潜能的展开程度和人的多方面的发展程度，也有其历史性。人的全面发展的真正实现，更是未来社会的理想（当然，就总的趋向而言，在社会历史的前进过程中，人同时也在不断地趋近于上述理想）。从个体的角度看，其潜能的发展同样在不同程度上受到所处的社会境遇的制约。如后文将进一步论及的，在为人的潜能提供发展前提的同时，社会生活的境遇也构成了达到幸福人生的外部条件：人的潜能的展开与人的本质力量的发展，通过将人的存在不断引向完美，亦使人生获得了幸福的规定。

从内在的方面看，存在的完善包含着人性的发展。人性的培养以达到自由人格为目标，其中涉及感性存在与理性本质、理性、情感、

---

① 《孟子·离娄下》。

意志之间的定位、社会关系的观念折射,也包括合理价值观念的确立。中国哲学史上有所谓性善和性恶之争,善、恶便包含着价值的意蕴;对人性本善或人性本恶的不同认定,本身是以一定的价值原则为依据的。作为人区别于其他存在的本质规定,人性的发展以综合的形态表现了人的潜能的展开过程,而价值观念则从目标、导向等方面,制约着人性的发展;健全的人性总是奠基于健全的价值观念之上。感性存在与理性本质的统一、知情意之间的协调、个体的社会认同、人生目标的合理确立和追求,等等,都涉及对相关价值关系的理解和评判,并以相应的价值观为其前提。本质主义将理性视为人性的主要内容、经验主义赋予人性以感性规定,在逻辑上分别以强调理性或感性在价值上的优先性为出发点,扬弃人性发展中的片面趋向,则往往伴随着价值观念上的转换。以价值观为导向的人性发展,在制约人生追求的同时,也规定了幸福的内在向度:如果说,社会历史条件决定了幸福的实际境遇,那么,与价值观念相联系的人性的发展则从主体这一方面影响着幸福感的形成。

幸福作为广义的"好"或"善"(the good),无疑呈现为一种价值的形态:通过潜能的展开而推进人自身存在的完善,幸福同时获得了价值的意义。价值总是涉及主体与对象的关系,在幸福这种价值形态中,人既是需要的主体,也是需要的对象:人的潜能的展开,同时也意味着满足人自我发展的需要;人的多方面的发展,并非实现其他目的的手段,而是以人自身的完善为目的。康德曾以人是目的为基本的道德律令之一,尽管他并没有进一步将这一命题与幸福联系起来,但幸福的上述实际意蕴已从一个方面表明,这里的目的具有内在的意义。换言之,在幸福这种存在形态中,人本身就是目的。

以人自身的完善为目的,人的多方面发展和潜能的展开过程同时表现为人的本质力量的确证过程;正是这种确证过程,赋予幸福以积极的品格。如前所述,幸福在体现人的目的意义的同时,也呈现为一种价值的形态,这里的价值并不仅仅是拥有、享有的对象,它在本质上展开于主体的创造的过程。人的本质力量的确证,乃是在价值创造的过程中实现的。价值创造内在于人的存在过程,其形式可以是多样的,从初民的制造石器工具,到现代化的大生产;从生产领域的劳动,到科学家的研究、艺术家的创作,等等,价值创造展开于人的存在的整个过程及存在的各个方面。在价值创造的过程中,人展示了不同于动物的本质特征,确证了自身的力量;通过领受自身的本质力量,人同时也逐渐获得了对自身存在的肯定评价,而对生活的满意感和幸福感,则可以看作是这种肯定评价在人生领域的展开和具体化。价值创造对于幸福的本源性,使幸福不同于对价值形态的静态满足或已有文化成果的消极享受。①

以价值创造为内容的存在过程,固然有生物、心理等维度,但更多地以社会性为其特点;后者具体地展开为多方面的社会关系。人的存在的关系性质,同样制约着幸福的内容及实现方式。广而言之,价值创造的过程并不是孤立的行为,而总是在社会成员的交往、互动中实现的,即使是具有个人创造特征的艺术活动,也离不开前后相承

---

① 当人仅仅停留于价值形态的静态满足或消极享受时,往往便不仅很难真正达到幸福,而且将导致对人生的悲观态度,在这方面,叔本华的论点似乎具有一定的代表性。在他看来,人总是追求各种欲望的满足,在欲望未满足时,人固然处于痛苦之中,一旦欲望得到了满足,"可怕的空虚与无聊就会袭击他"。进而言之,"一切满足或人们一般所谓幸福,在原有意义和本质上都只是消极的……随着满足的出现,愿望就完了,因而享受也就完了。""一切幸福正因此故,所以又不能是持久的满足和福泽,而一贯只是从痛苦或缺陷获得解放,解放之后随之必然而来的又或是一种新的痛苦,或是沉闷,亦即空洞的想望和无聊等等。"(〔德〕叔本华:《作为意志和表象的世界》,石冲白译,商务印书馆,1982 年,第 427、437、439 页)这里的人,主要被理解为欲望以及通过享有而满足欲望的主体,人生作为价值创造的过程这一存在规定则多少被遮蔽了,唯其以消极的满足为目标,因而难免徘徊于痛苦与空虚之间,而悲观主义则是对人生的这种片面理解的逻辑结果。

的艺术积累及具体的社会背景,从而在纵向与横向上都涉及一定的社会关系。在日常的存在中,幸福感及幸福的实际境遇,往往也难以疏离具体的社会关系。以家庭成员间的幸福追求而言,父母的幸福,总是关联着子女的状况;当子女在各方面都处于完美之境时,父母常常将既置身于幸福的实际境地,也会有幸福之感。同时,作为一定社会共同体中展开的过程,个体的价值创造不仅以主体间的协作与互动为条件,而且涉及主体间的相互评价。当个体的创造成果得到其他社会成员的承认与肯定时,其成功境遇往往便会同时伴随着幸福的感受。

关系在某种意义上较多地体现了存在的空间特征,人的存在同时又以时间为其向度,后者同样制约着幸福及其实现方式。幸福的时间意义首先表现在过程性上。亚里士多德曾强调:"一天或短促的时间并不能使人幸福",幸福乃是"涉及人的整个一生"①。把幸福与人的整个一生联系起来,无疑注意到了幸福的过程性。无论作为主体的感受,抑或自我的实际生活境遇,幸福都并不只是存在的某一时刻的状态;如果以存在的完善为视域,则可以进一步看到,幸福本质上展开于主体的价值创造及与之相关的自我实现过程。作为幸福的本体论前提,价值创造以历时性为其特征,无论从社会或类的层面,或者从个体的维度上看,在主体发展的不同阶段,价值创造都具有不同的内容,后者同时也可以看作是对主体本质力量的不同程度的确证;它通过赋予幸福以具体的历史内涵而显示了其时间性。在人的潜能的历史展开中,幸福的形态和意义也往往发生相应的变化,就类或社会的层面而言,初民与现代人对幸福便有着不同的理解,其幸

---

① Aristotle, Niconmachean Ethics, 1098a16, 1101a5, *The Basic Works of Aristotle*, Random House, Inc., 1941.

的实际境遇也存在重要的差异;就个体而言,不同人生阶段的幸福所需要的条件及主体对幸福的感受也常常各不相同。质言之,人的存在的时间性,规定了幸福的时间性。

在幸福与时间的关系中,特别值得注意的是未来的时间向度。未来蕴含着希望。在人的存在过程中,痛苦、不幸常常难以避免,当痛苦与不幸停留于过去时,它可以赋予今天的幸福境遇以更独特的意蕴:在当前的幸福与过去的痛苦之间的反差中,本来呈现负面意义的痛苦似乎也获得了某种正面的意义。但是,当痛苦与不幸存在于当前的生活时,它往往更多地构成了对幸福的限制。然而,如果将人生的这种当前情景与人生的未来过程联系起来时,情况也许就有所不同:未来给人以希望,希望则意味着幸福。当处于逆境的主体正在走向充满希望的、美好的未来时,当前的痛苦或不如意每每可以得到缓解。反之,如果主体所面对的是没有希望的未来,则往往将进一步加剧当前的痛苦。不难看到,幸福既以过去与现在的人生为本源,又不断地指向未来的人生。

当然,幸福的未来走向,并不意味着它是一种可望不可即的目标;如果仅仅将幸福无限地推向未来,则往往容易将幸福虚幻化。这里似乎存在着时间与幸福之间的悖论:一方面,幸福总是展开为一个过程,一旦人的存在处于某种终极状态,则意味着失去未来、失去希望,从而也失去幸福;另一方面,仅仅以未来为指向,幸福亦将缺乏现实性。这一悖论只能在人自身存在的历史过程中逐渐解决:正是基于存在本身的辩证法,幸福不断地在人生过程的不同阶段中得到具体的实现,同时又不断在人生过程的未来展开中获得新的内容。

存在的未来维度,当然并不是空洞的时间流向;就人自身的存在而言,未来以人的多方面发展为内容,并具体地展开于人的价值创造过程。在这一意义上,可以说,未来是人自身开创的。人在其本质力量的确证中敞开了未来,并赋予未来以希望;希望的实现则意味着幸福的实现。时间中展开的创造活动不断开辟充满希望的未来,内含希望的未来赋予人以幸福的可能,这种可能又通过新的价值创造过程而化为现实。在这一过程中,幸福的时间性不断获得了具体的历史内容。

三 幸福与道德

康德曾把幸福与存在的有限性联系起来,认为幸福是每一个理性的但又是有限的存在的必然要求。① 这一看法注意到了幸福以人的存在为本体论背景,而存在的有限性则既隐含了幸福的历史性和过程性,也确认了人的存在的经验向度:存在的有限性植根于存在的经验规定;后者同时赋予幸福以经验的内涵。事实上,在界定幸福概念时,康德便进一步指出了幸福与经验之间的关系:"幸福概念是如此不确定,以致尽管每一个人都希望达到幸福,但他从来都无法明确地、前后一贯地说出他真正希望和意愿的是什么。所以如此的原因在于,所有属于幸福概念的因素都毫无例外的是经验的。"② 在康德看来,幸福的经验根源所导致的不确定性,使道德对幸福的范导成为必要。

在谈到道德与幸福的关系时,康德认为:"尽管幸福使拥有幸福的人感到愉悦,但它本身并不是绝对的、全面的善;相反,它总是以合

---

① 参见 Kant, *Critique of Practical Reason*, Cambridge University Press, 1997, p. 23。

② Kant, *Grounding for the Metaphysics of Morals*, Hackett Publishing Company, Inc., 1993, p. 27.

乎道德的行为为其前提条件。"①幸福的实现以合乎道德为前提,从另一方面看即意味着道德对幸福具有制约的作用;在幸福与道德的这一关系中,道德显然处于主导的地位。由此出发,康德进而强调:"恰当地说,道德并不是如何使我们获得幸福的学说,而是如何使我们配享幸福(worth of happiness)的学说。"②获得幸福与配享幸福尽管涉及相同的对象,但其含义却相去甚远。"获得幸福"是以幸福为追求的目标,以如何获得幸福为关切的对象,其特点在于只注意幸福本身,而不及其他;"配享幸福"则首先以道德上的完善为指向,其关注之点在于如何使主体获得道德的属性,或者说,使人的存在具有某种道德的规定。③ 对康德来说,存在的幸福境遇,是以存在的道德规定为前提的,他对说谎的理解,亦从一个方面涉及了道德规定对于人的存在的意义。在他看来,说谎的错误并不仅仅在于将他人视为达到自己目的的手段,而且更在于它使人"失去了存在于他自身之中的人性尊严","使人之为人的尊严化为乌有"④。简言之,说谎的负面意义从根本上说就在于存在规定的失落(道德上的欠缺),而这种规定对达到幸福又是必要的。

康德肯定道德对幸福的制约,无疑注意到了道德与幸福关系的一个重要方面。如前所述,幸福作为人的本质力量的确证形式之一,以人的存在的完善为指向。然而,人同时又是一种具体的存在,其中

---

① Kant, *Critique of Practical Reason*, Cambridge University Press, 1997, p. 93.

② Ibid., p. 108.

③ 在《纯粹理性批判》中,康德强调,"不管感性偏向是如何意欲幸福,除非与幸福的资格性(worthiness to be happy),亦即道德的品行相统一,理性不会准许幸福。"与道德品行一致的所谓"幸福的资格性",也就是主体所具有的道德规定,这种规定使之有资格得到幸福或配享幸福,在此,获得这种道德规定便作为达到幸福的前提而被置于优先的地位。(Kant, *Critique of Pure Reason*, Translated by N. Smith, St. Martin's Press, 1929, p. 640)

④ Kant, *The Metaphysics of Morals*, Cambridge University Press, 1996, p. 182.

包含着感性的规定,如果缺乏必要的道德范导,则幸福往往容易与感性欲望的片面追求相结合,从而导致感性的放纵。当幸福仅仅流于感性的满足时,人的存在本身也变得片面化了;后者可以看作是幸福的异化:以存在的完善为指向的幸福,在此却引向了片面的存在。以此为前提反观道德的作用,则不难看到,其意义首先在于通过对人的尊严和人的理性本质的确认,为幸福获得合乎人性的发展方向提供担保。道德对幸福的制约,并不仅仅表现为普遍原则的外在规范,在更深刻的意义上,它乃是通过对存在本身的规定以影响幸福的发展趋向。所谓对存在的规定,便包括将道德原则、观念等化为主体的内在要求和意向,从而使走向完善成为主体的存在方式。当康德以"配享幸福"为幸福的前提时,他所关注的便主要在于赋予主体以道德的规定,并以人自身存在的道德性来担保幸福追求的正当性。

除了道德对幸福的制约外,道德与幸福的关系还涉及另一方面,即幸福对道德的作用;康德在某种意义上亦注意到了后者。在谈到生活境遇与义务的关系时,康德指出:"不幸、痛苦与欲求构成了背离义务的极大诱惑。因此,财富、力量、健康以及一般意义上幸福似乎也可以看作是作为义务的目的(ends that are duties),从而人似乎有义务促进自己的幸福而不是他人的幸福。然而,真正的目的并不是主体的幸福,而是其道德;幸福仅仅是消除其道德障碍的手段(a means for removing obstacles to his morality)。"①当一个人处于痛苦与不幸之境时,他所受的遭遇往往容易使他愤世嫉俗、自暴自弃,甚至形成反社会的趋向,后者常常进一步导向忘却乃至偏离其道德责任;在此意义上,生活境遇中的不幸可能成为走向不道德的诱因。反之,

---

① Kant, *The Metaphysics of Morals*, Cambridge University Press, 1996, p. 152.

对人生的肯定评价及实际的幸福境遇,则有助于避免或消除背离道德义务的偏向。康德的以上看法无疑注意到了不幸的生活境遇对道德的负面意义。然而,由此将幸福仅仅视为消除道德障碍的手段,则似乎过分强调了幸福对道德的从属性。不难看到,康德在这里更多地是在消极的意义上,肯定幸福对于道德的作用。

对康德来说,幸福之所以本身不能成为目的而只具有消极的意义,主要在于其经验的归属。在康德看来,幸福学说与道德学说之间的区别在于"前者以经验原则为其全部基础,后者则不把哪怕是最微小的经验因素加于其上"①。对幸福的这种经验认定,使幸福难以在康德的道德系统中得到适当的定位。诚然,康德亦提出了至善的概念,并将至善理解为道德与幸福的统一。② 然而,这种统一似乎建立在两个前提之上,首先是道德的主导性。如前所述,康德将道德视为幸福的决定者,能否获得幸福及所达到的幸福的大小,都与主体所处的道德状况相关,"最大程度的幸福与最大程度的道德完善之间具有最精确的比例关系(the most exact proportion)"③。作为幸福的条件,德性"总是最高的善(the supreme good),因为在它之上没有进一步的条件,而幸福本身则不是绝对的、全面的善,相反,它总是以合乎道德的行为为其前提条件"④。在这一意义上,幸福与道德的统一,意味着幸福从属于道德。两者统一的第二个前提是幸福的德性化。在后期的《道德形而上学》中,康德将作为义务的目的(the end that are also duties)概括为两个方面:自我的完善与他人的幸福(one's own per-

---

① Kant, *Critique of Practical Reason*, Cambridge University Press, 1997, p. 78.
② Ibid., pp. 92-94, p. 108, Kant, *Critique of Pure Reason*, Translated by N. Smith, St. Martin's Press, 1929, p. 641.
③ Kant, *Critique of Practical Reason*, Cambridge University Press, 1997, p. 108.
④ Ibid., p. 93.

fection and the happiness of others),自我的完善主要以德性的培养为内容,康德将幸福区分为两种,即自然的幸福(natural happiness)与道德的幸福(moral happiness),自然的幸福涉及经验的内容,道德的幸福则意味着道德上的完善;作为义务的他人的幸福,主要是指道德上的幸福。① 不难看到,后一意义上的幸福,与道德处于同一序列:它在实质上已获得了德性的品格并在相当程度上被德性化。

从现实形态看,幸福所涉及的感性内容和感性向度如果缺乏必要的范导,确实可能引向幸福与道德之间的冲突;康德强调以道德制约幸福,无疑注意到了道德与幸福之间蕴含的可能的紧张。然而,他对幸福的以上理解和定位,似乎又隐含了自身的问题。康德将幸福主要理解为经验领域的现象,以经验原则为幸福的全部基础,显然未能全面地把握幸福的内涵。作为人的本质力量的确证形式,幸福不仅有其感性的规定,而且也涉及包括理性在内的多重向度。就幸福的感受而言,对整个人生的满意,便包括理性需要和欲求的满足;就幸福的实际境遇而言,幸福则同时体现为价值创造过程中人的精神形态的提升,后者构成了主体存在一个重要方面。由此反观康德对幸福的界定,便不难看到其中所蕴含的片面性。

就其本然的关系而言,幸福固然离不开道德的范导,但道德本身也以不同方式受到幸福的制约,后者首先体现于道德行为。亚里士多德已指出,完善的道德行为不仅应当是自觉的,而且也应当是自愿的。王阳明也提出了类似的看法,在他看来,道德行为既应当合乎当然之则,也应"求自慊"②。所谓自慊,是指由于行为合乎主体的内在

---

① Kant, *The Metaphysics of Morals*, Cambridge University Press, 1996, pp. 150-152.
② (明)王守仁:《传习录中》,《王阳明全集》上,上海古籍出版社,1992 年,第 73 页。

意愿而产生的愉悦感和满足感。这种愉悦感与满足感,既可以看作是主体的一种幸福感受,也表征着主体的一种存在形态:它以自我肯定的方式,构成了道德主体的内在特征。在这里,道德行为中的自愿品格通过实践过程中的自我满意,取得了独特的幸福样式,它从主体的行为方式上,制约着道德实践的过程。①

在人的日常存在层面,一个有德性的人往往具有坦荡、宽容的胸怀和平静、淡泊的心态,就自身的处境而言,他不会因个人的得志而忘乎所以,也不会因个人的失意而悲观沉沦;在与他人的交往中,总是具有与人为善的意向,不会因他人的成功而有嫉妒、失落之感,也无算计、损害他人的阴暗心理,其心灵始终保持一种舒展之乐。孔子曾说:"君子坦荡荡,小人长戚戚。"②君子即道德高尚的人,小人则是缺乏内在德性者。在孔子看来,道德的高尚,总是以宽裕、舒展的精神形态(坦荡荡)为其内容,而道德上的欠缺,则往往因斤斤较量、患得患失而伴随着精神上的不悦或痛苦(长戚戚)。如果说,与人为善的交往原则可以避免个人在生活世界中的紧张与冲突,从而为达到幸福的实际境遇提供前提,那么,坦荡荡的精神形态,则可以看作是幸福的一种内在表征,在以上二重意义上,道德无疑都包含着幸福的内容。同时,高尚的德性,逻辑地包含着行为动机的端正;尽管内在的德性并不一定能担保行为的善,但它至少使主体可以消除因动机

---

① 康德在谈到行为动机时,曾提及一种观点,这种观点认为人们在抑制了做错事的冲动或行善之后,往往会感受到心灵的满足和宁静,这种心灵的满足和宁静可以看作是对道德行为的回报,它同时也可以成为道德行为的动因。康德对此提出了批评,认为它涉及了行为结果,而在他看来,道德行为只能是为义务而义务,而不能掺杂结果的考虑。(Kant, *The Metaphysics of Morals*, Cambridge University Press, 1996, pp.142-143)心灵的满足和宁静,也可以视为一种"自慊",康德对上述观点的批评,则同时意味着否定"求自慊"在道德行为中的意义。

② 《论语·述而》。

不正而产生内疚、悔恨之感,后者从另一个方面(避免精神的不安等)体现了道德与幸福之间的联系。

广而言之,道德上的完善或完美,总是以存在本身的完善为题中之义,后者同时又构成了幸福的内容;从而,道德的完美,亦相应地包含着幸福。如前所述,作为价值形态与价值创造的统一,幸福不仅仅意味着感性需要或理性需要的满足,而且也是人的本质力量的确证形式;另一方面,道德亦涉及人的整个存在,而并非仅仅是抽象的精神层面的受用。在上述意义上,道德与幸福无疑有一致之处。亚里士多德肯定幸福本身就是善,并强调幸福是目的①,其中蕴含着道德不能排斥幸福之意。此外,从道德的动力系统看,自愿维度上的"求自慊",往往亦构成道德行为的推动力,而自慊本身则以精神的愉悦等方式,表现了主体内在的幸福形态和感受,它从另一方面展示了道德所内含的幸福规定。张载已注意到了道德与幸福的如上关系,在谈到德与福的关系时,张载指出:"至当之谓德,百顺之谓福。德者福之基,福者德之致。"②以"百顺"为具体内容的幸福,体现于存在的各个方面;如果说,"德者福之基"意味着以配享幸福(worth of happiness)为现实幸福的前提,那么,"福者德之致"则肯定了道德不能排斥幸福。在这里,道德与幸福的相关性无疑得到了确认。

以追求存在的完善为指向,道德与幸福的关系展开为一个不断扬弃对峙而走向统一的过程。康德试图通过赋予人的存在以道德的规定来担保幸福的合理导向,无疑看到了道德与幸福之间可能导致的紧张,但其将幸福加以德性化的思维趋向,却易于引向以道德消解

---

① Aristotle, Nicomachean Ethics, 1095a14; 1097b, *The Basic Works of Aristotle*, Random House, Inc., 1941, p. 937, p. 942.

② (宋)张载:《正蒙·至当》,《张载集》,中华书局,1978 年,第 32 页。

幸福。相形之下,亚里士多德认为幸福即是善,则更多地肯定了幸福与道德之间的一致性,但若过分强调二者的一致,在逻辑上亦容易忽略幸福与道德之间可能出现的冲突。前者注意到了离开道德的制约,幸福将变得片面化,后者则有见于离开幸福,道德也将导向抽象化。扬弃道德与幸福关系中的这种片面性,意味着走向人自身的全面发展:二者在本质上呈现为同一个。

附录一
伦理生活与道德实践[①]

无论是从群体看,还是就个体言,人类生活都包含多重方面,伦理生活则是其中的重要之维。传统儒学已把人所特有的伦理生活看作是人区别于其他存在根本性特征。作为人类生活中的一个重要方面,伦理生活本质上具有实践的品格:按其实质,伦理生活总是与道德实践联系在一起。伦理生活与道德实践的主体都是人:伦理生活以人为主体,道德的实践也表现为人的活动。从生活、实践的主体(人)这一角度去理解伦理生活和道德实践,涉及多重环节,这些环节同

[①] 本文基于作者2013年在北京师范大学的演讲,根据录音整理后刊于《学术月刊》2014年第3期。

时在某种意义上构成了伦理生活和道德实践本身所以可能的前提。

一

宽泛而言,作为人存在的重要方面,伦理生活可以视为人在伦理意义上的"在"世形态和过程。这一形态和过程既展开于多样的社会活动,也体现于生活世界中的日用常行,既包括理解、接受一定的伦理观念,也涉及按相关的伦理观念为人和处事。从本源的层面看,"伦理"关乎人伦关系以及内含于其中的一般原则,具有伦理意义的生活(伦理生活)一方面使人成为伦理之域的存在,另一方面又从一个层面担保了人伦秩序的建构。

人不同于动物的重要之点,在于具有理性的品格,后者赋予伦理生活以自觉的形态。与之相联系的,是伦理生活的认知之维。作为伦理生活的构成,认知主要涉及知识层面上对相关对象(包括人自身)的把握。认知包括不同方面,举凡科学研究、政治实践、经济运行,等等,都关乎认知。在伦理生活中,认知问题首先指向作为伦理生活主体的人自身。在伦理生活中,认知所要解决的问题包括:"什么样的存在构成了伦理生活的主体"或"谁是伦理生活的主体?""这一主体具有什么样的品格?"伦理生活的主体是人,伦理生活是人类多重生活中的一个方面,这样,从本原的角度来考察,"谁是伦理生活的主体"这一问题又关联着一个更广的问题,即:"人是什么?"或"何为人?"历史地看,哲学家们已从不同的角度提出"人是什么""何为人"这一类问题。儒家在先秦的时候,便开始辨析人禽的区分,所谓"人禽之辨",即体现了这一点。"人禽之辨"所追问的是人与动物(禽兽)之间的根本区别,这可以视为"人是什么"这一普遍性问题的特定表述形式。儒家的以上追问,与伦理生活紧密地联系在一起。追问"人是什么"(人区别于动物的根本之点),主要旨在把握伦理生活的主体。同样,在西方哲学史上,也可以看到类似的关切。如所周知,康德便曾经提出四个问题,即:"我可以知道什么""我应当做什么""我可以期望什么",以及"人是什么"①。从提问之序看,"人是什么"这一问题似乎被置于最后,但是,就伦理生活的角度而言,"人是什么"这一问题则有着"逻辑上在先"的意义:只有首先解决"人是什么"这一问题,才能进一步地去考察和理解具体的伦理生活。可以看到,不管是中国哲学,还是西方哲学,对"何为人""人是什么"这一问题,很早就已加以探究。

人作为现实的存在,有其感性之维,后者既体现于人所内含的感知能力,也以感性的需要(如"饥而欲食""渴而欲饮""寒而欲衣"等等)为表现形式。同时,人又有理性的品格,能够自觉地展开逻辑的思维,辨别真、假、善、恶,等等。人的理性之维,更内在地体现于精神层面的追求。中国哲学家所说的伦理境界,便以精神层面的提升为指向,其中也展现了理性的要求。作为感性存在与理性规定的统一,人总是一个一个的个体:没有抽象的、一般的人。但是,另一方面,人又生活在群体之中,具有群体的品格,荀子肯定人的特点在于能"群",已有见于此②。相应于感性与理性、个体性与群体性的以上关联,人既有自然属性或天性,又具有超越自然的社会的品格,包括德性。儒家要求化天性为德性,即意味着从自然的欲求、倾向,进一步提升到具有社会意义的德性,这一看法,也注意到了天性和作为社会品格的德性之间的相互联系。

---

① Kant, *Logic*, Dover Publications, Inc., 1988, p. 29.
② 参见《荀子·王制》。

对"何为人"的理解,并不仅仅呈现抽象、思辨的意义,而是与前面所提到的伦理生活息息相关。对人的不同的看法,往往影响、制约、规定着人们对伦理生活的认识。如前所述,人既有感性的品格,又有理性的规定;既是个体,又具有群体的属性;既内含天性,又是社会性的存在,等等。从哲学史上看,对"人是什么"这一问题的不同理解,常常具体表现为对以上规定的不同侧重。在感性与理性的关系上,有的哲学家主要突出了人的感性规定,另一些哲学家则更多地强调人的理性品格。在个体与群体的关系上,有的比较注重人所具有的个性特点,另一些则更关注人所具有的群体性品格,如此等等。对人的这种不同认识,同时影响着对伦理生活的理解。事实上,哲学家们对伦理生活的不同看法,便以他们对"何为人"的多样理解为前提。对于突出理性品格的哲学家来说,人的伦理生活往往更多地被规定为理性之域的追求,宋明时期,理学中的一些人物将人视为天理或天地之性的化身,由此主张依乎道心、以醇儒为伦理生活的样式。与以上趋向有所不同,对注重感性品格的哲学家来说,人所应该关切的,首先是和人的感性需要满足相联系的活动,经验主义对伦理生活的理解,每每呈现以上特点。

伦理生活所包含的认知之维当然不限于对伦理生活主体("何为人")的看法,但就实质的层面而言,这种理解在逻辑上构成了理解伦理生活的前提,并直接制约着对伦理生活的具体规定。

伦理生活的第二个方面,关乎评价。前面所讨论的认知,主要涉及广义的"是什么",评价则更多地指向价值的判断,包括对好或坏、善或恶、利或害等等的评判。"何为伦理生活的主体"以及更广意义上的"人是什么"这一问题,如果换一种方式表述,也就是:"谁在生活"或"谁活着"。从逻辑上说,在把握了以上问题之后,进一步的问题便是:"为何而生活"或"为什么活着"。"为什么活着"具有目的指向,与之相关的是评价性的问题。

"为什么活着"所涉及的,是人生价值、人生意义层面的问题,对这一问题的回答,与人生领域的价值判断无法相分。引申而言,这一问题又关乎"什么样的生活是值得过的?"或者说,"什么样的生活是好的生活?"历史地看,不管是中国哲学,抑或西方哲学,都在反复地探寻这一类问题:"什么样的生活是有意义的?"归根到底,以上问题都指向"为什么而活着"这一更基本的问题。孔子提出"志于道"的要求,这里的"志",有指向、追求之意,"志于道"也就是以"道"作为追求的目标。对孔子而言,生活的意义和目标,就体现于追求"道"的过程。中国哲学所说的"道",有多方面的涵义:它既指天道,包括通常说的宇宙、世界的普遍法则,也指人的社会理想、文化理想、道德理想,"志于道"意义上的道,更多地关联后者,而"志于道"则相应地意味着人应该为追求、实现以上理想而存在。与之有所不同,道家将未经后天作用的自然状态或人的天性视为理想的存在形态,道家对生活目的或生活意义的看法,也与以上理解相联系:按道家之见,有意义或值得追求的生活,具体表现为维护、保持人的天性,或者说,在人的天性受到外在的作用和影响之后,重新回归其本然形态。

生活目标的规定、理想社会形态的确认,与前面提到的"人是什么"这一问题紧密相关。道家把维护和回归人的天性、避免以人为的规范和外在体制去约束或扭曲人的天性视为人生的目标,这种理解的前提,是把人的天性看作是最真实、最完美的形态:对道家而言,真正意义上的人,乃是以天性为其内在规定。与此相联系,生活的意义也在于维护、回归人的天性。同样,儒家强调人应当以"志于道"为生活的取向,这一理解也与儒家对人的理解相关联:在儒家看来,人首先是具有理性品格、特别是伦理品格的存在,前面提到的"人禽之辨",主要也在于突出人所具有的以上品格。正是由此出发,儒家赋予伦理的生活以追求道("志于道")的内容。从西方哲学看,亚里士多德主要将有意义或值得过的生活与幸福联系起来,当然,他所理解的幸福是比较广义的,其特点在于关乎理性(包括沉思),而非仅仅基于功利或感性需要的满足。

可以看到,不同的生活目标、生活理想,体现了不同的价值追求。伦理生活的评价之维,便与这种价值的判断、价值的追求相联系。对生活目标、生活理想不同理解的背后,是对伦理生活价值意义的不同判断,与"为什么而活着"这一问题相联系,这种理解和判断同时体现了伦理生活中的价值维度。

由"为什么活着"进一步思考,便面临"如何活着"的问题。所谓"如何活着",涉及的是如何使前面提到的有意义、值得追求的生活得以实现,或者说,以什么样的方式,将这种有价值的生活形态化为现实。具体而言,这一问题与伦理生活中的规范性相联系。以中国哲学的概念来表述,规范也就是"当然之则",它具有对行为的约束、引导、制约意义。从伦理生活的角度看,规范首先规定着人们可以做什么,不可以做什么。同时,规范又涉及"如何做"的问题。可以做、不可以做,关乎行为正当与否的问题;"如何做"、通过什么样的途径达到目标,则涉及行为的方式。在行动没有发生之前,规范制约着人的选择,在行动的展开过程中,规范则规定着行为的具体方式并由此对行动加以引导。在伦理生活中,同样涉及多方面的规范、规则,如"不说谎""不偷盗",便属于伦理生活中的基本规范。这种规范规定着人们在不同的场合中的行为选择。以"不说谎"而言,其规范意义便体现于引导人们讲真话、保持诚实的品格。在行动完成之后,究竟应该如何评价这一行动?或者说,根据什么去评判其善恶或正当与否?这里,规范便提供了评价、判断的准则:如果某种行为合乎评价者所接受的伦理原则(规范),则这种行为便得到肯定;反之,则将被否定。

概要而言,前面所论涉及三个问题:与认知相联系的是"谁活着",与评价相联系的是"为什么活着",与规范相联系的是"如何活着"。"谁活着""为什么活着"与"如何活着"具有逻辑上的相关性。然而,对一个具体的伦理生活主体来说,在追问和反思以上问题之后,总是进而面临如下问题,即:"活得怎么样?"每一个现实的个体对自己的生活都会有不同的体验和感受,"活得怎么样"这一问题所关涉的,便是个体自己所具有的生活感受,这种感受以哲学化的概念来表述,也就是"生存感"(existent sense)①,通常所说的"幸福感",即可视为生存感的表现形式之一。相对于生活过程中的特定体验,生存感可以看作是对生活的总体感受。这里的"感"非常重要,需要给予特别的重视。简略而言,"感"可理解为一种综合性的精神形态,其中既包含普遍层面的理性认知、价值取向,也渗入了个体的人生信念、情感意愿,这种综合性的精神形态同时构成了伦理生活的重要方面。如前面所提到的,伦理生活的主体是一个一个的具体个体,对具体的个体来说,生活过程中总是会形成各种真切的感受,这种感受并非抽象而不可捉摸,而是以综合的形态存在于每一个活生生的人之中。总之,多重精神向度凝聚为一、并以真切的形态内在于现实的个体,这是"感"的重要特点。

作为上述之"感"的具体形态,"生存感"包含多方面的涵义。首先是理性之维。在"生存感"中,总是包含着对生活(包括生活主体、

---

① 从逻辑的层面看,对"活的怎么样"的问题,既可从他人(第三人称)的角度加以分析,也可从个体自身(第一人称)的角度以反省。前者表现为一种外在的考察,涉及对个体生活境遇及其形成根源等方面的分析和评判,后者则关乎个体自身内在的体验和感受。就伦理生活的具体展开而言,后一方面与个体具有更内在的相关性,这里所说的生存感主要与后者相涉。

生活意义、生活方式,等等)的多样理解,这种理解同时具有理性的内涵。在这一意义上,生存感以理性为题中之义。当然,这种理性的品格并非时时刻刻都以明觉的形式存在:在很多情况下,它常常隐而不显。在理性规定之外,生存感还包含个体内在的意向、欲求,这种意向、欲求凝结了人的生活理想,体现了个体对生活的不同追求,并使生存感区别于空泛的形式。进而言之,生存感中又关乎人的情感体验。情感是人最真切的感受和体验,在生存感中,包含着对生活意义个性化的感受和自我体验,这种感受和体验以人的真情实感为内容,既具有个体性,也呈现切近性。此外,生存感还渗入了人的价值信念,后者体现的是人对生活意义的一般看法。

要而言之,生存感中既有理性层面的知识、评价,又包含了经验层面的感受、体验:生存感的特点在于不是以抽象化、概念性的方式存在,而是切切实实、与每一个体自身的经验性感受和体验相关。同时,生存感既包含制约生活目标、人生意义的普遍价值取向,又渗入了个体自身独特的价值关切。以上方面并不是以分离的形式存在,而是内在交融,呈现浑然难分的形态。凝结于生存感中的以上内容,同时又表现为个体化的内在意识。从存在的形态来看,生存感往往以明觉性与默会性的交融为特点:一方面,它包含了自觉的内涵和品格;另一方面,其意识内容又并非总是以名言的方式呈现出来,而是每每取得隐默的形式。以上意义中的生存感,与"境界"具有相通性:作为人的内在精神世界,境界也表现了人综合性的精神发展形态,其中理性和感性、自觉和不自觉等方面,往往彼此交融。

作为综合的精神形态,生存感以意义的领悟为其核心。如前所述,从实质的方面看,生存感主要表现为个体对生存意义的综合感受。这种感受的核心,乃是对意义的理解、把握和体验。宽泛而言,意义包括认知—理解之维与目的—价值之维①,内在于生存感的意义,主要涉及目的—价值的层面。这一视域中的意义,本身也可以有不同的存在方式。当人通过自身的价值创造而化本然对象为合乎人的理想之存在时,意义便以为我之物为存在形态并体现于其上,意义的这一呈现方式具有某种外在的特点。在生存感中,意义的呈现更多地与个体的经验、反思、感受相联系,并相应地取得内在的形态。这里可以看到某种互动:意义的领悟使生存感获得了确定的内容,从而不同于偶然、分离的意念;生存感则赋予意义以内在的存在形态。

抽象而言,"感"既可以从共通的角度去理解,也可以从个体的层面去把握。然而,在生存感中,共通感和个体感乃是彼此交错在一起。共通感可以视为一定社会群体之中普遍存在的相关意识,凡人总是包含作为人而具有的普遍意识,通常所说的"人同此心,心同此理",也涉及这一点:"人同此心",意味着凡人皆有,"心同此理"则进一步指出了这种普遍意识超越个体的性质。中国哲学常常对"理"与"事"加以区分,"事"是一件一件的,具有特殊性,理则具有普遍性,是不同的事和物中所内含的一般规定。谈到"理",总是侧重于其普遍性的方面,与之相应,"人同此心,心同此理"所侧重的,是人所具有的共通感。这种共通感构成了生存感的题中之义,前面所说的理性的认知、对普遍价值取向的接受等等,都涉及共通感。除了这一共通之感,生存感还包含个体的层面。具体来说,共通感——普遍具有的共通意识,并不是以抽象、孤立、外在的形式存在,而是内在于一个一个具体的个体之中,并与个体的意识相融合。正是在个体之中,共通感得到了具体的落实,获得了现实的形态。要而言之,普遍的向度和

---

① 参见杨国荣:《成己与成物——意义世界的生成》第一章,人民出版社,2010年。

个体的向度、共通感和个体感在生存感中彼此交融在一起。

从伦理生活的角度看,生存感本身究竟具有什么样的意义?这一问题所涉及的,是生存感在伦理生活中的现实作用。具体地考察生存感与伦理生活的关系,便不难注意到,生存感的意义首先在于将伦理生活带近于个体,或者说,把伦理生活引向个体,使之进入个体的存在过程。在这里,生存感呈现二重意义:一方面,它本身内在于伦理生活,并具体表现为个体在伦理生活展开过程中的自我体验和感受;另一方面,它又通过在观念层面接纳、趋近、召唤伦理生活而成为伦理生活所以可能的前提。

前面提到,认知更多地与广义上的知识形态相联系,在伦理之域,认知也呈现这一特点:对"什么是伦理生活的主体""何为人""谁活着"的认识,都包含知识之维。以"为什么活着"为追问的内容,评价涉及对生活意义的价值判断,其中关联着普遍的价值取向。与之相联系的规范,则更直接地呈现普遍的品格:规范总是不限于某一个体,而是对一定的社会群体具有普遍的制约作用。可以看到,认知、评价以及与之相关的价值原则和普遍规范,等等,都具有超越于个体的特点。在与人相对(表现为广义的所知)的形态下,这些价值原则和伦理规范往往呈现外在的形态:认知、评价和普遍的规范确实都不可或缺,但对具体的个体来说,它似乎更多地呈现为对象性的观念、具有超越性而缺乏相关性。在以上情形中,个体固然可以形成理性的认知、作出价值的判断、理解普遍的规范,但这些方面与他的存在过程仍可彼此相分或隔绝,所谓知行脱节,在某种意义上即源于这种疏离性。然而,当以上原则、理想以及体现这种理想的规范与个体的生存感融合在一起的时候,伦理生活所涉及的普遍之维与个体自身存在之间的鸿沟便开始被跨越:这种融合在现实的层面将伦理生活带入于个体。质言之,生存感使个体对生活的看法(包括对生活主体的把握、对生活意义的领悟,对如何生活的理解,等等)与个体自身的存在具有了内在的相关性。用中国哲学的概念来表述,生存感的意义即在于赋予伦理生活以切己性、切身性。所谓"切己",也就是与个体存在的相关性和不可分离性,通常所说的"切身体会",便是基于个体自身所感所悟而形成的具体领悟,这种体会和领悟不同于抽象的道理、外在的要求,而是与一个个真实的个体紧密相关:从本源的层面看,切己、切身既具有个体的指向性,也意味着与个体自身无法相分。事实上,在伦理之域,生存感对个体之所以重要,主要便在于它使伦理生活对个体具有切己性或切身性,只有在这样形态之下,伦理生活才可能从与人疏离,走向与人相关,并进一步获得现实的品格,成为个体自身的真实生活。

二

如前所述,伦理生活本质上是实践的,从而,谈伦理生活,无法与道德实践相分离。就现实的形态而言,人的存在展开于多重向度,伦理生活所体现的,是人多向度存在中的一个方面。然而,从伦理生活本身看,其存在形态又非限于一端,而是具有总体性的品格。这种总体性的特征可以从两个角度加以理解。首先,伦理生活包含两重性:它既是人的多重存在向度的一个方面,又具有自身的多重面向,后者体现于生活的各个方面。从日常生活、社会交往到工作、劳动,等等,都涉及伦理生活。同时,伦理生活又贯穿于人存在过程的始终:尽管人存在过程中不同阶段的伦理生活在具体内容方面存在差异,但这种差异并不意味着伦理生活本身仅仅与人的生活过程中某一阶段或某一时期相联系。从以上方面看,伦理生活无疑呈现总体性的品格。比较而言,道德实践可以视为伦理生活在一定时空条件下的体现,并具体表现为多样的行为过程。作为特定背景和场合下展开的具体行为过程以及伦理生活的体现形式,道德实践同样涉及伦理生活所包含的不同环节,当然,其具体侧重和内涵又有所不同。

道德实践作为自觉的行为,与人的认知过程无法相分。道德认知首先涉及对道德实践主体的认识,即广义的"认识你自己"或"自知"。作为道德实践的主体,自我应该形成何种能力与品格?如何培养这种能力和品格?怎样克服可能悖离道德要求的偏向?这些问题在不同意义上涉及与道德主体相关的认知过程。

从现实的形态看,道德实践又以人伦关系的存在为前提:如果世界上只有一个孤立的行为主体而没有人与人的多方面关系(广义的人伦),那就不会有道德实践。由此,便发生了把握人伦或认识"人与人之间关系"的问题。儒家很早就提出"知人"的要求:孔子所理解的"知",首先就是知人,所谓知人,便包括把握人伦或人与人之间的关系。道德的义务以现实的伦理关系为根据,道德行为的具体方式,也基于不同的人伦关系,在"父子有亲,君臣有义,夫妇有别,长幼有序,朋友有信"的行为规范中,"亲""义""别""序""信"等不同行为要求,便以父子、君臣、夫妇、长幼、朋友等不同的人伦为其根据。在此意义上,对人伦关系的把握(广义的"知人"),在逻辑上构成了道德行为展开的前提。

道德实践同时涉及对一般道德原则的理解,儒家突出仁道、礼义,这里的"仁道""礼义"都关乎普遍的价值原则和道德原则,对"仁道""礼义"的理解,则意味着把握普遍的价值原则和道德原则,并由此从普遍的层面引导人的行为。进而言之,道德行为的展开涉及对具体道德情境的考察和把握。道德实践总是在一定的时空条件和具体背景之中发生,亦即与特定的情境相涉,一般原则的特点则在于超乎特定的情境。如何将普遍的原则运用于多样的情境?这是道德实践展开过程中无法回避的问题。宋明理学家提出"理一分殊",便关涉普遍的道德原则("理一")与多样的道德情境("分殊")之间的关系,通过具体的考察和分析沟通普遍的原则与具体的情境,构成了道德认知所指向的重要方面。

认知在广义上涉及"是什么",与之有所不同,评价首先关联"应当做什么"。"应当做什么"包括目标的确认、行为的选择,等等。什么样的行为有正面的价值,从而值得选择并应当去做,什么样的行为包含负面的价值意义,从而不应当选择,这些问题关乎广义的道德评价和道德判断。认知视域中的问题更多地涉及道德领域中的知识性之维,评价层面的问题则主要与价值意义上的判断联系在一起。从现实的层面看,道德实践的展开既涉及价值或当然,也关乎事实或实然(包括行为发生的具体情境),道德之域中认知与评价的关联,即基于道德实践的以上现实形态。

引申而言,评价也与道德事实的确认相联系。宽泛地看,道德领域中的事实或道德事实包含两个方面:其一,客观层面的现象(如某人曾说谎),其二,相对于一定价值原则,这种现象所具有的意义(从"不说谎"的原则看,说谎为不正当的行为)。纯粹客观层面的现象只是类似自然之域的事实,并不构成道德事实;纯粹的道德原则或规范则主要呈现观念的意义,也不构成具有客观性的事实。只有在二者通过伦理判断而相互交融的条件下,才形成道德事实。以某人曾说谎而言,它本身只是一种实际发生的现象,唯有当运用"不说谎"这样的道德原则去评判以上现象,这种现象才呈现为道德领域的事实(不正当的道德行为)。事实本身不同于本然的存在,而是进入人的知行之域的对象,在道德事实中,事实与人的相关性具体表现为:其意义乃是通过运用道德原则所作的道德判断而呈现。道德判断是一种具有价值意义的评价,在这里,以道德判断形式表现出来的评价,便构成了确认道德事实的条件,道德事实本身在一定意义上表现为客观现象与道德判断的交融:如果说,与客观现象的关联,使道德事实不同于主观的赋予,那么,道德判断的渗入,则使道德事实区别于自然现象。道德判断与道德事实确认之间的以上联系,一方面进一步体现了认知与评价之间的相关性,另一方面又为"应当做什么"(或"不应当做什么")提供了内在的根据:某种行为(如说谎)的性质(不正当)通过道德判断而被确认后,便不仅被视为道德领域已发生的事实,而且也同时被归入"不应当"选择之列。

  在道德实践中,"应当做什么"和"应当如何做"紧密相关。相对于"是什么"层面上的认知和判断,广义的"应当"更多地包含价值层面的内涵,并与道德理想、道德目的有着更切近的联系。具体地看,"应当如何做"关乎行为的方式、途径,而对应当如何的确认,则离不开规范的引用。与伦理生活的展开过程相近,道德规范既制约着"应当做什么"意义上的选择,又规定着"应当如何做",前者意味着根据所接受和认同的普遍规范选择不同的行为,后者则要求依照一定的规范来确定这种行为的具体方式和途径。

  由是什么、应当做什么、应当如何做进一步追问,便面临道德认识和道德评价如何落实的问题。从中国哲学的视域看,这里涉及道德领域的知行之辩。与"是什么"相关的道德认识与"应当做什么""应当如何做"相关的道德判断,属广义之"知",道德认识和道德评价的落实,则关乎"行"。如何将何者为善、何者当行之"知"转换为实际的"行"(道德行为)?这一问题所引向的,是实践领域中的道德感(moral sense)。

  道德感(moral sense)与前面所论"生存感"(existent sense)都关乎主体之"感",但二者又包含不同的内涵和面向。"生存感"主要表现为体现于伦理生活的综合精神形态,与伦理生活的总体性品格相应,生存感也具有总体性的特点。比较而言,"道德感"更多地与具体的道德实践和道德行为相联系,可以视为内在于具体实践过程的综合形态的道德意识。道德感的现实作用,也主要体现于道德行为的发生与展开过程。

作为道德实践中的综合意识,道德感不同于伦理学中非认知主义所理解的单纯主观感受,而是包含多重观念维度。宽泛而言,道德感既包含理性层面对普遍的道德原则和规范的认识与理解,也涉及情感层面对这些规范、原则的认同或拒斥;既有对相关情境的把握,也关乎相关情境下人的多样意向、体验。从更广的视域看,道德实践的展开过程往往包含人的意欲,这些意欲的产生常常不由自主,然而,它们能否化为具体的行为动机,则涉及理性的反思和评价。人不同于动物,动物总是自发地按其意欲去活动,人的意欲能否化为行为动机,则取决于这种意欲是否合乎社会普遍认可的价值原则以及个体自身的道德要求。形成动机之后,还需要对行为作进一步选择和决定。意欲、动机、选择、决定,分别构成了道德实践的不同环节,道德感即具体地渗入于这些多样的环节之中。反过来也可以说,道德实践的诸环节在不同的意义上都受到道德感的制约。引申而言,道德领域中具有直觉形态的意识(所谓"道德直觉"),也与上述意义上的道德感具有内在关联:对道德领域中善或恶、正当或不正当之直觉性的把握,往往基于个体内在的道德感。

实际的道德行为并不仅仅按抽象的道德律令而展开。在现实的行为过程中,人们不是首先想到道德律令要求怎样做,然而再按这一要求去做。道德律令与个体的评价、判断、选择、决定,往往相互交织,这些不同的环节彼此关联,其展开过程则处处体现着道德感的制约作用。与生存感一样,道德感也内在于个体的意识之中,而不同于外在、抽象、空洞的形态。事实上,评价、判断、选择、决定的具体内容,本身便无法与个体已有的道德感相分离。在道德意识的以上具体存在形态中,伦理意义上认知与非认知之间的对峙也得到了某种扬弃。单纯的认知立场,往往使个体仅仅成为理性的旁观者,由此将导致离行言知;绝对的非认知进路,则容易使个体完全为情意所支配,由此则趋向于离知言行。通过沟通认知之维与情意之维,道德感同时为道德行为的现实展开提供了根据。

前面曾论及,生存感(existent sense)的核心是意义感。与之有所不同,道德感(moral sense)的核心主要表现为义务感或责任感。责任或义务本身有不同的呈现方式:它们既可以表现为外在的道德命令,也可以取得个体自身内在要求的形式。在道德感中,义务不同于外在的律令,也非凌驾于个体之上,而是与个体的内在意愿、自我要求融合为一体,并内化为个体稳定的行动意向或行为定势(disposition)。以道德感为存在形式,义务所蕴含的道德要求与道德认识、内在意愿、情感认同等等相互交错、彼此融合,凝结于个体的道德意识之中,并与具体的个体同在。

如前所述,生存感将伦理生活带近于个体,使之具有切己性、切身性。与之相联系,道德感的意义在于使道德意识"实有诸己",成为个体真实拥有的观念形态。具体而言,道德感扬弃了道德观念的抽象性,使之不再隔绝或游离于个体,而是化为个体真实的存在。在道德感之中,伦理的原则和道德的观念既不仅仅表现为外在的律令,也不是与个体意愿相对的异己存在或内在的"他者";既非隔绝于自我,也非"虚"而不"实",而是融入于个体的意识系统,成为真实的自我意识。日常语言中有"真情实感"之说,以"实"规定"感",也从一个方面突出了"感"的真切性。

"感"的以上意义,并非仅限于道德领域。以语言、特别是外语的学习而言,当个体还停留在掌握语法、积累单词的阶段时,即使他对语法的理解已相当深入、积累的词汇也十分可观,但对相关外语的掌握仍可能比较生涩。之所以如此,原因就在于此时语法知识和单词的累积并没有真正融入他的语言意识,而是以某种抽象或分离的形式存在。只有形成了语感,语法知识和所记词汇才能扬弃其外在性、分离性和抽象性,化为语言意识的内在构成,从而使相关个体对外语运用自如。广而言之,音乐中的乐感,球类运动中球感,手工技艺中的手感,等等,其中的"感",也彼此相近;道德实践中的道德感,与以上诸种"感",具有某种相通性。质言之,仅仅了解道德规则、熟记道德命令,并不表明真正具有了道德意识。只有形成了道德感,普遍的道德原则和要求才能化为个体自身的内在意识,也唯有如此,个体才会成为真正意义上的道德主体,其行为也才可能达到不思不勉、从容中道。

道德感作为道德意识的具体形态,具有普遍的内容,后者包括对道德原则和规范的认识、对道德主体普遍规定的把握、对人与人关系的理解,等等。同时,作为真实自我的内在构成,道德感又渗入了个体的感受、体验、意愿,二者的相互结合,表现为道德领域中共通感与个体感的交融。

康德曾将人心的机能区分为认识机能、意欲机能,以及愉快不愉快的机能①。在引申的意义上,可以将以上机能分别概括为"我思""我欲"和"我悦",而在道德感中,"我思""我欲"和"我悦"三者则内在地融合为一体。从道德实践与道德原则的关系来说,普遍的道德原则首先与理性层面的理解相关,从而涉及"我思"。未经理性的理解,个体的行为便容易缺乏自觉性。就其性质而言,道德行为并非为外在的强制所驱使,而是出于个体真实的意愿,后者关乎"我欲"。进

---

① Kant, *Critique of Judgment*, Hafner Publishing Co., 1951, p. 13.

一步看,完美的道德行为同时应基于情感的认同感,并使个体产生某种愉悦感。儒学强调"好善当如好好色",所谓"好好色",便是因美丽的外观而引发的愉悦之情,这种愉悦感是自然形成,非源于强求。当道德的追求(好善)达到类似"好好色"的境界时,道德实践便具有了"我悦"的特点,与之相对,对道德原则的悖离,则会使人内疚、不安,亦即缺乏"我悦"之维。如果说,以上过程中的"我思"较多地与道德感中的普遍之维(共通感)相联系,那么,"我欲"和"我悦"则更多地体现了道德感与个体特定感受、体验(个体感)的关联,在这里,共通感和个体感内在地交织在一起。作为道德感的具体存在形态,这种交织从主体的层面构成了道德行为的内在机制,并为道德行为的展开提供了现实的推动力。以道德感为动力因,道德行为同时将克服外在的强制与内在的勉强,取得自觉、自愿、自然的形式。

作为人的存在方式,伦理生活与道德实践包含不同的方面,如果说,认知之维赋予其自觉的品格、评价之维使之获得价值的内涵、普遍规范制约其有序展开,那么,以意义确认为核心的生存感则使伦理生活对个体具有相关性和切己性、以义务认同为核心的道德感进而使伦理观念成为个体实有诸己的真实存在,二者分别为伦理生活与道德实践的现实展开提供了内在的担保。综合地看,以上方面相互作用,同时构成了伦理生活与道德实践所以可能的前提和条件。

附录二

你的权利,我的义务
——权利与义务问题上的视域转换与视域交融①

权利与义务既涉及政治、法律,也关乎伦理,在康德与黑格尔那里,权利的学说(doctrine of right)或权利的哲学(philosophy of right)便都兼涉以上领域。这里不拟具体辨析政治、法律意义上的权利和义务与道德视域中的权利和义务之间的异同,而是在比较宽泛的论域中考察两者的理论内涵和社会意义,以及两者的不同定位。概要而言,权利与义务都内含个体性与社会性两重规定,历史地看,彰显权利的个体性之维,往

---

① 本文原载《哲学研究》2015 年第 4 期。

往引向突出"我的权利";注重义务的社会性维度,则每每导向强化"你的义务",二者在理论上存在各自的限度。扬弃以上局限,以视域的转换为前提,后者意味着由单向地关注"我的权利"转向肯定"你的权利"、由他律意义上的"你的义务"转向自律意义上的"我的义务",视域的这种转换同时在更深层意义上指向视域的内在交融。

一

与义务相对的权利,首先呈现个体性的形态。在较广的意义上,权利也就是个体应得或有资格享有的(entitled)权益。以现代社会而言,从日常生存(包括支配属于自己的生活资料),到经济生活(包括拥有和维护私人财产),从政治参与(包括从事各类合法的政治活动),到接受不同形式的教育,其中涉及的权利,都与个体相关。多少是在这一意义上,康德认为,"个人是有权利的理性动物"[①]。

相应于权利的个体之维,近代以来逐渐出现了所谓"天赋权利"或"自然权利"(natural right)之说。"天赋权利"论的要义,在于强调每一个人生而具有不可侵犯的诸种权利。不难看到,在实质的层面,这一权利理论意味着将人的个体存在,视为个体权利的根据:任何个体只要来到这个世界,就可以享有多方面的权利。然而,对权利的如上理解,仅仅是一种抽象的理论预设。就其现实的形态而言,权利并非来自天赋或自然意义上的存在,而是由社会所赋予,个体唯有在一定的社会共同体之中才可能享有相关的权利,各种形式的社会共同体本身则构成了权利的不同依托。可以说,无论从本体论意义上看,抑或就法理关系而言,社会共同体都构成了个体权利的前提。

---

① Kant, *Opus Postumum*, Cambridge University Press, 1993, p. 214.

不同历史时期的社会共同体,同时规定了权利的范围、限度。广而言之,权利本身呈现于多重方面,从经济权利(拥有私有财产等权利),到政治权利(参与选举以及其他政治活动等)、社会权利(包括享受教育、医疗、养老等各类社会保障的权利),其内容呈现多样形态,而它们的获得,则与一定的社会共同体相涉。以晚近(20世纪之后)出现的社会权利而言,享有这种权利,便以成为一定社会共同体的成员(如取得公民等社会成员的资格)为前提。权利的这种社会赋予性质,同时也从一个方面决定了权利的真正落实、维护、保障,离不开社会的作用。质言之,权利形成的社会性,决定了权利保障的社会性。

从权利的生成看,在不同的历史时期,人的权利又具有不同的社会内容。以人最基本的生存权利而言,在初民时代,某些地区的老人在失去劳动能力之后,往往被遗弃,后者意味着其生存权利的被剥夺,但在特定的历史时期和历史区域,这种现象却被社会所认可,它表明,生存这种现代社会所承认的人之基本权利,并没有被当时相关社会共同体视为人生而具有、不可侵犯的权利。这种状况的出现,与一定历史条件下社会生活资源的有限性难以分离:这种有限性使上述社会共同体无法赋予失去劳动能力的成员以同等的生存权利。从更广的视域考察,如所周知,在实行奴隶制的社会中,奴隶并不被视为真正意义上的人:他仅仅处于工具的地位,可以如物一般被处置。在此,奴隶作为人的权利尚未能得到承认,更遑论其他。就政治权利而言,不同历史时期中的社会形态,也有不同的限定,在古希腊,唯有城邦中的自由公民,才享有城邦中的各项政治权利;在中世纪,政治权利(political right)与政治权力(political power)往往合一,并为贵族等阶层所垄断。这些现象表明,在历史上,权利并非真正为个体所生而具有,而是在不同时期由一定的社会所规定和赋予。

进而言之,权利既可由社会赋予,也可以由社会剥夺。个体能否享有一定历史时期的权利,往往与他的行为是否合乎一定历史时期的社会准则相联系。同一个体,当其所作所为合乎相关的社会准则时,往往被赋予某种权利,但如果他的行为悖离社会的法律等规范,常常便会被剥夺某种权利。在现代社会中,当某一个体触犯了一定的法律规范时,社会便会视其违法的不同性质,将他拘捕、监押,直至处以极刑,并进而按相应的法规剥夺其在一定时期的政治权利。此时,不管相关个体如何声称自己拥有包括自由、生存、政治等方面的所谓"天赋权利",社会依然将依照一定的准则,剥夺其这方面的权利。以上事实从否定的方面展示了个体权利与社会赋予的难以分离性,相形之下,仅仅将权利与个体的声称(to claim)联系起来,则显得抽象而苍白。

除了社会生成和社会承认外,权利还关乎实际保障和落实的问题。从实质的方面看,权利的真正意义在于落实,而这种落实,又离不开个体之外的社会。在此意义上,权利具有外在的指向性:个人在被赋予权利之后,这种权利的具体落实,无法仅仅依赖个体本身的内在意愿。从近代以来一再被强调的财产权,到政治领域的诸种权利,从教育、医疗到消费,个体的权利如果不能在社会规范、体制等方面得到保障,那么这种权利就只能是空洞的承诺或一厢情愿的要求。以财产权而言,不仅财产的获得需要社会体制层面的保证,而且其维护也离不开社会的保障,如果社会没有具体的法律规范和制度来防范、制止对个体财产的暴力占有,那么,个体拥有不可侵犯的财产所有权,就仅仅是空话。同样,在缺乏公平、正义的政治制度的条件下,个体在政治上的选举权就可能或者徒具形式,或者沦为政客的政治道具。与之类似,如果不存在得到充分保障的义务教育制,那么,接受教育的权利对于一贫如洗、无法承担教育费用的人来说便毫无意义。进而言之,权利涉及选择的自由:在自身所拥有的权利范围内,个体可以自由选择,然而,这种权利本身也唯有基于社会的保障,才具有现实性。从消极的方面看,在没有制度、程序等社会保障的前提下,个体即使不断地以投诉、上访等形式来维权,其权利也难以得到真正的落实;这种投诉、上访所涉及的个人权利问题,最终总是需要通过社会体制的力量来具体解决。

可以看到,权利既有个体之维,并最后体现于个体,又包含社会的内涵,其生成和实现,都离不开社会的规定和社会的制约。质言之,权利指向个体,却源于社会;以个体形式呈现,却唯有通过社会的承认和担保才能获得现实性。从实质的方面看,在权利的问题上,重要的不仅仅是个人声称其有何种权利,而更在于这种权利是否为社会所承认和落实。

相对于权利,义务以个体对他人或社会所具有的责任为题中之义,从而首先呈现社会的品格。义务既非先天的价值预设,也不是形式意义上的逻辑蕴含,而是植根于实际的社会关系之中,表现为基于现实社会关系的内在规定。义务以人为具体的承担者。作为义务的实际承担者,人的存在有其多方面的维度,人与人之间的社会关系也包含多重性。就日常的存在而言,人的社会关系首先涉及家庭。黑格尔曾把家庭视为伦理的最原初的形式。① 以儒学为主干的中国传统文化也把家庭视为人存在的本源形态。中国传统五伦中,有三伦展开于家庭关系。在谈到亲子等伦理关系时,黄宗羲曾指出:"人生堕地,只有父母兄弟,此一段不可解之情,与生俱来,此之谓实,于是而始有仁义之名。"②亲子、兄弟之间固然具有以血缘为纽带的自然

---

① 参见〔德〕黑格尔:《法哲学原理》,范扬、张企泰译,商务印书馆,1982年,第173页。
② (清)黄宗羲:《孟子师说》卷四,《黄宗羲全集》第1册,浙江古籍出版社,1985年,第101页。

之维，但作为家庭等社会关系的产物，它更是一种社会的人伦；仁义则涉及广义的义务，其具体表现形式为孝、悌、慈，等等。按黄宗羲的看法，一旦个体成为家庭人伦中的一员，便应当承担这种伦理关系所规定的责任与义务，亦即履行以孝、慈等为形式的责任。在此，人之履行仁义孝悌等义务，即以其所处的社会人伦关系为根据。

广而言之，义务体现于社会生活的各个方面。从现代社会看，在具有劳动能力的条件下，人们一般会从事某种职业或身处某种社会岗位，由此，又总是与他人形成不同的职业关系，而这种关系则进一步规定了相应的责任和义务。通常所说的职业道德，实质上也就是由某种职业关系所规定的特定义务。以医生而言，人们往往强调医生应当具有医德，作为一种职业义务，这种医德显然难以离开医生与患者的特定关系。同样，对教师来说，履行师德是其基本的义务，而师德本身则以教师与学生之间的社会关系为本源。要而言之，一定的职业所涉及的社会关系，规定了相应的职业义务或职业道德，所谓"尽职"，则意味着把握这种义务关系并自觉履行其中的责任。

以上方面所突显的，主要是义务的社会之维。事实上，义务往往更多地被视为来自社会的要求，从作为义务体现形式的规范中，便可以更具体地看到这一点。规范即当然之则，它们规定了个体可以做什么，不能做什么；基于现实社会关系的义务，在形式的层面主要便通过不同的规范而体现。相对于个体，蕴含义务的规范，首先以外在并超越于个体的形式呈现：规范具有普遍性，并非限定于某一或某些个体，而是对不同的个体都具有制约作用。规范的这种性质，从另一个维度展现了义务的社会性：从某种意义上说，蕴含义务的规范，同时即表现为个体之外的社会对个体的要求。

然而，这只是问题的一个方面。从其实际的作用看，义务之中同时又包含个体性之维。如前所述，义务在形式的层面呈现为普遍的规范,作为社会的要求,这种规范往往具有外在性。在与个体相对的外在形态下,义务以及体现义务的普遍规范固然向个体提出了应当如何的要求,但这种要求并不一定化为个体自身的行动。义务唯有为个体所自觉认同或承诺、规范唯有为个体所自愿接受,才可能实际而有效地制约个体的选择和行动。义务在宽泛意义上既涉及法律之域,也关乎伦理实践,无论从法律的角度看,抑或从伦理的视域考察,义务的落实都与作为义务承担者的个体相联系。通常所说的法理意识与良知意识,便从不同方面体现了义务与个体之间的以上关联。一般而言,法理意识包含着个体对法理义务以及法理规范的理解和接受,良知意识则体现了个体对道德义务和道德规范的把握和认同。对缺乏法理意识的人而言,法律的义务和规范仅仅是外在的要求,并不构成对其行为的实际约束;同样,在良知意识付诸阙如的情况下,道德义务和道德规范对相关个体来说也将完全呈现为形之于外的他律,难以内化为其自觉的行动意向并由此切实地影响其具体行为。法理意识和良知意识在法律义务及道德义务落实过程中的如上作用,同时也从一个侧面展现了义务本身的个体之维。

康德在伦理学上以注重义务为特点,对义务的理解,也体现了某种深沉性。按康德的理解,从属于某种义务,构成了人之为人的存在规定:"人一方面是世界中的存在,另一方面又从属于义务的法则。"[1]对于义务以及体现义务的道德法则,康德首先强调其普遍性:"仅仅根据这样的准则行动,这种准则同时可以成为普遍的法则(universal law)。"[2]在康德那里,法则的普遍性主要源于先天的形式,义务则相应地由这种先天法则所规定,从这方面看,康德对义务的社会

---

[1] Kant, *Opus Postumum*, Cambridge University Press, 1993, p. 245.
[2] Kant, *Grounding for the Metaphysics of Morals*, Hackett Publishing Company, Inc., 1993, p. 30

历史根据,似乎未能给予充分的关注。但是,普遍性同时意味着超越个体、走向更广的社会领域,就此而言,在将道德法则与普遍性联系起来的同时,康德无疑也注意到法则所确认的义务包含社会性。

不过,对康德而言,法则以及与之相关的义务并非仅仅呈现普遍的品格,而是同时与理性的自我立法相联系。在康德看来,"每一个理性存在者的意志都是一个普遍立法的意志的理念。"①也就是说,法则乃是由主体自身的理性所颁布的,在此意义上,康德认为,"每一个人的心中都存在绝对命令"②。尽管康德同时肯定主体的理性具有普遍性,在此意义上,理性的立法不同于纯粹的个体性意念活动,然而,以主体形式展开的理性自我立法,无疑又包含着对义务的自我承诺,对康德而言,主体的自由品格,即植根于此:"自由如何可能?唯有通过义务的命令,这种命令是绝对颁布的。"质言之,"自由的概念来自义务的绝对命令"③。在此,对义务的自觉承诺以及与之相关的理性命令(绝对命令),被视为自由的前提。这里所说的自由,意味着对感性规定或感性意欲的超越:康德视域中的人既表现为现象世界中的感性存在,又具有理性的品格,当人仅仅受制于感性冲动时,他便无法成为自由的存在,义务的自觉承诺,则体现了对单纯感性欲求的扬弃。通过理性自我立法而承诺义务,同时也使人摆脱了感性冲动的支配,并由此步入理性的自由王国。黑格尔在伦理学上的立场与康德有所不同,但对义务的看法,却与之呈现相通性。在谈到义务时,黑格尔指出:"在义务中个人毋宁说获得了解放。一方面,他既摆脱了对赤裸裸的自然冲动的依附状态,在关于应做什么、可做什么

---

① 〔德〕康德:《康德著作全集》第 4 卷,李秋零译,中国人民大学出版社,2007 年,第 439 页。
② Kant, *Opus Postumum*, Cambridge University Press, 1993, p. 221.
③ Ibid., p. 232, p. 227.

这种道德反思中,又摆脱了他作为主观特殊性所陷入的困境;另一方面,他摆脱了没有规定性的主观性,这种主观性没有达到定在,也没有达到行为的客观规定性,而仍停留在自己内部,并缺乏现实性。在义务中,个人得到解放而达到了实体性的自由。"①摆脱对于"自然冲动的依附状态",体现的是个体在义务承诺方面的自主性,摆脱"没有规定性的主观性",则突出了认同义务的自觉性。康德与黑格尔对自由的理解,无疑有其思辨性和抽象性,但从如何理解义务这一角度看,将义务的承诺与个体的自我立法以及个体的自由形态联系起来,无疑已有见于义务的个体之维。如果说,康德对当然之则(规范、法则)普遍性的肯定,主要突出了义务的社会性,那么,康德强调理性的自我立法及黑格尔确认理性自主和理性自觉,则包含着对义务之个体性规定的确认。

以上所论表明,权利与义务都蕴含自身的两重性。概括地说,权利在外在形态上呈现个体性,但在实质的层面则包含社会性。与之相异,义务在形式上主要展现外在的社会性,但其具体实现则基于内在的个体性。权利的外在个体性和内在社会性与义务的外在社会性和内在个体性相互关联,既体现了义务与权利对应性,也突显了二者各自的内在特征。

二

权利与义务内含的两重性,在逻辑上蕴含着分别侧重或强化其中不同方面的可能。从历史上看,这种不同的发展趋向既呈现理论

---

① 〔德〕黑格尔:《法哲学原理》,范扬、张企泰译,商务印书馆,1982年,第167—168页。

的偏向,也往往伴随着消极的社会后果。

近代以来,权利的自觉与个体性原则的突出相互关联,使权利的个体之维得到了更多的关注。这一视域中的权利,往往同时被理解为"我的权利":拥有财产权,意味着"我有权利"支配属于"我"的财产;具有政治权利,意味着"我有权利"参与相关的政治活动或作出相关的政治选择;享有社会权利,意味着"我有权利"接受不同层次的教育,获得医疗、养老等社会福利,如此等等。

在当代西方,依然可以看到对个体权利的强调,德沃金对权利的看法,便多少表现了这一趋向。在德沃金看来,单纯地追求集体福祉最终将导向非正义;权利不是用以追求其他目的的手段,其意义并不取决于能否增进集体福祉。相对于政府权力、集体利益,权利具有优先性:"如果某个人有权利做某件事,那么,政府否定这种权利就是错的,即使这种否定是基于普遍的利益。"[①]按德沃金的理解,个人权利的这种优先性,本身以平等为依据,后者意味着所有个体应得到平等的关心和尊重。由此,德沃金进而指出:"个体权利是个体所拥有的政治王牌(political trumps)。"[②]无独有偶,在德沃金之前,罗尔斯在某种意义上已表达了与之类似的观点,在他看来,"每一个人都拥有一种基于正义的不可侵犯性(inviolability),这种不可侵犯性即使以社会整体利益之名也不能加以漠视"[③]。这里所说的不可侵犯性,其核心乃是个体权利的优先性。

然而,逻辑地看,仅仅确认个人权利的优先性,往往无法避免某

---

① Ronald Dworkin, *Taking Rights Seriously*, Harvard University Press, 1977, p. 269.
② Ibid., p. xi.
③ John Rawls, *A Theory of Justice*, The Belknap Press of Harvard University Press, 1971, p. 3.

种内在的悖论。某一个体可以声称其有某种权利,并以维护"我的权利"为由,拒绝某一可能影响其利益、但却能给其他个体带来福祉的社会公共项目;或者在维护"我的权利"的过程中,不顾其"维权"行为对其他个体的利益可能带来的损害,在这种情况下,某一个人权利的优先性将意味着对其他个人——常常是更多的个人——权利的限制和侵犯。这一现象的悖论性就在于:个体有"权利"通过损害其他个体的权利,以维护自身的权利。换言之,在个体权利优先的原则下,维护个人权利(自我本身的权利)与损害个人权利(其他个体的权利)可以并存。

不难看到,这里的关键首先在于区分抽象的整体与具体的个体。抽象的整体往往表现为超验形态的国家、空泛的多数或群体,反对以这种抽象整体的名义侵犯个体权利,无疑十分重要,然而,权利不仅涉及个体与抽象整体的关系,而且也指向个体之间(一定个体与其他个体之间)。德沃金将个体权利视为"王牌",首先似乎相对于个体之外的整体(如政府)而言,然而,一旦个体权利被如此突出,则其社会意义便蕴含膨胀的可能。事实上,在个体权利被置于绝对优先地位的背景下,这种优先性便无法仅仅限于个体与整体的关系,而是将同时指向个体之间。当每一个体都强调、执着于自身权利时,个体之间的权利便会相互限定甚至彼此损害,顺此衍化,将进而导致个体间的冲突。在日常生活中,便可常见此类现象。以现代的公交车或地铁而言,除特辟的老弱等座位外,车上的其他座位,每一个乘客在原则上都拥有落座的权利。然而,在空座有限、车上乘客远远超过车内空座的情况下,如果每一个乘客都坚持作为"王牌"的个体权利,则势必导致彼此争抢,这种争抢一旦失控,便很容易进一步激化为个体之间的相斥甚至对抗。这类日常可遇的境况表明,仅仅强调"我的权利"不仅在理论上内含逻辑的紧张,而且在实践中可能带来种种问题。

与近代以来的自由主义强调个体权利(我的权利)相对,在传统社会中,义务得到了更多的关注,儒家传统中的群己之辩,便以个体承担的社会义务为注重之点。孔子首先将合乎普遍之礼作为个体应该具备的社会品格:"克己复礼为仁。一日克己复礼,天下归仁焉。"①"礼"在宽泛意义上可以理解为普遍的社会规范,与之相联系,复礼意味着合乎普遍的社会规范。对规范的这种遵循,同时关联着群体的关切,其中包括广义的天下、群体意识:"乐以天下,忧以天下,然而不王者,未之有也。"②"君子之志所虑者,岂止其一身?直虑及天下千万世。"③以天下为念,不仅仅是对君主、君子的要求,而且被视为每一个体应该具有的责任感和义务感,所谓"保天下者,匹夫之贱与有责焉耳矣"④,便体现了这一点。在此,个体所应承担的这种责任和义务,首先展现为一种社会对个体的要求,这种要求的具体形式,可以概述为"你的义务"⑤。

将义务与社会要求联系起来,无疑有见于义务的社会之维。然而,以"你的义务"为单向形式,义务往往容易被赋予某种外在附加甚至强制的性质,而不再表现为个体自身自觉自愿接受和承担的责任,

---

① 《论语·颜渊》。
② 《孟子·梁惠王下》。
③ (宋)程颢、程颐:《二程集》,中华书局,1981年,第114页。
④ (清)顾炎武:《日知录》卷一三。
⑤ 当然,这并不是说,传统的儒学完全无视个体权利,事实上,早期儒学便对个体权利给予独特的关注。孟子曾指出:"行一不义,杀一不辜而得天下,皆不为也。"(《孟子·公孙丑下》)荀子也表达了类似的观念:"行一不义、杀一无罪而得天下,仁者不为也。"(《荀子·王霸》)杀一不辜、杀一无罪,意味着对个体生存权利的蔑视,在孟荀看来,这种行为即便可以由此得天下,也应加以拒斥,无疑从一个方面体现了对个体基本生存权利的肯定。不过,如后文所论,就总的价值取向而言,儒学的关注重心更多地指向人的义务。

这种趋向每每见诸历史过程。在谈到天理与主体的关系时,理学家便认为:"他(天理)为主,我为客。"①天理在此指被形而上化的普遍规范,"我"则是具体的个体,天理为主"我"为客,意味着外在规范对个体的主宰和支配。在这种"主客"关系中,个体显然处于从属的方面。个体对于规范的从属性,同时也制约着对个体权利的定位。

事实上,对义务外在性的强调,同时便蕴含着个体权利的弱化,在人与我的对峙中,可以进一步看到这一点:"仁之法,在爱人,不在爱我。"②这里的仁,同样具有规范意义,爱我,包含对个体自身权利的肯定,以爱人排除爱我("在爱人,不在爱我"),则不仅意味着社会的责任对个体自身权利的优先性,而且蕴含以前者(社会责任)压倒后者(个体权利)的趋向。以"你的义务"为异己的外在要求,个体的权利往往进而为君主、国家等象征抽象整体的存在形态所抑制。从如下表述中,便不难注意到二者的这种关系:"夫人臣之事君也,杀其身而苟利于国,灭其族而有裨于上,皆甘心焉;岂以侥幸之私,毁誉之末,而足以扰乱其志者!"③以此为前提,常常导向以国家、整体的名义剥夺或侵犯个体的权利。在传统社会中,确实可以看到此种趋向,广而言之,后者同时也曾存在于法西斯主义主导下的现代社会形态之中。

可以看到,仅仅以"我的权利"为视域,不仅在理论上蕴含内在的悖论,而且在实践中将引向个体间的紧张和冲突。单向地以"你的义务"为要求,则既意味着义务的外在化和强制化,又可能导致对个体

---

① (宋)朱熹:《朱子语类》卷一,《朱子全书》第14册,上海古籍出版社、安徽教育出版社,2002年,第115页。
② (汉)董仲舒:《春秋繁露·仁义法》。
③ (明)王守仁:《奏报田州思恩平复疏》,《王阳明全集》上,上海古籍出版社,1992年,第474页。

权利的漠视。如果说,赋予"我的权利"以至上性较多地体现了自由主义的观念,那么,对"你的义务"的单向理解则更多地与整体主义相联系,在两重取向之后,是两种不同的价值理念。

三

如何扬弃以上价值取向的片面性?在重新考察权利与义务关系时,这一问题似乎无法回避。大略而言,这里所需要的,首先是视域的转换以及视域的融合。所谓视域的转换,意味着从单向形态的"我的权利"转向"你的权利"、从外在赋予意义上的"你的义务"转向自律意义上的"我的义务";所谓视域的融合,则表现为对权利两重规定与义务两重规定的双重确认。

就权利而言,如前所述,其特点具体表现为外在个体性与内在社会性的统一,所谓"我的权利",突出的主要是权利的个体之维,但同时,这一视域却忽视了权利的内在社会性。权利无疑应最后落实于个体,维护个体正当权利,也是社会正义的基本要求。然而,仅仅以"我的权利"为进路,权利的落实往往诉诸个体("我")的争取或个体("我")之"争"。从社会的角度看,如果权利尚需由个体去"争",那就表明社会的公平、正义还存在问题。另一方面,个体若单向地去追求自身的权利,则不仅个体之间的关系容易趋于紧张,而且公共的空间往往将导向无序,以前面提到的公交车或地铁来说,每一个乘客都对车上普通的空位拥有"权利",若这些乘客都力"争"自己所拥有的这种"权利",则势必将一哄而上,抢夺座位,从而,公交车或地铁这一具体的社会空间便会或长或短地陷于失序状态。

与"我的权利"侧重于个体对自身权利的争取相对,"你的权利"更多地着重于社会对个人权利的维护和保障。这里所说的"你",不限于其他个体所见之"你"(特定个体),而是广义社会视域中的所有个体(从社会的角度所见之一切个体)。相应于权利所具有的内在社会性,权利的维护和保障也无法离开社会之维,"你的权利"所强调的,即是社会对个体权利的维护和保障。上文曾提及,个体如果悖离社会法律规范,则他的某些权利将因触犯法律而被剥夺。然而,即使在这种情况下,其保持人格尊严等权利仍应得到社会的维护,后者意味着社会(包括司法机构)应尊重其人格、不允许以酷刑等方式对其进行精神和肉体上的侮辱、折磨和摧残,等等。如前所述,倘若个体的权利还需要个体自身去力争,那便表明社会在维护和保障个体权利方面尚不完备;从社会的层面看,注重"你的权利",意味着创造公正、合理的社会环境,在体制、程序、规范、法律和道德氛围等方面,切实、充分地保障个体的权利,从而使个体无需再努力"争取"其权利。从根本上说,所谓"认真对待权利",并非仅仅从个体出发,单向地突出个体权利的优先性或将个体权利视为某种"王牌",也并非由此鼓励个体以自我为视域,将追求、获取自身的权利作为人生的全部指向或终极目标,而是从社会的层面上,真正使个体的权利得到平等、公正、充分的维护。① 质言之,对于权利,"你的权利"意义上的社会保障,较之"我的权利"意义上的个体"力争"更具有本原性和切实性。

这里同时关乎权利(right)与权力(power)的关系。自洛克以来,具有自由主义倾向的哲学家往往强调个体权利对国家权力(或政府权力)的限制,后者意味着国家权力不能侵犯个体权利。对国家权力的这种限制无疑是重要的,然而,这只是问题的一个方面,权利

---

① 当德沃金指出"如果政府不能认真对待权利,则它也不能认真对待法律"(Ronald Dworkin, *Taking Rights Seriously*, Harvard University Press, 1977, p. 205)时,似乎也注意到从社会(包括政府)的维度保障权利的意义。这一事实表明,即使将个体权利提到至上或优先地位,也无法完全漠视权利与社会的关联。

(right)与权力(power)的关系同时涉及从国家权力看个体权利或国家权力对个体权利的保障。这一关系不同于个体之间的权利关系,其核心之点在于国家权力对个体权利的维护。事实上,个体权利的不可侵犯性(包括不可由国家权力加以侵犯),本身既需要通过立法等形式获得根据,也需要由国家权力来具体落实。具体而言,作为从社会的视域看个体权利("你的权利")的重要之维,国家权力与个体权利的关系体现于:从积极的方面看,前者(国家权力)应通过体制、规范、程序,切实地保障后者(个体权利),从消极的方面着眼,则国家权力应充分承认个体的权利,以有效的手段,确保不以抽象的价值观念、空泛的整体等名义,损害或剥夺个体正当享有的权利。从本原的层面上说,法制的意义之一,就在于从制度的层面保障和维护个体的这种正当权利——广义上的"你的权利"。

从"我的权利"转向"你的权利",对应于从"你的义务"到"我的义务"之转换。与权利相近,义务具有外在社会性和内在个体性的二重规定。在"你的义务"这一视域中,体现义务的律令主要由社会向个体颁布,义务的外在社会性相应地容易被片面强化,与之相关的内在个体性则往往被推向边缘。对义务的如上理解,每每将导致义务的强制化以及他律化,而在他律的形态下,义务仅仅呈现为社会对个体的外在命令。相对于"你的义务","我的义务"以个体("我")自身为主体,对义务的承诺,也主要表现为个体自身的自觉认同和自愿接受,由此,承担和实现义务的行为,也超越他律而获得了自律的性质。从实质的方面看,从"你的义务"转向"我的义务",其内在的意义首先也在于化他律为自律。

自觉自愿地承担义务,同时涉及对他人权利的肯定。义务本身源于社会人伦关系,在现实的人伦关系中,个体之间往往彼此形成多样的责任和义务,借用斯坎伦(T. Scanlon)的表述,也就是我们彼此互欠(own to each other),当我们对他人负有责任或义务时,便意味着他人对我们拥有相应的权利:我们对他人所欠的,也就是他人有权利拥有的。① 这样,个体对义务的自觉承担和自愿接受,同时也包含着对他人(其他个体)权利的承诺和尊重。在"你的义务"这种外在命令中,不仅义务基于他律或外在的强制,而且对他人权利的承诺也在被迫或不得已的意义上成了"分外事";以"我的义务"为形式,则不仅履行义务呈现为自律的行为,而且对他人权利的承诺也相应地成为"分内事":我有义务尊重他人的权利。

上述视域中的"你的权利""我的义务",并不仅仅是个体间权利与义务的对应关系(所谓甲对乙有权利,乙对甲即有义务),在更实质的意义上,它同时表现为个体与社会之间的协调关系。前文已提及,"你的权利"中的"你",是社会视域中的所有个体,"我的义务"中的"我",则是相对于社会要求或社会规范而言的、自律意义上的行为主体或义务主体。从社会的角度看,首先应该将个体权利提到突出地位:个体应享(entitled)的权利只能保障,不容侵犯。引申而言,随意侵犯个体权利的行为,在整个社会范围内都不能被允许。这里,"你的权利"既关乎国家权力(政府)对个体权利的维护和保障,也涉及个体之间相互尊重彼此的权利。从个体的角度看,则在维护自身权利的同时,需要自觉承担应尽的社会义务,但对"我的义务"的这种认同,应该是自愿而非强制的。即使其中包含命令的性质,也是康德意义上的"命令":即它主要表现为个体以理性的力量抑制感性意欲的冲动,而不是社会对个体的外在强加。

当然,在现实的情境之中,个体权利与社会义务之间常常会发生

---

① 需要说明的是,上述论域中的"我们彼此互欠",虽借用了斯坎伦的术语,但乃是在引申意义上使用的。

紧张甚至冲突,在某种具有公益性(如为低收入群体解决住房问题)的社会工程中,便每每可以看到此种情形。这种张力的解决,需要不同视域的交融。以旨在为低收入群体解决住房的公益性工程而言,在其实施过程中,有时会涉及本地居民的迁徙等问题,此时,从"你的权利"这一视域看,社会(国家、政府)应充分维护、保障个体权利,不允许违背个体意愿强行动迁;从"我的义务"这一视域着眼,则相关的个体不仅应充分理解弱势群体对解决住房问题的意愿,而且应将实现这种意愿视为他们的权利,并由此进而把尊重他们的相关权利理解为自己的义务,在自身权利得到充分保障的前提下,避免借机要挟、漫天要价,以谋取不义之利。在"你的权利""我的义务"两重视域的互动中,个体权利与社会义务之间的紧张,至少可以不再以走向冲突和对抗为其最终的归宿。不难看到,以上两重视域的背后,是解决社会(国家)和个体的权利关系的两重维度:一方面,从社会的层面看,在这一关系中,个体权利应给予特别的关注:不能以抽象的原则、抽象的整体等名义侵犯个体应享的权利。另一方面,从个体的角度思考,也需要理性地把握自身的社会义务:一方面拒绝外部权力以任何名义对个体权利的不正当损害,另一方面则对应当承担的义务须有自觉的意识:在前面提到的公益性项目中,个体便需要对自身与社会的权利关系有合理的把握,避免单向地以维护个人权利的名义,阻碍国家或政府对其他个体权利(如低收入群体的安居权利)的保障。

从价值的层面看,"你的权利""我的义务"之间本身存在内在的相关性。个体的权利越是被社会作为"你的权利"而加以认可和保障,则个体对"我的义务"之意识以及履行这种义务的意愿也就将越得到增强。换言之,社会对作为个体的权利越充分维护,作为主体的"我"对义务的承担和落实也就越自觉。反之,个体的权利越得不到保障、社会对个体权利越不能维护,则个体的义务感以及履行义务的意识也就会越弱化。所谓"其上申韩者,其下必佛老"①,也体现了这一点。"申韩"所体现的是法家形态的整体主义,其特点之一在于强化个体的社会义务,与之相应的是对个体权利("你的权利")的漠视;"佛老"在传统语境中则意味着由遁世而疏离社会责任和义务("我的义务")。在此,专制权力("其上")对个体权利("你的权利")的虚无化,直接导致了一般个体("其下")义务意识("我的义务")的消解。

在日常的生活世界,同样可以看到"你的权利""我的义务"两重视域交融的意义。以前面提及的公交车占据座位的情境而言,每一乘客在原则上都拥有占据老弱等专座之外其他空余座位的权利,在空位有限而乘客众多的情况下,如果每一乘客均坚持"我的权利",则势必导致互不相让、彼此争抢。反之,如果从"你的权利""我的义务"出发,那么,问题便可能得到比较妥善的解决:以此为取向,相关个体首先将不再仅仅单向地坚持自己的权利,而是以同一情境中其他个体的同等权利作为"你的权利"加以尊重,同时,又把社会成员应当承担的基本责任,包括文明乘车、底线意义上避免个体间冲突、维护社会秩序(在以上例子中是保持公共交通工具中的有序化)等理解为"我的义务",由此,因一味强调自身权利(所谓"我的权利")而可能导致的争抢座位、相互冲突、秩序缺失,便可以得到避免。以上情形从另一方面突显了"你的权利""我的义务"所具有的引导意义。与之相对,仅仅将个体权利视为"王牌",则看似正义凛然,但却蕴含着由单向强调"我的权利"而导向自我中心、个体至上的可能,后者对人与人之间的社会交往、理想秩序的形成,不免包含某种负面性。

---

① (清)王夫之:《读通鉴论》卷十七,《船山全书》第 10 册,岳麓书社,1996年,第 653 页。

"你的权利""我的义务"的如上相关性,内在地植根于个人与社会(包括他人)的关系之中。"你的权利"体现了社会(包括他人)对个体权利的肯定;"我的义务"则意味着个体对社会(包括他人)责任的承诺。在此意义上,"你的权利"与"我的义务"的相互关联,乃是基于个人与社会的不可分离性。从现实的形态看,个体不仅唯有在社会中,才能超越自然的形态(生物学之域的存在)而成为真正意义上的人,而且其存在、发展也无法隔绝于社会;社会则以个体为本体论的基础:离开了一个一个的具体个人,社会就是一种抽象、虚幻的整体。个体与社会的如上统一,从社会本体的层面,为"你的权利"与"我的义务"二重视域的交融提供了根据。

以上述社会存在形态为背景,"你的权利"与"我的义务"二重视域的交融本身可以获得更深层面的理解。具体而言,从权利之维看,体现社会视域的"你的权利"在扬弃仅仅执着自我权利的同时,又蕴含着对个体视域中"我的权利"的确认:社会对"你的权利"的承认,以肯定个体具有应得或应享意义上之"我的权利"为前提。由这一角度考察,则社会视域中的"你的权利"与个体视域中的"我的权利"并非截然相斥。同样,从义务之维看,体现个体视域的"我的义务"在要求避免将义务等同于外在强加的同时,又以另一重形式渗入对社会视域中"你的义务"的认同:个体对"我的义务"的承诺,以理解和接受自身应当承担的社会义务("你的义务")为前提。在此意义上,个体视域中的"我的义务"与社会视域中的"你的义务",也并非相互对峙。不难看到,在这里,视域的转换与视域的交融呈现内在的统一形态:从"我的权利"到"你的权利"、从"你的义务"到"我的义务"的视域转换,构成了权利与义务问题上前述视域交融的前提,后者(视域的交融)则进一步赋予视域的转换以更具体和深沉的内涵。

要而言之,社会人伦关系的合理建构、健全社会之序的形成,关乎权利与义务的协调,后者具体指向权利与义务问题上的视域转换和视域交融。一方面,社会应基于对个体权利("你的权利")的尊重,从体制、规范、程序等方面充分地维护、保障个体应享的权利("我的权利"),与之相联系,肯定"你的权利",并不意味着消解个体自身的权利意识;另一方面,个体则需在自觉自愿的前提下,使自身应当承担的社会义务由外在的要求("你的义务")化为自我的选择("我的义务"),相应于此,承诺"我的义务",并未走向疏离社会的义务。基于以上的视域交融,权利无须仅仅由个体("我")去"争",而是首先基于社会的维护和保障;义务则不再由社会强加于个体("你"),而是由个体自觉自愿地加以承担。在权利与义务之间的以上关系中,权利的实现以社会的保障为前提,义务的承担则离不开个体的认同。权利与义务的以上互动,同时从一个方面为社会正义及健全的社会之序的建构提供了现实的前提。尽管真正实现这种互动并非一蹴而就,而是将经历一个漫长的历史过程,然而,从价值观念的层面看,权利与义务问题上的视域转换和视域交融无疑具有实际的规范意义,这种规范作用将体现于对社会生活的具体引导过程,并进一步使社会生活本身不断走向健全的形态。

附录三

论道德行为[①]

作为道德领域的具体存在形态,道德行为包含多重方面。以"思""欲"和"悦"为规定,道德行为呈现自觉、自愿、自然的品格。在不同的情境中,以上三方面又有不同的侧重。从外在的形态看,面临剧烈冲突的背景下的行为与非剧烈冲突背景下的行为,呈现不同的特点。道德行为的展开同时涉及对行为的评价问题,后者进一步关乎"对"和"错"、"善"和"恶"的关系,二者的具体判断标准彼此相异。从终极意义上的指向看,道德行为同时关乎至善。尽管对至善可以有

---

① 本文原载《天津社会科学》2015 年第 1 期。

不同的理解,但至善的观念都以某种形式影响和范导着个体的道德行为。

一

如何理解道德行为?这是伦理学需要关注的问题。道德行为以现实的主体为承担者,主体的行为则受到其内在意识和观念的制约。康德曾将人心的机能区分为认识机能、意欲机能,以及愉快不愉快的机能①。在引申的意义上,可以将以上机能分别概括为"我思""我欲"和"我悦",从主体之维看,道德行为具体便呈现为以上三者的内在交融。"我思"主要与理性的分辨和理解相联系,"我欲"与自我的意欲、意愿相涉,"我悦"则更多地与情感的认同相关。道德行为首先具有自觉的性质:自发的行动不能视为真正的道德行为,在道德实践中,"思"便构成了达到理性自觉的前提。道德行为同时应当出于内在的意愿,而不同于强迫之举:被强制的行动,同样不是一种真正的道德行为。进而言之,道德行为又关乎情感的接受或情感的体验,所谓"好善当如好好色",这里的"好好色",便是因美丽的外观而引发的愉悦之情,这种"好"往往自然形成,当道德的追求(好善)达到类似"好好色"的境界时,道德行为便具有了"我悦"的特点,通常所说的"心安",也以"悦"为实质的内容,表现为行为过程中自然的情感体验。以上几个方面,分别体现了道德行为自觉、自愿、自然的品格。

当然,在具体的实践情境中,这些因素并非均衡、平铺地起作用。在伦理领域,一般的原则如何与具体情境相沟通,是一个需要面对的问题,这里没有普遍模式、程序可言。同样地,道德行为总是发生在

---

① Kant, *Critique of Judgment*, Hafner Publishing Co., 1951, p. 13.

不同情境中,由不同的个体具体展开,其所涉背景、方式千差万别,前面提到的"思""欲""悦",在不同的具体情境中往往有不同的侧重。以法西斯主义横行的年代而言,当某一正义志士落入法西斯主义者之手时,法西斯分子可能会要求他提供反法西斯主义者的组织、成员等情况,如果他满足法西斯主义者的要求,便可以免于极刑,如果拒绝,便会被处死。此时,真正的仁人志士都将宁愿赴死也不会向法西斯提供他们所索求的情况。这一选择过程无疑首先展现了行为主体对自由、正义等价值理想的理性认识,以及追求这种理想的内在意欲,但是同时,情感也是其中一个重要因素:身处此种情境,如果他按法西斯主义者的要求去做,固然可免于一死,但却会因苟且偷生而感到内心不安,也就是说,将缺乏"悦"这一情感体验。在以上的具体情形中,可以说理性、意志的方面成为比较主导的因素,但情感同样也有其作用。

在另一种情形下,如孟子曾提到的例子:看到小孩快要掉下井了,马上不由自主地去救助。这时,恻隐之心(同情心)这一情感的因素,显然起了主导的作用。在此情境中,如孟子所说,前去救助,不是为了讨好孩子的父母,不是厌恶其哭叫声,不是为了获得乡邻的赞扬,而是不思不勉,完全出于内在的恻隐之心(同情心)。换言之,这种不假思为的行为主要由行为者的同情之心所推动。当然,从更广的意义上看,行动者作为人类中的一员,已形成对人之为人的内在价值的认识,这种认识对其行动也具有潜在的作用。同时,行动者拯救生命的内在意欲,也渗入于相关行动过程。从以上方面看,在救助将落井小孩的行动中,也有"思""欲"等因素的参与。但是,综合起来看,在以上行动中,主导的方面首先在于情感。

不难注意到,对道德行为,需要作具体的考察。总体上,真正意义上的道德行为总是包含思、欲、悦三重方面,三者分别表现为理性之思、意志之欲、情感之悦。但是,在不同的情境中,以上三方面的位置并不完全相等,而是有所侧重。从哲学史上看,康德对道德行为的很多看法具有形式主义的倾向,对内在道德机制的理解也呈现抽象性,这与他未能对实践的多样情境给予充分关注不无关系。休谟虽然注意到行动的情境性,但同时又仅仅关注道德行为的一个方面(情感),同样失之抽象。可以看到,笼而统之地从某一个方面去界定道德行为,都不可避免地会带来理论上的偏颇。

引申而言,从实践主体方面看,道德行为并非基于抽象的群体,而是落实于具体的实践个体。以实践主体为视域,需要培养两重意识,其一是公共理性或法理意识,其二是良知意识。法理意识以对政治、法律规范的自觉理解为内容,以理性之思为内在机制,同时又涉及意志的抉择。良知意识表现为人同此心、心同此理的共通感,这种共通感最初与本然的情感如亲子关系中的亲亲意识相联系,在人的成长过程(个体的社会化过程)中,原初形态的共通感逐渐又获得社会性的意识内容,其中既关乎情感认同,也涉及理性的理解,包括价值观念上的共识;共同体中行动者只有具有共同价值观念,才能作出彼此认可的行为选择并相互理解各自行为选择所具有的意义。缺乏理性层面共同的价值观念,其行为选择便难以获得共同体的认可和理解。对某种不道德的行为,人们往往会说:"无法理解怎么会做出这种事!"这里的"无法理解",主要便源于相关行为已完全悖离了一定社会共同接受的价值观念,从而,对于认同这种共同价值观念的主体而言,以上行为便无法理解。

从社会的层面看,之所以既要注重法理意识,也要重视良知意识,其缘由主要在于:一方面,缺乏公共理性意义上的法理意识,社会的秩序便难以保证,另一方面,仅有法理意识,亦即单纯地达到对政治、法律等规范的了解,并不一定能担保行善。那些做出伤天害理之事的人,便并非完全不了解政治、法律等规范,但其行为却依然令人发指,其缘由之一往往就在于缺乏良知意识,甚至"丧尽天良"。良知意识具有道德直觉(自然而然、不思不勉)的特点,看上去似乎不甚明晰,但以恻隐之心(正面)、天理难容(反面)等观念为内容的这种意识,却可以实实在在地制约着人的行动。孔子曾与宰予讨论有关丧礼的问题,在谈到未循乎礼的行为时,孔子诘问:"女安乎?"并进而讥曰:"女安则为之。"① 这里的"安"就是心安,也就是内在的良知意识。孔子的反诘包含着对宰予未能充分注重良知的批评。从个体行为的维度看,无论是法理意识不足,还是良知意识淡化,都将产生消极的影响。这里同时也从一个层面体现了道德与政治、法律之间的关联。

二

道德行为首先关乎善,但在某些方面又与美具有相通性。在审美的领域,人们常常区分优美与壮美或崇高美。优美更多地体现为审美主体与审美对象或情与理之间的和谐,由此使审美主体形成具有美感意义的愉悦,壮美或崇高美则往往表现为天与人、情与理之间的冲突、张力,由此使审美主体获得精神的净化或升华。同样,道德行为从外在形态看,也可以呈现不同特征。道德的情境可能面临剧烈的紧张和对抗,如个人与群体、情与理、情与法之间的冲突,在这种情形下,道德行为往往需要诉诸自我的克制、限定,甚至自我牺牲,这种道德行为主要呈现"克己"的形态。孔子肯定"克己复礼"为仁,也涉及了道德行为的以上特征。

在另一些场合,行为情境可能不一定面临具体的冲突。以慈善

---

① 《论语·阳货》。

行为、关爱行为而言,在他人处于困难时伸出援助之手、对家人或更广意义上的他人予以各种形式的关切,这一类行为的实施诚然也需要实践主体的某种付出,但却并不一定以非此即彼的剧烈冲突为背景。质言之,在面临剧烈冲突的背景之下,道德行为中牺牲自我这一特点可能得到比较明显的呈现,然而,在不以剧烈冲突为背景的慈善性、关爱性行为中,牺牲自我的行为特征常常就不那么突出了。

　　回到前面提到的问题,即如何理解道德行为以及道德行为所以可能的根据。这里可以基于分析性的视域,但同时也需要一种综合的现实关照,分析性的视域和综合的现实关照不应该彼此排斥。就分析性的视域而言,又可区分道德行为中的不同要素。从综合性的现实形态来看,在具体的道德主体或具体的道德行为中,这些要素常常并不是以非此即彼的抽象形态存在的。历史上,康德与休谟对道德的理解存在明显分歧,前者强调理性,后者推崇情感,后来上承这二者的伦理学派也一直就此争论不休。其实,他们各自都确实抓住了道德的一个重要方面,看到了道德行为的某一必要因素,这也从一个层面表明,这些因素本身都是考察道德行为时所无法完全回避的:不管是理性之思,还是情感认同,都是现实的道德行为所不可或缺。进而言之,在具体的道德主体和道德行为中,这些因素本身往往互渗互融而无法截然相分。以理性来说,作为意识的具体形式,理性之中实际上已经渗入了情意。同样,人的情感不同于动物之处,就在于渗入了理性。在日常生活中,小孩子看到糖果,尽管很想吃,但如果家长对他说不应该吃,他也会控制住自己,这里无疑包含了理性的自我抑制,但事实上,其中同样渗入了某种情感,包括避免父母的不悦、对父母劝告的情感认同,等等,这种情感可能以潜在的形式存在于其意识。前面提到在非常情境之下,道德要求牺牲自我,此时如果苟且偷安,便会于心不安,也就是不能"悦"我之心,后者同时意味着缺乏情感的接受或认同。显然,这里既不是赤裸裸的理性在起作用,也非纯粹的情感使然。不难注意到,从现实的道德情境看,以上因素在具体的道德主体那里并非相互排斥。相反,如果以非此即彼的立场看待以上问题,那么,休谟主义和康德主义的争论就会不断延续下去。

三

道德行为的展开同时涉及对行为的评价问题,评价本身则关乎"对"和"错"、"善"和"恶"的关系。在对行为进行价值评价时,对(正确)错(错误)与善恶需要加以区分。对错、善恶的评价,都属于广义的价值判断,但是其具体的判断标准却有所不同。"对"和"错"主要是相对于一定的价值规范、价值原则而言:当某种行为合乎一定价值规范或价值原则时,这种行为常常便被视为"对"的或"正当"的,反之,如果行为背离了相关的价值规范或原则,那么,它就会被判断为"错"的或"不正当"的。善与恶的情况似乎更复杂一些。从一个方面看,可以说它们与对错有重合性,但在另一意义上,二者又彼此区分。具体而言,对于善,我们至少可以从两个角度去理解,一是形式的方面,一是实质的方面。形式层面的"善",主要以普遍价值原则、价值观念等形态呈现,这种价值原则和观念既提供了确认善的准则,也构成了行动选择的根据。在这一层面,合乎普遍价值原则即为"善",反之则是"恶",这一意义上的"善""恶",与"对""错"无疑有交错的一面。与之不同,实质层面的"善",主要与实现合乎人性的生活、达到人性化的生存方式,以及在不同历史时期合乎人的合理需要相联系。从终极的意义上说,实质层面的"善"体现为对人的存在价值的肯定,儒家所主张的仁所确认的,便是人之为人的内在价值。在引申的意义上,也可以像孟子那样,肯定"可欲之为善"。"可欲之为善"中的"可欲",可以理解为一种合理需求,满足这种需求就表现为"善"。简言之,在实质的层面,"善"本身有不同的形态,包括一般意义上的可欲之为善、终极意义上的肯定人之为人的内在价值。实质意义上的"善",与合乎一般规范意义上的"对",显然难以简单等同。

进一步看,人之为人的价值,与人和其他存在(包括动物)的根本区分相关,这里需要关注康德所说的"人是目的"。在世间万物中,唯有人,才自身就是目的,而不是手段。其他存在固然也具有价值,但是在终极的层面,这种价值主要表现于为人所用。顺便指出,现代的环境主义或生态伦理学、动物保护主义,每每认为自然、动物本身有内在价值,这种观念无疑值得再思考。人类之所以需要关注环境、生态等等,归根到底还是为了给人类自身的生存发展提供一个更好的空间。价值问题无法离开人,洪荒之时、人类没有出现之前,便不存在价值问题,当时可能也有各种在现在看来是灾难的自然现象,但在那时,这种现象并不呈现价值意义,即使出现大范围的物种灭绝或极端的气候变化,也不能被视为生态的危机:在人存在之前,这种变化不具有相对于人而言的价值性质。反之,在人类出现以后,即便是自然本身的变化,如地震、火山喷发,也具有了价值意义,因为它直接或间接地影响人类的生存、延续,通常所谓"自然灾害",其"灾"其"害"并非对自然本身而言,而主要在于这种变化对人的存在具有否定性或消极意义,同样,所谓自然、动物本身有内在价值,归根到底乃是以人观之,亦即"人"为自然、动物立言。总之,这一论域中的所谓"善",归根到底无法与人的生存、延续相分离。

基于以上区分,对不同行为的评价,便可以获得具体的依据。以法西斯的党卫军执行杀人命令这样一种行为而言,从"对""错"来说,他可以获得相关评价系统的肯定:其行为合乎当时法西斯主义的行动规范,以这种规范为判断准则,他"没错"。但是,从"善""恶"的评价来看、从对人之为人的内在价值之肯定这一角度来考察,他的行为显然属"恶",因为这种行为完全无视人的生命价值,对此,不应也不容有任何疑义。事实上,在中国历史上也有类似的情形。如宋代以来,理学家们提出,饿死事极小,失节事极大。以此为原则,则妇女在丈夫去世后,就不能再适,如果她因此而饿死,便应得到肯定,因为她的行为合乎以上规范。反之,如果她为了生存而再适,则是"错"的,因为这种行为悖离了当时的规范。然而,从"善"的评价这一角度来看,则唯有肯定人之为人的内在价值,包括生命价值,行为才具有善的性质。以此评价妇女为守节而死,则显然不能视其为"善",因为它至少漠视了人类生命的价值:对人类生命的蔑视和否定,无疑属"恶"。可以看到,以区分"对""错"和"善""恶"为前提,对行为性质的判断,便可获得较为具体的形态。

四

道德行为中的规范,具有普遍的形式。康德由强调这种规范的普遍性,进而突出了其先验性,但先验的规范是如何形成的?康德没有解决这一问题。李泽厚曾提出一个命题,即"经验变先验",这一命题的意义之一,在于对康德所涉及的以上问题作了独特的回应。然而,从道德行为的角度看,在谈"经验变先验"的同时,还需要强调"先验返经验"。二者分别涉及类与个体两重维度。从类的角度来说,特定的经验意识乃是通过人类知行活动的历史延续和发展,逐渐获得具有普遍、先验的性质;在类的层面形成的观念形式,对个体而言具有先验性。从个体之维看,则还有一个从先验形式返归经验的问题。以道德领域而言,道德的普遍形式(包括规范、原则)最后需要落实到每一个具体的个体,也就是说,在类的层面提升而成的先验形式或本体(包括规范、原则),同时应融合于个体的经验,唯有如此,普遍的形式(规范、原则)才可能化为个体的具体行为。从中国哲学看,至少从明代开始,便展开了本体和工夫之辩。王阳明晚年曾提出两个观念,一是"从工夫说本体",一是"从本体说工夫"。经验变先验,可以说侧重于"从工夫说本体"。这一视域中的工夫,是人在类的层面展开的知行过程,它既是经验提升为先验的过程,也是本体逐渐形成的过程。"从本体说工夫",则主要着眼于个体行为,这一意义上的本体,也就是内在的道德意识,包括理性认知、价值信念、情意取向,工夫则表现为个体的道德行为,所谓"从本体说工夫",意味着肯定个体的道德行为以本体的引导为前提。本体的这种引导并非外在的强加,而是通过融合于其内在意识而作用于个体。在此意义上,道德行为具体便表现为本体与工夫的互动。在哲学上,这里涉及心理和逻辑等关系。谈到意识或心,总是无法摆脱心理的因素,然而,它又并不单单是纯粹的个体心理,心理本体一旦提升到形式的、先验的层面,便同时具有了逻辑的意义。从哲学史上看,黑格尔不太注重心理,中国哲学传统中的禅宗则不甚重视逻辑,本体与工夫的统一,则同时涉及心理与逻辑的交融。

　　进而言之,先验返经验同时指向具体的道德行为机制。道德行为以一个一个具体的个体为承担者,从个体行为的角度来看,具体的道德机制便是一个无法忽视的问题。李泽厚曾区分了道德的动力和道德的冲力,按他的理解,理性和意志主要展现为道德动力,情感则更多地呈现为道德冲力。事实上,以道德机制为关注之点,便可以把动力和冲力加以整合:在实际的行为展开过程中,这两个方面并不能分得那么清楚,而"先验返经验",便涉及理性和意志层面的道德动力与情感层面的道德冲力之间的融合。具体而言,其中关乎前面所提到的思、欲、悦之间的关联。按其内在品格,道德具有整体性的特点,并与人的全部精神生活和活动相联系:尽管道德的每一行动具有个别性,但它所涉及的却是人的整个存在,这里的整个存在便包括精神之维的不同方面。

从终极意义上的指向看,道德行为同时关乎至善。何为至善?这是伦理学需要讨论的问题之一。康德以德福统一为至善的内容,中国哲学则从另一角度理解至善。这里可以关注中国传统经典中的两个提法,其一存在于《大学》,其二见于《易传》。《大学》开宗明义便指出:"大学之道,在明明德,在亲民,在止于至善。"可以看到,"至善"的问题并非仅仅出现于西方近代,中国古代很早已开始对此加以辨析。从明德、亲民到至善,这是理解至善的一种进路。中国哲学的另一进路,与《易传》相联系。《易传·系辞上》曾指出:"一阴一阳之谓道,继之者善也,成之者性也。"对善的这一讨论,以天道和人道之间的统一为视域。"一阴一阳之谓道",主要着眼于天道,"继之者善也""成之者性也",则与人的存在相联系,并相应地关乎人道。善或至善尽管呈现为人的价值观念,但人的存在本身并非与更广意义上的世界相分离。这里蕴含着双重涵义:一方面,人内在于天地之中,人的存在(人道)与世界之在(天道)并非彼此隔绝;另一方面,世界的意义,又通过人的存在而呈现:人正是通过自身的知行活动而赋予世界以价值意义(善),而人之为人的内在规定(性)也由此形成。天道与人道统一背后的真正旨趣,即体现于世界与人之间的以上互动过程。

作为天道和人道的统一,至善的具体内容可以理解为人类总体生活的演化、发展,或者说人类总体的生存和延续。如果说,天道和人道的统一还具有某种形而上的性质,那么,人类总体的生存和延续则使至善获得了具体的历史内容。当然,人类总体的生存延续,主要还是一个事实层面的观念,其中的价值内涵尚未突显。至善的具体价值内涵，需要联系前面提到的《大学》中的观念，即"明明德""亲民"。"明明德"主要以普遍价值原则的把握为内容，"亲民"则进一步将价值原则与对人(民)的价值关切联系起来，这一意义上的人类总体的生存和延续，可以进而结合马克思的相关看法加以理解。马克思曾提出了"自由人联合体"的概念，①并对其内在特征作了如下阐释："在那里，每个人的自由发展是一切人的自由发展的条件。"②在此，作为"个体"的人与作为"类"的人都包含于其中。可以说，人类总体的生存和延续，最终以"自由人联合体"为其价值指向。在这一意义上，"至善"可以视为一种社会理想，或者说，一种具有价值内涵的人类理想。这种理想既与天道和人道的统一这一总体进路相联系，又包含着人类生存、发展的具体价值内涵。

作为包含价值意义的道德理想，至善关乎道德实践领域中"应当"如何与"为什么"应当如何的关系。一般的行为规范，主要指出"应当"如何，至善则同时涉及"为什么"应当如何，后者所指向的是价值目的。道德实践过程内在地包含道德原则或道德规范与价值目的的统一：道德原则或道德规范告诉行为主体应当如何，以至善为终极内容的价值目的则规定了为什么应该这样。尽管至善不同于具体的道德规范或道德准则，但它对道德行为同样具有制约作用。当然，以终极意义上的价值理想和目的为内涵，至善更多地从价值的层面为人的行为提供了总的方向。无论是德福统一，还是明明德、亲民，无论是以天道与人道的统一为根据，还是以自由人联合体为指向，至善的观念都以某种形式影响和范导着个体的道德行为。

---

① 参见〔德〕马克思：《资本论》第1卷，中央编译局编译，人民出版社，1975年，第95页。

② 参见〔德〕马克思、恩格斯：《共产党宣言》，《马克思恩格斯选集》第1卷，中央编译局编译，人民出版社，1995年，第294页。

后 记

《伦理与存在——道德哲学研究》原由上海人民出版社于2002年出版,同年台湾五南图书公司出版了该书的繁体字版。本书出版后,我的关注之点转向了其他领域。2009年,华东师范大学出版社重版,大致保持了本书的原貌。

2011年,本书作为"具体形上学"之一再版,校正了出版后发现的一些讹误,并作了若干文字方面的修改,增补了一篇文稿,作为附录,但总体上未作进一步修订。

此次再版,大致延续了前一版的形态,仅在注脚格式方面做了若干改动,并增补了《伦理生活与道德实践》《你的权利,我的义务》《论道德行为》三篇文稿,作为全书新的附录。

杨国荣
2020年2月